Hanne Marquardt
Unterm Dach der Füße

D1666680

Unterm Dach der Füße

Hanne Marquardt

Verlag Hanne Marquardt

Impressum

Verlag:
Verlag Hanne Marquardt
Prof.-Domagk-Weg 15
D-78126 Königsfeld-Burgberg
Tel. 07725 / 7117   Fax 07725 / 7080
E-mail: marquardth@aol.com

1. Auflage Juli 2003
Alle Rechte vorbehalten

Lektorat / Redaktionelle Betreuung:
Jutta Weber-Bock, Stuttgart

Grafische Gestaltung:
Christiane Schott, Rottweil

Titelillustration:
Johanna Overmeyer, Königsfeld

Druck und Bindearbeiten:
Druckerei Leute, VS-Villingen

ISBN 3-980 8841-0-4

Für meine Familie
und für alle „Fuß-Freunde"

Kapitel 1

In allen Monaten ohne R war es selbstverständlich, dass wir Kinder barfuß liefen. Der September kam noch dazu, damit wir unsere Schuhe schonen konnten. Ich sehe mich mit den anderen, wie wir manchmal an kalten Herbsttagen hinter den Kuhherden herliefen, die morgens auf die Weide getrieben wurden, und unsere Füße in den frisch gefallenen 'Kuepfladdere' wärmten. Den weichen, braungrünen Brei drückten wir genüsslich zwischen den Zehen hindurch und warteten jedes Mal auf das kleine, schmatzende, 'soozgende' Geräusch.

Vor vielen Jahren brachte eine Mutter ihren neunjährigen behinderten Sohn wegen chronischer Atemwegsprobleme in meine Praxis. Der Bub lag mit offenem Mund und halb geschlossenen Augen auf der Massagebank und ließ die Behandlung scheinbar teilnahmslos über sich ergehen. Ich fragte mich, wie viel er davon wohl mit bekam. Als ich ihm am Ende seine Socken anzog, öffnete er seine Augen, strahlte über sein ganzes Gesicht und lispelte: "Weiß scho was du tuhsch, tuhsch meine Wurzeln pflegen."

Mein Geburtsort ist München, obwohl alle Vorfahren weit zurück liegende schwäbische Wurzeln haben. Die Eltern meines Vaters lebten in Dürmentingen, einem kleinen Bauerndorf in der Nähe des Bussen. Diesem 'Berg' bin ich jedes Mal in den Erzählungen meiner Mutter begegnet, wenn sie von ihrer Schulzeit sprach. Sie ahmte dann die tiefe, sonore Stimme ihres Erdkundelehrers nach, hob einen imaginären Zeigestab in die Höhe und zitierte: "Der Bussen isch die hekschte Erhebung der oberschwäbischen Tiefebene." Meine Schwester und ich fanden das ziemlich komisch, denn wir kannten die 'richtigen' Berge im Allgäu und der Bussen war für uns nicht mehr als ein größerer Maulwurfhügel.

Großvater Albert Buck war Wagner, ein Beruf, der zur Herstellung von Mühlen- und Wagenrädern die Fertigkeiten des Zimmermanns und Schmiedes erforderte. Er war ein schlanker, schweigsamer Mann mit wachen Augen und braungebranntem Gesicht. Meist trug er einen blauen Arbeitsanzug. Wenn er zum Kirchgang ein weißes Hemd anzog und seine Krawatte mehr schlecht als recht band, kam er mir in seinem Sonntagsstaat ganz fremd vor.

Seine Frau Marie, unsere Buck-Großmutter, war nur wenig kleiner als er, wies aber eine beeindruckende, ausladende Körperfülle auf. Neben ihr nahm sich ihr Mann wie ein Hänfling aus. Sie sprach oft mit einer tiefen, etwas krächzenden Stimme, die jedoch im Gespräch mit uns Kindern ganz sanft werden konnte. Die Stimmlage veränderte sich auch, wenn sie morgens an der Scheune aus einem zerbeulten Blechtopf das Getreide für ihr Federvieh ausstreute. Sie konnte dann Hühner, Hahn und Enten in hohen Tönen gurrend zu sich locken und sie, sobald sie um ihr Futter stritten, laut schimpfend auseinander scheuchen. Mit ihr zusammen habe ich zum ersten Mal ein paar frisch gelegte Eier, überraschend warm in meiner Hand, aus dem Nest holen und sie behutsam in ihre blau gestreifte Schürze legen dürfen.

Mein Vater Franz wurde 1902 als einziger Nachkomme von Marie und Albert Buck geboren. Er war groß und hager wie sein Vater. Sein gelernter Beruf war Maschinenschlosser, aber in der wirtschaftlich schlechten Zeit der Inflation nahm er jede Arbeit an, die er bekommen konnte. So wurde er nach längerer Arbeitslosigkeit um 1928 Lastwagenfahrer der Brauerei Götz in Buchau, die direkt hinter der Hof-Wirtschaft meiner späteren Nesensohn-Großeltern am Schlossplatz stand und die ganze Umgebung mit gutem oberschwäbischem Bier versorgte.

Meinen Nesensohn-Großvater Paul habe ich nicht gekannt, er ist 1930 gestorben. Ein vergilbtes Foto zeigt ihn im dunklen Sonntagsanzug korpulent und rechtschaffen mit einem gezwiebelten Schnurrbart im ernsten Gesicht. Man hat sich von ihm erzählt, dass er alles im Leben recht schwer genommen hat und bei den seltenen Anlässen zur Heiterkeit 'zum Lachen in den Keller' gegangen sei. Sein farbiges Konterfei ist bis heute, von Butzenscheiben eingerahmt, in einem Fenster der Hof-Wirtschaft zu sehen.

Von der Nesensohn-Großmutter Josefine habe ich eine erste, blasse Erinnerung, wie sie klein und rundlich mit einer weißen Schürze in der niedrigen Küche steht und die fast glühenden Eisenringe der Reihe nach vom Herd auf einen Schürhaken auffädelt und riesige Töpfe für die Mittagsgäste in das Feuerloch stellt. Der muffige Geruch des Gastzimmers und der 'hellgrüne' Duft von Kölnisch Wasser, der sie umgab, steigen mir deutlich in die Nase, wenn ich an sie denke.

Meine Mutter Hanna wurde als älteste von fünf Geschwistern 1900 in Aichstetten bei Leutkirch geboren. Ihr Bruder Paul wanderte später nach Amerika aus und ihre Schwester Hedwig lernte Köchin. Die jüngste Schwester Josefine starb mit neunzehn Jahren, vermutlich an Tuberkulose, und das fünfte Kind wurde nur ein paar Monate alt.

Schon früh und gegen den Willen ihres Vaters brach meine Mutter aus den Verpflichtungen der elterlichen Gastwirtschaft in Buchau aus und ging für drei Jahre nach Amsterdam. Sie wollte nicht jeden Tag bis spät in die Nacht in verrauchten Räumen Bier ausschenken und hinter dem Herd stehen wie ihre Mutter. Später war sie zwar ebenfalls im Gästebetrieb tätig, aber sie hat durch ihre reformerisch ausgerichtete Lebensweise einen Weg gefunden, der ihrer Arbeit einen Sinn gab. Die vegetarische Pension im Allgäu, das Bergheim Buck, stand zwar auch nicht ganz auf ihrer beruflichen 'Wunschliste', jedoch bekam sie dadurch Freiräume, die ihr zeitlebens wichtig waren. Es gab Tage, an denen sie morgens den überraschten Gästen mitteilte, dass heute eine Bergtour auf die Reuterwanne auf dem Plan stünde. Sie nahm alle mit, die Lust hatten, und zog beschwingt mit ihrem kleinen, roten 'Vesper'-Rucksack los. Den anderen zeigte sie, wie der Elektroherd zu bedienen war, damit sie das vorbereitete Mittagessen aufwärmen konnten.

In Holland arbeitete meine Mutter als Haus- und Kindermädchen. Dort hat sie auch Schlittschuhlaufen gelernt. Manchmal erzählte sie mit einem Aufblitzen in ihren blauen Augen von den Wintersonntagen, an denen sich Jung und Alt mit Kind und Kegel auf dem Eis der Nordsee vergnügten. Sogar Klaviere waren aufs Eis geschoben worden und Tanzkapellen hatten bis zum hereinbrechenden Abend für das fröhliche Völkchen gespielt.

Ich weiß noch gut, dass sich meine Eltern bereits in den ersten Jahren in Haslach den Luxus von Schlittschuhen leisteten. Es gab dort, wo sich heute der Grüntensee ausbreitet, früher eine Sägemühle mit einem kleinen Weiher, gerade groß genug zum Schlittschuhlaufen. Mein Vater war auf dem Eis lange nicht so behände und elegant wie meine Mutter, die mit glücklichem Lachen und roten Wangen die schönsten Pirouetten drehen konnte, aber auch er hatte Spaß daran. In seiner Gutmütigkeit ging er manchmal mit Schneeschaufel und Reisigbesen schon etwas früher zum Weiher und schob die Schneedecke in schnurgeraden Bahnen von der Eisfläche. Meine Mutter nahm dann den Besen und fegte, vom einen auf den anderen Schlittschuh wechselnd, die Fläche spiegelglatt. Ich saß meist auf dem Schlitten und schaute meinen Eltern zu. Zum Ende ihres Vergnügens verlängerten sie, wenn es die Zeit erlaubte, die Schnur des Schlittens mit einem Seil und zogen mich in schnellen Kreisen am

Rand des Weihers entlang. Auf den Augenblick wartete ich ungeduldig, denn mein Vater hatte mir von den wundersamen Flugreisen des Nils Holgerson erzählt, und manchmal war mir, als ob dem Schlitten im nächsten Augenblick Flügel wachsen und ich mit ihm in den hellen Winterhimmel abheben würde.

Nach ihrer Holland-Zeit war meine Mutter ein Jahr lang Gesellschafterin bei einer allein stehenden Freiburger Dame 'aus gutem Hause'. Manchmal erzählte sie mit einem spitzbübischen Gesichtsausdruck, wie sie ihre abendlichen Pflichten ab und zu vernachlässigte und, anstatt der alten Dame die deutschen Klassiker vorzulesen, ins Konzert oder Theater verschwand. Damals, in den Zwanziger Jahren, kam sie zum ersten Mal mit der Jugend- und Reformbewegung in Berührung und fand sich dort verstanden und innerlich beheimatet.

An manchen Winterabenden erzählte sie den Gästen des Bergheim Buck aus ihrer Jugendzeit. Dann durfte ich etwas länger aufbleiben und saß mit meinem Vater im Halbdunkel der Sofaecke. Er genoss diese Berichte, still in sich hinein schmunzelnd, denn es war die Zeit, in der er seine Hanna Nesensohn näher kennen gelernt hatte. Ich hörte mit wachen Ohren von den 'Wandervögeln', die sich einem gesunden, naturverbundenen Leben verschrieben hatten, und von der Freikörperkultur, bei der junge Menschen, Männlein und Weiblein, unbekleidet an versteckten Seen und in abgelegenen Wiesen ihr Bedürfnis nach Licht, Luft und Sonne auslebten. Auch der 'Zupfgeigenhansel', eine Volksliedersammlung, gehörte in diese Zeit. Unser Exemplar war vom vielen Gebrauch ganz abgegriffen, denn meine Eltern boten ihren Gästen mehrere Male in der Woche Singabende an. Wenn mein Vater mit seiner warmen Bassstimme 'Die Uhr' von Carl Loewe sang, rieselte es mir immer wohlig den Rücken hinunter. Die Fotos meiner Mutter aus dieser Zeit muten zwar etwas altmodisch an, aber die ärmellosen Kleider mit tief angesetzter Taille und ihr frecher Bubikopf-Schnitt lassen auch heute noch etwas von ihrem Aufbegehren gegen die Engstirnigkeit der gutbürgerlichen Gesellschaft von damals durchschimmern.

Dr. Müller, ein Stuttgarter Naturheilarzt, war in diesen Reformerkreisen bekannt und geschätzt. Meine Mutter konsultierte ihn öfters, denn sie litt, familienbedingt, an einer Nieren- und Lungenschwäche. Er riet ihr eindringlich, vegetarisch zu leben. Das hat sie als junge Frau sofort mit aller Ernsthaftigkeit und Tatkraft umgesetzt und blieb dabei, auch aus ethischer Überzeugung, bis an ihr Lebensende.

Jedes Jahr im Frühjahr und Herbst kamen Vogelkundler und Archäologen nach Buchau. In diesen Wochen war meine Mutter in der elterlichen Hofwirtschaft, denn die Städter brachten den 'Duft' der großen Welt mit. Die Vogelkundler zogen zu nachtschlafender Zeit mit Fernglas und Schreibgerät zu ihren ornithologischen Studien zum Federsee, an dem Tausende von Zugvögeln überwinterten und brüteten. Die Archäologen setzten ihre Ausgrabungen im Morast und Schilf des Ufers fort, denn dort hatten sie Funde aus der Bronzezeit entdeckt, die über die Besiedelung dieses Raumes vor etwa 4000 Jahren Auskunft gaben. Der

'Hof' war in diesen kurzen Zeiten das kulturelle Zentrum von Buchau, in dem Nächte lang gefachsimpelt und gefeiert wurde, und meine Mutter hatte unter den 'wichtigen Leuten' etliche Verehrer.

Trotzdem entschied sie sich für die Freundschaft mit meinem Vater Franz, der nach wie vor Tag für Tag das Bier der Brauerei Götz in die umliegenden Städte und Dörfer ausfuhr. Ich habe mich später so manches Mal gefragt, was sie zu diesem einfachen und wenig 'spektakulären' Mann hingezogen hat. Vielleicht empfand sie seine Ruhe und Zuverlässigkeit als ausgleichenden Pol zu ihrem ungestümen Temperament.

Bei aller Willigkeit, den reformerischen Lebensstil meiner Mutter zu akzeptieren, rauchte mein Vater jeden Tag ein paar Mal sein Pfeifchen. Das war meiner Mutter lange Jahre ein Dorn im Auge. Er war aber so rücksichtsvoll, dass er sich dazu immer in den Heizungskeller zurückzog, zumal er auch seine Glaubwürdigkeit den Gästen gegenüber nicht strapazieren wollte. Später, nachdem er nach Kriegsende einen Schlaganfall erlitten hatte, konnte sie sein kleines Laster besser tolerieren und besorgte ihm sogar einmal zu seinem Geburtstag auf dem Schwarzmarkt ein Päckchen Tabak, das seine Augen für einen kurzen Moment zum Leuchten brachte. Ich sehe ihn noch, wie er still, mager und bleich mit zwanzig anderen Männern im Saal einer Gaststätte in Oy lag, die zum Notkrankenhaus umfunktioniert worden war.

Im Spätsommer 1932 ging meine Mutter nach München, wo Verwandte der Nesensohns lebten, und arbeitete bis zu meiner Geburt in einer vegetarischen

Gaststätte. Ich kam ihrem Bericht nach leicht und schnell auf die Welt. Es muss ihr eine besondere Genugtuung verschafft haben, dass sie jetzt Mutter war, denn später sprach sie manchmal fast geringschätzig von Frauen, die keine Kinder hatten. Da sie es sich nicht erlauben konnte, ihren Arbeitsplatz zu verlieren, setzte sie ihre Arbeit in der vegetarischen Gaststätte einige Wochen nach meiner Geburt fort und gab mich zu Klosterfrauen in Obhut. Nicht um des Glaubens willen, sondern weil die Münchner Verwandtschaft dorthin gute Verbindungen hatte.

Als ich selber mit meinem ersten Kind schwanger war, erzählte sie mir, wie wichtig es für sie gewesen war, dass sie die Situation damals allein gemeistert hatte. Sie meinte, der etwas schwierige Start ins Leben hätte mir wohl nicht geschadet, und ich hörte leise ihren Stolz und ihre große Liebe zu mir heraus.

Von der streng katholischen Erziehung des Elternhauses ist bei meiner Mutter nicht viel übrig geblieben. Später, als ich selbst aus der Kirche ausgetreten war, fragte ich sie, warum sie pro forma katholisch geblieben war. Sie hätte uns, antwortete sie, nachdem wir schon durch die vegetarische Lebensweise 'anders' gewesen seien als andere Kinder, die zusätzliche Andersartigkeit 'ohne Religion' ersparen wollen. Und im Übrigen seien Gedanken ja frei. Ich hatte allerdings den Eindruck, dass mein Vater, der wesentlich konservativer war als sie, dabei auch ein deutliches Wörtchen mitgeredet hat.

Nachdem mein Vater lange Zeit arbeitslos war, pachteten meine Eltern im Herbst 1933 am Bodensee ein Haus und eröffneten mit viel Wagemut eine vegetarische Pension in Unteruhldingen. Dort leitete Prof. Reinerth, einer der Verehrer meiner Mutter aus der Buchauer Zeit, weitere Ausgrabungen und hatte mit der Errichtung der Pfahlbauten begonnen.

Meine Mutter lieferte ihm nach dem Krieg vom Allgäu aus regelmäßig Fladenbrot, das er zur authentischen Darstellung des Brotbackens in der Bronzezeit brauchte. Dazu holten meine Eltern runde, große Steine aus der Wertach, mahlten Weizenkörner und kneteten daraus mit Wasser einen groben Teig, den sie über die im Herd erhitzten Steine stülpten und buken, bis er hart war. Das sah sehr glaubwürdig aus.

Jahrzehnte später, bei einem Besuch der Pfahlbauten mit meinen Kindern, passte ich den Augenblick ab, als wir zur Backstelle kamen. Ich wartete, bis der junge Mann, der unsere Gruppe führte, zur Erläuterung einen mit Teig überzogenen Stein meiner Eltern aus der Backofenöffnung nahm, und erzählte der erstaunten und erheiterten Zuhörerschaft, wer der Lieferant dieser Fladenbrote war. Meine Kinder genossen die unerwartete Beachtung und waren ungeheuer stolz auf ihre Allgäuer Großeltern. Am Schluss der Führung holte der junge Mann den alten Professor aus seinem Büro. Er kam ins Erzählen und nannte meine Mutter voller Respekt und Bewunderung immer noch das 'Fräulein Hanna' aus der Buchauer Hof-Wirtschaft.

Nach der Erfahrung mit der vegetarischen Pension in Unteruhldingen zogen meine Eltern 1934 ins Allgäu, denn dort konnten sie zusätzlich zur Sommer- mit einer Wintersaison rechnen. Sie holten mich in ihr neues

Zuhause nach Haslach, einem 110-Seelen-Dorf in der idyllischen Voralpenlandschaft. Das Bergheim Buck und seine Umgebung wurden für das 'Münchner Kindl' zur wirklichen Heimat. Noch heute gehe ich manchmal an den Feldern entlang und kann fast auf den Meter genau sagen, wo für mich der Heimatgeruch und die 'Farbe der Kindheit' aufhören. Die Familien väterlicher- und mütterlicherseits erfuhren erst im Jahr darauf von meiner Existenz. Bepa, die Freundin meiner Mutter aus Jugendtagen, nahm mich kurzerhand am Ende eines Besuches im Allgäu mit ins Schwäbische und präsentierte mich den überraschten Großeltern.

Wenn ich an meine Kindheit zurückdenke, habe ich drei Bilder vor mir: Die ruhig grasenden, graubraunen Allgäuer Kühe auf der Wiese beim Haus meiner Eltern, den Geruch von Kreide im Schulzimmer, in dem Fräulein Stoltze alle acht Klassen zusammen unterrichtete, und die tröstliche Wärme von frisch gekochten Pellkartoffeln in meiner Hand im letzten Kriegsjahr.

Das Haus meiner Eltern hatte freien Blick auf die nahen Wiesen und Berge, und immer noch fließt hier die Wertach beschaulich durch die dichten Fichtenwälder. Vor etwa dreißig Jahren wurde sie zum heutigen Grüntensee gestaut, der das Liebliche der Landschaft unterstreicht. Der Grünten im Westen war der wichtigste Berg meiner Kindheit. Mit seinen fast symmetrisch ausladenden Seitenkuppen, die langsam in die Täler übergehen, kommt er mir auch jetzt noch vor wie eine Schutzmantelmadonna, die mit den Falten ihres Gewandes die ganze Gegend behütet.

Direkt hinter dem 'Wiesle', das mit Haselnusssträuchern von den Gartenbeeten abgeteilt war, begann die Viehweide des Bauern Heinrich Kohler. Ein wohliger Schauer ging mir jedes Mal durch und durch, wenn die Kühe an den Zaun kamen und mit ihrer rauen Zunge nach meiner Kinderhand griffen, damit sie den angebotenen Löwenzahn und Klee fressen konnten. An einem warmen Sommertag kletterte ich über den Zaun zu einer wiederkäuenden Kuh und betastete interessiert das mit feinen, hellen Haaren bedeckte warme Euter mit seinen prallen Zitzen. Ich erschrak ein wenig, als auf einmal etwas Milch auf meine Finger tropfte und leckte die süße, weiße Flüssigkeit mit klopfendem Herzen von meiner Hand.

Einer meiner Spielgefährten war Lumpi, ein weißer, großer Stoffhund, der jeden Abend mit ins Bett durfte und mir kaum Platz ließ. Auf einem alten Foto sitzt er, mit einer schräg drapierten, hellblauen Schärpe ausgestattet, auf meinem Kinderstuhl und schaut mich mit seinen dunklen Glasaugen ernsthaft an. Er ist gleich groß wie ich, nur sein Kopf ist fast so umfangreich wie sein Rumpf. Das gibt ihm Würde und Bedeutsamkeit. Seine Schnauze ist mit kräftigem, schwarzem Garn eingestickt, und sein Maul sieht aus wie Uhrzeiger, die fünf vor halb sieben stehen, so dass das ganze Gesicht eine sanfte Melancholie ausstrahlt. Zwei Riesen-Schlappohren hängen zu beiden Seiten seines Kopfes herunter. Mein Vater meinte, sie wären für so einen stattlichen Hund zu 'lommelig'.

Bis heute kann ich die Wärme der sonnenbeschienenen Steinplatten vor unserer Haustüre nachspüren, auf denen ich oft mit Lumpi spielte. In deren Ritzen sie-

delten sich manchmal Ameisen an, und ich beobachtete voller Spannung, wie sie auf seinem großen Körper
herum krabbelten und, sobald sie gestört wurden, ihre
gallertartigen, weißen Eier geschäftig in Sicherheit
brachten.

An vielen Nachmittagen suchte ich mit Grimms
Märchenbuch unter dem Arm die Gäste heim, die sich
auf dem 'Wiesle' hinter dem Bergheim Buck in ihren
Liegestühlen sonnten. Es kam keiner davon, ohne dass
er mir nicht wenigstens ein Märchen vorgelesen hatte.
Schon bald wusste ich, dass es kurze und lange gab,
und sich die Gäste meist die kürzeren heraussuchten.
So präsentierte ich ihnen einfach immer schon die auf-
geschlagene Seite der längeren Märchen. Frau Vogel,
eine weißhaarige, gutmütige Dame aus Hannover,
versuchte einmal, Abschnitte aus 'Der Teufel mit den
drei goldenen Haaren' zu überspringen. Ich kam ihr
aber schnell auf die Schliche, denn ich kannte etliche
der Märchen über lange Strecken auswendig, so dass
die Gäste mich bewunderten, weil ich schon lesen
konnte. Ich glaubte das auch und erfuhr erst in der
Schule, dass 'richtiges' Lesen etwas anderes war.
Die zwölf bis vierzehn Gäste im Bergheim Buck verbrachten ihre Ferien mit Birchermüsli und Rohkost,
morgendlicher Gymnastik und ausgedehnten Wanderungen in der schönen Allgäuer Bergwelt. An dem kleinen, silbrig gestrichenen Balkon im ersten Stock und
dem Nagelfluhfelsen, der gefährlich nahe an den
Bahngleisen aufragte, probierte ich meine ersten Kletterkünste mit Mutters Wäscheseil. Am Felsen war ich
am liebsten, wenn der Zug nach der lang gestreckten

Haarnadelkurve langsam in den Bahnhof einfuhr. Dann konnte ich den Reisenden winken, und die meisten lachten freundlich herüber.

Vor unserer Waschküche standen zwei rund geschnittene Rotbuchen. An keinem anderen Haus im Dorf gab es Bäume mit solchen Blättern, durch die die Sonnenstrahlen in vielen Rot- und Brauntönen leuchteten. Im Herbst fielen die Bucheckern mit ihren aufgeplatzten stacheligen Schalen zuhauf auf die Pflastersteine.

Asta, die Schäferhündin von Fräulein Stoltze, der Lehrerin von nebenan, schnüffelte oft neugierig am Boden herum, denn sie wollte mit den kantigen, braun glänzenden Bucheckern spielen. Sie winselte und jaulte jedes Mal erschrocken, wenn sie die Schalen wieder in ihre empfindliche Nase gestochen hatten.

An diese stattlichen Rotbuchen erinnerte ich mich in den frühen neunziger Jahren wieder, als ich meine Reisen nach Armenien begann und dort häufig Buchweizengerichte aß. Die bekömmlichen Körner des Scheingetreides sehen wie kleine Bucheckern aus und sind seither fester Bestandteil meiner Mahlzeiten geworden.

Asta, die ein herrlich honigbraunes Fell hatte, war mir schon öfters am Zaun zum Schulhaus begegnet, denn sie steckte, wenn sie mich kommen sah, ihre feuchte Schnauze durch das Maschengeflecht und wollte gestreichelt werden. Später durfte ich sie ab und zu besuchen und beim 'Strählen' helfen. Wenn sie ihren Winterpelz verlor, war der ganze Kamm sofort voll von ihren Haaren. An einem Nachmittag waren der Hund und ich eine Zeitlang allein, denn Fräulein

Stoltze wurde an die Haustür gerufen und hatte uns vergessen. So ging ich mit Asta zu ihrem Fressnapf, der im Gang neben der Küchentür stand. Der Inhalt interessierte mich sehr, denn ich konnte sehen, mit wie viel Lust und Gier Asta die großen, rotbraunen und seltsam riechenden Brocken fraß. Als sie ihren Kopf aus dem beinahe leeren Blechnapf hob, nahm ich einen kleinen Klumpen, den sie übrig gelassen hatte. Asta verfolgte mit aufgestellten Ohren den Weg meiner Hand vom Napf zum Mund. Das faserige Etwas schmeckte fremd und süßlich. Ich kaute ein wenig darauf herum, gab es aber dann dem Hund zurück, der mir dafür schwanzwedelnd die Hand ableckte. Fräulein Stoltze ertappte mich noch dabei, wie ich mir den Mund mit dem Handrücken abwischte. Sie berichtete meinen Eltern von den seltsamen Abenteuern ihres Vegetarierkindes, und ich durfte eine ganze Weile nicht mehr mit Asta spielen.

Jeden Donnerstagmorgen um halb acht kam unser Pfarrer zu Fuß von Mittelberg herunter gelaufen, etwa fünf Kilometer weit, um in Haslach, wie in den anderen Dörfern, die zu seinem Sprengel gehörten, die Heilige Messe zu lesen. Ich beobachtete ihn immer, wenn er den kleinen Hügel zum Bergheim Buck herauf bis zu dem alten, gusseisernen Wegkreuz kam. Dort hielt er kurz inne und machte das dreifache Kreuzzeichen auf Stirn, Mund und Brust und ich ahmte ihn nach.

Am Gartentor wartete ich auf ihn. Irgendwann hat er mich nach meinem Namen gefragt. Er war wohl mit dem 'Hannele' nicht recht zufrieden und erkundigte sich bei meinem Vater nach meinem 'richtigen'

Namen. So war er der erste Mensch, der mich Johanna nannte. Von da an gab es ein wöchentliches Ritual zwischen uns, das beide Seiten genau einhielten: Sobald ich wusste, dass er mich gesehen hatte, rief ich ihm ein erwartungsvolles "Hoi, Herr Pfarrer" entgegen. Er antwortete mit ernster Miene: "Grüß Gott, Johanna" und gab mir über das Gartentor seine weiche, füllige Hand.

Pfarrer Riezler wurde später auch mein Religionslehrer. Ich war, wie es wohl die meisten Kinder sind, ein frommes Kind und erinnere mich noch gut an die prächtigen Fronleichnamsprozessionen, die im späten Frühjahr durch die blühenden Wiesen um die Mittelberger Pfarrkirche herum führten. Die Mädchen, die in der Osterzeit ihre Erstkommunion gefeiert hatten, durften die in aller Frühe gepflückten Blumen aus geflochtenen Körbchen auf die Feldwege streuen. Hinter uns schritt der festlich gekleidete Herr Pfarrer unter einem Baldachin und trug die goldene Monstranz, begleitet von Messdienern in weißen, bodenlangen Kutten mit roten Umhängen. Ihre derben Bauernschuhe lugten, wenn sie bergan gingen, bei jedem Schritt unter den hellen Säumen ihrer Gewänder hervor. Auf dem Weg zu den vier in der freien Natur aufgestellten Altären war ich ganz in die Wechselgesänge zwischen dem Kirchenchor und dem Pfarrer versunken und stimmte andächtig in das ununterbrochene Murmeln des gebeteten Rosenkranzes ein.

Zur Erklärung des Mysteriums der Dreifaltigkeit nahm der Herr Pfarrer im Religionsunterricht ein frisches Taschentuch aus der Innentasche seines schwarzen Jacketts, breitete es ganz aus und faltete es dann in drei gleich große Teile. Wir durften bestimmen, welche Falte wir Gott Vater, welche Gott Sohn und welche wir Gott Heiligem Geist zuordnen wollten. Nachdem die Falten säuberlich gelegt waren, nahm er das Taschentuch, schüttelte es schwungvoll auseinander und schaute uns durchdringend und erwartungsvoll an. Wir sahen: Drei (Falten) waren in einem (Taschentuch) enthalten und der Teil stand mit dem Ganzen in einem unerklärbaren und doch erkennbaren Zusammenhang. Wir kannten auch sein übliches, 'normales' Schnupftuch, das er, wie alle anderen, in seinem Hosensack hatte. Er schnäuzte jedes Mal laut mit trompetenähnlichen Geräuschen und begutachtete die schwarzen Schnupftabakspuren im Weiß des Tuches ausführlich, bevor er es wieder ordentlich zusammenlegte und einsteckte.

In den Sommerferien durfte ich meist ein paar Wochen zur Nesensohn-Großmutter nach Buchau fahren, zunächst allein, später mit meiner Schwester Traudi. Meine Eltern trauten mir schon früh die Zugreise ohne Begleitung zu, mit fünfmaligem Umsteigen in Kempten, Isny, Leutkirch, Aulendorf und Schussenried. Ich bekam in den ersten Jahren einen beschriebenen Pappkarton um den Hals, später fand ich mich auch ohne diesen auffälligen 'Wegweiser' zurecht, den ich nie leiden konnte. Ich war im Zugabteil immer Mittelpunkt und gab bereitwillig und ausführlich Auskunft über das Woher und Wohin meiner Reise.

Die Nesensohn-Großmutter Josefine war bereits am Anfang des Zweiten Weltkrieges in eine kleine Wohnung gezogen, nachdem sie die Pacht für die Hofwirtschaft nicht mehr bezahlen konnte. Sie war damals Mitte Sechzig und von der jahrzehntelangen Arbeit in der Gastwirtschaft gesundheitlich angeschlagen. Sie hatte neben dem Betrieb, der sie meist bis weit nach Mitternacht auf den Beinen hielt, ihre Kinder großgezogen, den Nutz- und Blumengarten versorgt und die Unterkünfte der Brauereifahrer sauber gehalten.

Sie war eine übergewichtige Frau mit einem nach unten ausladenden, birnenförmigen Rumpf, dessen Fülle sich beim Hinsetzen in die ganze Breite des Sessels ergoss. Ihr Gesicht strahlte eine stille, etwas weltfremde Güte aus und war für ihr Alter überraschend rosig und fast faltenlos. Sie sprach wenig und saß meist in ihrem Ohrensessel am Fenster, mit dem Gebetbuch oder dem monatlich erscheinenden 'Adelindis-Boten' auf dem Schoß.

Auf dem Turm des Buchauer Schlosses, neben dem die Hof-Wirtschaft stand, nisteten viele Jahre lang Störche. Ihr klapperndes Spektakel in den Zeiten der ersten Flugversuche der Jungvögel war mir immer ein aufregender Ohrenschmaus. Eines Mittags kam ich auf den Schlossplatz, als kurz zuvor ein junger Storch aus dem Nest gefallen war. Ich wollte es nicht glauben, dass der schöne Vogel tot war und weinte bitterlich. Metz, der alte, langgediente Braumeister, von dem niemand den Vornamen wusste, war zufällig in der Nähe. Er kannte und liebte mich, seit ich zum ersten Mal von Bepa zu meiner Großmutter gebracht worden war. Er hielt meine Hand fest in seiner warmen, großen Männerhand und hob, nachdem der leblose Storch weggetragen worden war, eine kleine dunkle Flaumfeder vom Boden auf, die er mir als Andenken in meine Schürzentasche steckte.

Die Abende bei der Nesensohn-Großmutter waren oft lau und warm, anders als ich es aus dem Allgäu kannte. An solch einem Abend las ich im gemütlichen Federbett bis spät in die Nacht hinein in meinem mitgebrachten Buch. Als ich endlich das Licht auslöschte und schlafen wollte, surrte und summte es in hohen Tönen um mich herum, und eine ganze Heerschar von Schnaken, die von der Deckenleuchte angezogen worden war, piesackte mich an jeder nur erreichbaren Stelle. Ich war so verzweifelt, dass ich schließlich trotz großer Bedenken das Agathle, die Pflegerin der Großmutter, weckte. Mit ihrer Hilfe konnte ich die Plagegeister vertreiben und totschlagen. Sie hatte zum Glück essigsaure Tonerde im Haus, die meine geschwollenen Einstiche beruhigte. Seither schafft es eine einzige eindringlich surrende Schnake, dass ich wie von der Tarantel gestochen aufspringe und sie treffsicher ins Jenseits befördere. Später warnte Gabriele, meine Tochter, ihre Brüder bei solchen Gelegenheiten immer mit der leisen Bemerkung: "Vorsicht, jetzt hat die Mama wieder ihren Schnakenblick!"

Es wäre in Buchau sicher manchmal langweilig geworden, wenn in den Sommerferien nicht auch Klara ihre Verwandten besucht hätte. Sie kam aus Schlesien, und wir machten uns oft einen Spaß daraus, den Dialekt der anderen nachzuahmen. Im Gegensatz zu mir war sie zierlich und hatte zwei dünne 'Rattenschwänzchen', während ich meine langen Haare kaum in zwei dicken Zöpfen bändigen konnte.

Gegen Abend gingen wir meist auf dem langen Holzsteg an den Federsee. Um die Zeit piepste und zirpte es überall geheimnisvoll im hohen Schilfmeer, und die Badegäste waren bereits wieder ins Städtle zurückgekehrt, so dass der ganze, dunkel schimmernde See uns gehörte.

Wenn ich die Buck-Großeltern in Dürmentingen besuchte, fuhr ich immer mit der Schmalspurbahn. Sie zuckelte so gemütlich die zwölf Kilometer lange Strecke, dass ich fast jeden Stein und jede Blume am Schienenrand deutlich sah.

Eines Tages, ich muss etwa zehn Jahre alt gewesen sein, stieg ich im ersten der fünf Wagen ein und sprang, nachdem der Schaffner meine Fahrkarte geprüft hatte, aus dem fahrenden Zug wieder heraus, pflückte schnell eine Handvoll Sommerblumen, die prächtig am aufgeschütteten Bahndamm gediehen, und war, als sich der letzte Wagen näherte, wieder bereit zum Einsteigen. Dummerweise hatten mich Mitreisende beobachtet und den Schaffner alarmiert. Der zog mich unsanft vom untersten Trittbrett in sein Personalabteil, schüttelte mich vor lauter Schreck wild hin und her und drohte mir, so gut es seine Aufregung zuließ, alle möglichen Strafen an. Dass ich einer Anzeige entkam, war lediglich meinen jungen Jahren zuzuschreiben, aber Großeltern und Eltern bekamen einen Brief, der sie in aller Deutlichkeit auf ihre Erziehungspflichten hinwies.

Auf diesen Fahrten mit der Schmalspurbahn habe ich die ersten der majestätisch aufgerichteten, mit gelben Blüten übersäten Königskerzen gesehen, denen ich inzwischen in vielen Ländern und in verschiedenen Variationen begegnet bin. Damals wusste ich noch nicht, wie sie heißen, aber ich konnte sie meinem

Vater so gut beschreiben, dass er sie auf Anhieb in seinem Pflanzen-Bestimmungsbuch fand. In meinem Burgberger Blumen- und Kräutergarten sind sie seit Jahrzehnten heimisch und vermehren sich von selber. Sie blühen nur jedes zweite Jahr, aber die große, samtgrüne Blattrosette des ersten Jahres ist auch ohne Blüten ein Wunder an Ebenmaß und stiller Schönheit. Wenn frühmorgens die ersten Sonnenstrahlen auf die unzähligen Tautropfen an den feinen Blatthärchen fallen, funkelt und glitzert die ganze Rosette.

Mein Großvater Albert war meist in seiner Werkstatt, einem geräumigen Schuppen gegenüber der Wohnsiedlung auf dem Hügel, wo er allerhand schnitzte, hämmerte und reparierte. Es roch dort immer abenteuerlich nach Holz, Eisen und Leim.

In dieser Siedlung oben auf der 'Lehr' hatte jede der Arbeiterwohnungen drei kleine Zimmer und eine Küche. Der 'Abtritt' befand sich auf halber Höhe des Stockwerks im Treppenhaus. Am Anfang fürchtete ich mich, wenn ich von der Wohnung ins betongraue Treppenhaus aufs Klo ging, zumal man von der Rundung im ausgeschnittenen Holzsitzbrett ganz bis in die Tiefe sehen konnte.

Mittags wartete ich immer voller Ungeduld darauf, dass der Großvater zum Essen herüber kam, denn dann durfte ich neben ihm auf der Eckbank sitzen. Wenn meine Großmutter ein Stück von dem großen Brotlaib abschnitt, bekam ich meist die knusprige Rinde von ihm, da er sie mit seinen wenigen Stummelzähnen nicht kauen konnte. Manchmal brockte er das Brot auch in seine Schale mit Zichorienkaffee und löffelte das Ganze aus. Das Brot schmeckte würzig nach Kümmel und hatte ein wenig vom Duft der Großmutter an sich, denn sie hielt den runden Laib fest an ihren respektablen Bauch gedrückt, wenn sie mit einer schwungvollen Bewegung ein ovales, gleichmäßig dickes Brotstück nach dem anderen abschnitt.

Heute noch denke ich jedes Mal an die Beiden, wenn ich mir vom Wiesenrand frische Kümmelkörner pflücke und darauf herum kaue, bis das Öl leicht auf der Zunge brennt.

Die Buck-Großmutter bereitete für uns Enkelkinder jeden zweiten Tag goldgelbe, knusprige Wagenräder von Pfannkuchen, wie wir sie zu Hause nie bekamen, dick mit Zucker und Zimt bestreut und mit Apfelmus oder selbst gemachter Erdbeermarmelade bestrichen.

Wenn sich unsere Großmutter, die überall unter ihrem Mädchennamen als 'Jöchles Marie' bekannt war, bewegte, schwankte die ganze Fülle ihrer Person mit jedem Schritt wie ein überladenes Schiff hin und her. Ich versuchte oft, wenn sie sich unbeobachtet fühlte, sie nachzuahmen. Meine Schwester Traudi wies mich einmal, als wir beide schon erwachsen waren, darauf hin, dass ich den gleichen hüftwiegenden Gang wie die Buck-Großmutter hätte, und wenn ich's recht überlege, erkenne ich sie auch in manch anderen meiner Bewegungen und Gewohnheiten wieder.

Sie hatte eine besondere Begabung zum Handeln. Mehrmals in der Woche füllte sie einen braun-grün gestrichenen hochrädrigen Kinderwagen bis unters brüchige Klappdach mit allerlei Kurzwaren. Sie nahm sich jeden Tag ein anderes Dorf im Umkreis von etlichen Kilometern vor, in das sie ihre Schätze brachte. Außer Hosengummi, Stickgarn, Knöpfen, Strickwolle, Litzen und Schuhbändeln hatte sie immer auch in Zeitungspapier gewickelte Portionen Backhefe dabei, fünf Pfennig die kleine Portion, zehn die große. Die Frauen auf dem Land, die alle ihr Brot und die mit Rosinen gespickten Hefekränze selber im Backhäuschen buken, waren froh über diesen persönlichen Kundendienst. Und für die Großmutter, der der Umgang mit anderen Menschen ein Bedürfnis war, brachte der tägliche Schwatz mit den Bäuerinnen eine willkommene Abwechslung in ihren Alltag. An den Abenden saß sie in der Küche, eine kleine, wacklige Briefwaage und alte Zeitungen neben sich, brach mit flinker Hand passende Stückchen Hefe von einem großen Brocken ab und richtete ihre Päckchen für den nächsten Tag. Dabei durfte man sie nicht stören, sie hatte es nicht gern, wenn man zu genau auf die Waage schaute. Ich merkte jedoch bald, dass sie recht knapp und immer zu ihren Gunsten wog. Sie wusste wohl, dass ich es wusste, aber es blieb ein unausgesprochenes Geheimnis zwischen uns.

An einem Sonntag im Frühsommer war ich mit den Großeltern zu einem Patroziniumsfest (das Fest des Heiligen, dem die Kirche geweiht ist) in der frühchristlichen Wallfahrtskirche auf dem Bussen, dieser 'hekschten Erhebung' der oberschwäbischen Tiefebene. Die Kirche ist seit Jahrhunderten das Ziel frommer Pilger aus dem näheren und weiteren Umkreis. Die Großmutter musste sich im letzten, steilen Wegstück laut schnaufend auf ihren Albert stützen und hätte ihn fast aus dem Gleichgewicht gebracht. Auf dem Platz vor der Kirche standen Devotionalienbuden, in denen es bunte Heiligenbildchen, nach Bienenwachs duftende Kerzen und Rosenkränze aus Holz- und Glasperlen gab. Der Geruch von frischen Brezeln und säuerlichem Most begleitete uns bis zum Eingangsportal der Kirche. Während des Hochamtes zogen weiße Schwaden von Weihrauch in Wellen vom Hauptaltar durch das hohe Kirchenschiff, je nachdem, ob die Messdiener ihre silbernen Räuchergefäße schwenkten oder still hielten. Das Schönste war aber, dass mir die Großmutter nach dem langen Gottesdienst ein 'Bussenkindle' kaufte. Das war ein Lebkuchen, der auf der Oberseite ein buntes Papierbild mit einem lustigen Kinderpaar hatte. Sie selbst teilte sich mit dem Großvater eine der riesigen Laugenbrezeln.

Die Wallfahrer waren von den Einheimischen nicht besonders geschätzt, denn sie kehrten selten in den Dorfgaststätten ein, weil sie als sparsame Schwaben ihre Wegzehrung, ihr 'Veschber', meist dabei hatten. Von ihnen hieß es etwas geringschätzig: "Naufwärts uff de Bussa fresset se d' Äpfel, ra'wärts d' Butze."

Im September 1939 kam ich in die Schule. Unten im Schulhaus wohnte Fräulein Stoltze mit Asta und ihrer alten Mutter, die aus Ungarn stammte und der deutschen Sprache nie ganz mächtig wurde. Sie drapierte immer fantasievolle bunte Tücher um ihre Schultern. Heute weiß ich, dass sie darunter ihren Rundrücken verbarg und ich in ihr die erste Bechterew-Frau meines Lebens gesehen habe.

Im oberen Stockwerk befand sich neben einer kleinen Besenkammer und einem Plumpsklo das helle, große Klassenzimmer, in dem es immer so einladend nach Kreide roch. Auf dem Dachboden, auf Allgäuerisch 'Bolledeere', war alles voll mit duftendem Holz für die Kanonenöfen, teils gespalten, teils in Klötzen.

Ich bin noch in eine Volksschule gegangen, in der in einem Zimmer alle acht Klassen untergebracht waren. Es war selbstverständlich, dass die älteren der Schüler die Aufgaben der jüngeren nachschauten und ihnen halfen. Fräulein Stoltze war mit Hornbrille und Mittelscheitel eine Lehrerin, die mit Leib und Seele unterrichtete, streng, gerecht und gütig. Wer sie nicht liebte, achtete sie zumindest. Ich liebte und verehrte sie.

Die meisten Kinder gingen gern in die Schule, und für manche war dies der Ort, an dem sie sich von harter bäuerlicher Arbeit etwas erholen konnten. Einige Kinder hatten bereits ein paar Stunden Stall- oder Feldarbeit hinter sich, wenn sie um acht Uhr in die Schule kamen. Als wir einen Buben, der eingeschlafen war, auslachen wollten, wehrte Fräulein Stoltze mit einem strengen "Lasst ihn!" ab.

Die Schulzeit in Haslach war für mich 'dreisprachig'. Zuhause wurde ein etwas abgeschliffenes Schwäbisch gesprochen, draußen beim Toben und Spielen mit den Schulkameraden war das kernige, gutturale Allgäuerisch üblich, und in der Schule legte Fräulein Stoltze großen Wert auf Hochdeutsch. Es war phantastisch, wie sich die simplen Rufnamen mancher Buben und Mädchen auf Schriftdeutsch in staunenswerte Wortungetüme verwandelten. Am meisten beeindruckt war ich vom 'richtigen' Namen meiner Klassenkameradin Mini, die vom Suiter-Hof stammte. Aus Suiters Mini wurde auf der Schiefertafel Philomena Heiligensetzer. Ab und zu mussten wir Fräulein Stoltze unseren Dialekt auch übersetzen. Die Zenzi, die hochdeutsch Kreszentia hieß, kam eines Nachmittags völlig durchnässt zum Handarbeitsunterricht. Sie hatte einen weiten Schulweg, und es hatte eines der heftigen Berggewitter gegeben, bei denen manchmal ganz unerwartet auch Hagelkörner fallen. Eine mitleidige Schulkameradin meinte: "Ietz isch dia Föhl saichnass woare, wo es so g'reanget ond kitzebollelet hat!"

Von meiner Mutter erfuhr ich später auch Näheres über die Herkunft ihres eigenen Familiennamens. Sie fand durch intensive Nachforschungen heraus, dass die Nesensohns seit Jahrhunderten im Vorarlbergischen beheimatet waren. In einem der abgeschiedenen Bergdörfer entdeckte sie in den späten Zwanziger Jahren einen Friedhof, auf dem fast die Hälfte aller alten Grabsteine den Namen Nesensohn trug. Vor Jahrhunderten hatte dort das Frauenrecht gegolten, das heißt, dass die Kinder den Namen der Mutter bekamen, und nicht, wie heute üblich, den des Vaters. So wie uns geläufig ist, dass ein Hansson oder Paulsen auf den Männernamen Hans oder Paul zurückgeht, ist im Namen Nesensohn 'Agnes' (Nes) enthalten.

Als ich mit etwa zwölf Jahren neugierig in der Nachttischschublade meiner Mutter kramte, fand ich meine Geburtsurkunde und die Änderung auf den Namen Buck. Ich war also als 'lediges Kind' auf die Welt gekommen! Jetzt verstand ich auf einmal, warum ich in München geboren war! Ich konnte wochenlang mit niemandem darüber sprechen. Aber dann vertraute ich mich meiner besten Freundin an. Sie beruhigte mich und erzählte, dass es sie noch viel schlimmer getroffen hätte, denn der Mann ihrer Mutter sei nicht einmal ihr richtiger Vater. Sie nahm das Ganze bei weitem nicht so tragisch wie ich und fand es sogar aufregend, dass wir Freundinnen jetzt so viel gemeinsam hatten. Ich war getröstet und fand an dem Namen Nesensohn schnell Gefallen. Er wurde wie ein Schatz, der nur mir gehörte, und er bekam für mich bald eine wundersame innere Klangfarbe. Eine Zeitlang sagte ich mir jeden Abend im Bett den Reim vom Rumpelstilzchen auf, den ich auf meine Situation abwandelte: "Und wie gut dass niemand weiß, dass ich Nesensöhnchen heiß'!" Zum Namen Buck entstand nie eine solche Herzensbeziehung. Und meinen Eltern habe ich erst, als ich aus England zurückkam, gebeichtet, dass ich ihr 'dunkles Geheimnis' längst kannte.

In der zweiten Volksschulklasse durften wir Stricken lernen, auch die Buben, und ich war mit Feuereifer dabei: Einstechen, Fädchen holen, abheben. Einstechen, Fädchen holen, abheben. Einstechen... Da ich für mein Alter ziemlich groß war, hatte ich meine Bank etwas weiter hinten. Ich bekam das begonnene Gestrick sorgfältig von Fräulein Stoltze in die Hände gelegt und begab mich, auf die zwei Metallnadeln und den Wollfaden konzentriert, auf den Rückweg zu meinem Platz, leise vor mich hersagend: Einstechen, Fädchen holen, abheben. Einstechen, Fädchen holen... Bis ich hinten an meiner Bank angekommen war, hatte ich das Strickzeug so umgedreht, wie es mir passend schien. So brachte ich bereits in den ersten Strickstunden ausgefallene Lochmuster zustande. Als Fräulein Stoltze unsere Arbeiten begutachtete, brach ihr ganzer Zorn, der sonst meist nur den Faulen oder Vorlauten galt, über mich herein, und bevor ich mich versah, schubste sie mich mitsamt meiner Strickerei in den Strafwinkel neben der Tafel. Dass ich keine 'Tatzen' mit dem dünnen Rohrstock bekam, war alles. Ich verstand überhaupt nicht, warum ich so ungerecht behandelt wurde.

Durch ein Gespräch mit meinen Eltern, die mich und meine Hände genauer beobachteten, wurde dann allmählich allen, auch mir, klar, dass ich Linkshänderin war. Am rechtshändigen Schreiben kam zu der Zeit niemand vorbei, aber das machte mir auch keine Schwierigkeiten. Ich kann jedoch bis heute ohne besondere Übung jederzeit mit der linken Hand lesbar schreiben, sogar in Spiegelschrift. So manches Mal habe ich später meine Kinder und Enkelkinder damit beeindruckt und zu eigenen Versuchen angeregt.

Zu allem, was Handarbeiten hieß, hatte ich durch die Strickerfahrung meiner Schulzeit viele Jahre ein gestörtes Verhältnis. Erst in meiner England-Zeit kaufte ich mir an einem kalten Herbsttag aus einem plötzlichen Impuls heraus ein paar Knäuel weinrote Wolle und strickte mit der Hilfe einer Mitschwester ein kurzärmeliges Jäckchen. Das habe ich viele Jahre gern getragen.

Unsere Eltern waren begeisterte Wanderer und mein Vater wurde von den Gästen als zuverlässiger Bergführer geschätzt. Ich war bereits in der Vorschulzeit mit auf der Reutterwanne, dem Edelsberg und dem Wertacher Hörnle. Auf dem Aggenstein bei Pfronten pflückte mir später ein Gast meiner Eltern das erste Edelweiß. Es wuchs gefährlich hoch an einem Felsvorsprung, und das Kletterseil versprach in meinen Augen nicht allzu viel Sicherheit. Ich habe das Edelweiß getrocknet und viele Jahre in einem Buch gehütet. In Irland zeigte ich es stolz den acht Kindern der Familie Mulrooney und war ein wenig enttäuscht, dass sie das grausilberne, pelzige Pflänzchen nicht genau so edel fanden wie ich.

Die längeren Anfahrtswege im hügeligen Voralpenland, teilweise bis zu dreißig Kilometer, legten wir frühmorgens mit den Fahrrädern zurück, bevor wir den Aufstieg in Angriff nahmen. Wir übernachteten im Matratzenlager auf den Berghütten. Einer lag neben dem anderen, und der ganze niedrige Raum roch nach Schweiß und feucht-klammen Kleidern. Jeder schnarchte sein eigenes Schlaflied. Meist gab es in diesen Hütten nur ein kleines Fenster. Ein alter Hüttenwirt erzählte dazu einmal eine Geschichte: Spätabends wollte ein letzter Wanderer in der bereits übervollen Hütte übernachten. Es wurde ihm schließlich, da man ihn nicht draußen in der Kälte stehen lassen konnte, ein Eckchen im Matratzenlager zugeteilt. Die schlechte Luft in dem mit Menschen voll gepackten Raum stach ihm sofort in die Nase. Er stieg leise und vorsichtig über die bereits schlafenden Wanderer und öffnete mit einem tiefen, genussvollen Atemzug das kleine Fenster am anderen Ende des Raumes. Kaum lag er auf seinem Platz, schloss einer der in der Nähe liegenden Männer das Fenster wieder. Der andere machte sich nach einer Wartepause erneut auf den Weg und öffnete es zum zweiten Mal. Das Spiel 'Fenster auf – Fenster zu' dauerte fast die halbe Nacht. Als am Morgen die ersten Sonnenstrahlen in die Hütte schienen, sahen alle, dass das Fenster keine Scheiben hatte.

Auf dem 'Heilbronner Weg' bei Oberstdorf waren meine Eltern beinahe jeden Sommer unterwegs, denn von dem fast ebenen Höhenweg konnten sie mit den Gästen je nach Witterung und Kondition die Mädelegabel, den Hochvogel und die Trettachspitze erklettern.

Eines Abends wollten wir nach einer besonders schönen Bergtour von Einödsbach aus heimfahren und entdeckten, dass mein Rad einen Plattfuß hatte. Mein Vater hob mich kurz entschlossen auf den Gepäckträger seines Rades, und ein Gast schnallte mein Rad mit allen zur Verfügung stehenden Gürteln und Schnüren verwegen an seinem fest. Da die Lodenjacke, auf der ich saß, verrutschte, drückte die Metallfeder des Sattels stundenlang in meine rechte Leiste. Am nächsten Morgen wachte ich mit starken Schmerzen in der Hüfte auf und konnte kaum gehen und stehen.

Wie das früher üblich war, warteten meine Eltern zunächst darauf, dass die Schmerzen von selber wieder vergehen würden. Als ich am Tag darauf jedoch zu keiner Bewegung mehr fähig war und die Schmerzen zugenommen hatten, holten sie unseren Hausarzt Dr. Holzheu, der weit über die Grenzen von Nesselwang hinaus geschätzt und beliebt war. Er war ein älterer, beleibter Herr, der Vertrauen und Respekt ausstrahlte und seine grauen, etwas strähnigen Haare für die damalige Zeit erstaunlich lang trug. Zuerst schaute er meine Zunge an, dann steckte er mir etwas Spitzes hinten hinein und stellte nach einigen Minuten zufrieden fest, dass ich kein Fieber hatte. Er drückte, für meine heutigen Kenntnisse ziemlich unsensibel, auf meiner Hüfte herum und versuchte, das Bein zu bewegen. Da ich vor Schmerzen laut aufschrie, ließ er sofort davon ab und diagnostizierte eine akute Hüftgelenksentzündung. Ich bekam strenge Bettruhe verordnet, und meine Mutter musste mir mehrmals am Tag feuchtkühle Umschläge mit essigsaurer Tonerde machen. Der Geruch war mir seit meinem Schnakenerlebnis bei der Buchauer Großmutter vertraut und gab mir das Gefühl, dass nun bald alles besser werden würde. Insgesamt lag ich jedoch etwa sechs Wochen im Bett.

Tante Hedwig brachte mir bei ihrem Sommerbesuch als Geschenk eine kleine C-Dur-Blockflöte mit, und da es mir in diesen Wochen der Krankheit oft langweilig war, nahm ich bald mehrmals am Tag das holzfarbene Röhrchen zur Hand und brachte mir allmählich bei, wie durch Zuhalten der einzelnen Löcher verschiedene Töne zustande kamen. Durch die Singabende mit den Gästen kannte ich viele Lieder auswendig. Ich probierte mit der allen Kindern eigenen Hartnäckigkeit, ob ich die Melodien auch mit der Flöte nachspielen konnte und fand bald Gefallen daran.

Die kleine Blockflöte hat mich über viele Jahre überall hin begleitet, auch nach Irland und England. Manchmal habe ich, vor allem, wenn ich Heimweh hatte, eigene Melodien erfunden und sie einfach nur so vor mich hin gespielt.

Während meiner Ausbildung zur Krankenschwester in England las ich einmal im Stadtanzeiger, dass ein Flötenkreis neue Mitglieder suchte. Das interessierte mich, denn ich wollte mich gern, wie in meiner Schulzeit, wieder einem Kreis von Musik begeisterten Menschen anschließen. Der liebenswürdige ältere Herr fragte mich nach der üblichen 'cup of tea', welchen Typ Flöte ich spielte. Ich zog meine kleine, schon etwas abgenutzte Blockflöte aus der Tasche und erzählte ihm, dass ich außerdem ganz gut Altflöte und vom Blatt spielen könne. Er schaute etwas verwundert auf und zeigte mir seine silbrig glänzende, elegante Querflöte. Es stellte sich heraus, dass Blockflöte auf Englisch 'recorder' heißt und der Begriff 'flute' nur für die anspruchsvolleren, silbernen Geschwister meines bescheidenen Holzröhrchens gebraucht wurde. Das Ganze war nicht nur mir, sondern auch ihm peinlich, und er bedauerte immer wieder, dass er mich so in Verlegenheit gebracht hatte.

In den ersten Kriegsjahren kamen ab und zu noch Geschenkpakete von unserem Onkel Paul aus Amerika. Von ihm bekam ich meine erste 'richtige' Puppe mit auf- und zuklappbaren Augenlidern, blonden Haaren, die man sogar frisieren konnte, und Rüschenkleidern. Es war die schönste Puppe im ganzen Dorf, und ich musste sie immer vor meiner kleinen Schwester, die damals gerade eineinhalb Jahre alt war, in Sicherheit bringen. Für die Puppe schrieb ich mein erstes Gedicht: "Meine Puppe heißt Erika. Ich bekam sie aus Amerika. Wenn man sie zu sehr drückt, fallen ihr die Augen raus, und die Geschichte ist aus."
Erst nach dem Krieg konnten Onkel Paul und seine Frau Rosa wieder mit uns Kontakt aufnehmen. Nun kamen jeden Monat Carepakete, die meist Grundnah-

rungsmittel wie Mehl, Zucker und Fett enthielten. Ab und zu waren wunderbar duftende, klebrige Süßigkeiten und Schokolade dabei. Aber manches konnten wir beim besten Willen nicht brauchen. Eine schicke Reithose und ein grell-rosa, tief ausgeschnittenes Tanzkleid wurden wir auf dem Tauschmarkt in Kempten los und erstanden dafür ein paar Winterstiefel für mich. Eines Tages ging Traudis sehnlichster Wunsch in Erfüllung. Tante Rosa schickte eigens für sie auch eine Puppe, ganz in Weiß und Spitze gekleidet. Seit Traudi in den Ebentheurschen Bauernhof eingeheiratet hat, darf die Puppe Rosa auf dem alten Büffet in der guten Stube sitzen, umrahmt von vielen Fotografien und Erinnerungsstücken.

Obwohl Traudi inzwischen nicht nur drei Töchter, sondern bereits neun Enkelkinder hat, ist sie immer noch meine 'kleine' Schwester. Wir erinnern uns oft lachend daran, dass sie einmal zornig und aufgebracht schrie: "Wart no, bis i so alt bi' wie du, du g'scheits Lueder!" Sie wurde im ersten Kriegsjahr geboren, sieben Jahre und einen Tag nach mir. Von Anfang an war sie der Liebling meines Vaters und ganz selbstverständlich Mittelpunkt aller, die im Bergheim Buck wohnten. Ich habe sie oft voller Stolz herum geschleppt wie 'die Katz ihre Jungen'. Ich weiß noch, dass ich sie manchmal, wenn mich doch die Eifersucht überkam, 'hälingen' zwickte, bis sie brüllte, und mich dann scheinheilig aus dem Staub machte.

Aber sie war einfach ein kleiner Star. Eines Abends hatte sie einer der Gäste mitsamt Nachttopf auf den Esstisch gehoben und alle Hausbewohner standen bewundernd um sie herum. Sie blickte keck mit blitzenden blauen Augen und wippenden Löckchen in die Runde und genoss die Beachtung in vollen Zügen, bis meine Mutter der Darbietung kurzerhand ein Ende machte.

Traudi konnte fast eher Schi fahren als laufen, denn ich stellte sie öfter vor mich auf meine kurzen Schier und sie hielt sich an meinen Knien fest. 'Bucks Biechl', der kleine Hügel, den der Pfarrer immer zu meinem Elternhaus hoch gelaufen war, bot sich als erste kleine Abfahrtsstrecke an. Ich musste aufpassen, dass wir nicht ganz bis auf die Schienen fuhren, denn sie waren und sind bis heute unbeschrankt. Traudi machte, da sie ihr Gesicht meinen Knien zugewandt hatte, jeden meiner Vorwärts-Schischritte rückwärts mit, so dass sie zu Beginn beinahe besser rückwärts als vorwärts laufen konnte. Nach dem Schifahren knetete unser Vater uns oft die eiskalten Füße und Hände behutsam durch und hauchte sie mit seinem warmen Atem an, der immer ein bisschen nach Tabak roch. Wenn er abends seine Füße in einer flachen Emailleschüssel badete, durften wir sie manchmal bürsten, jedoch nur die Fußrückseiten, denn an den Sohlen und Zehen war er so kitzelig, dass er Reißaus nahm, wenn wir diesen Stellen zu nahe kamen.

An unserem wöchentlichen Badetag machte unser Vater schon nachmittags in der Waschküche Feuer, damit das Wasser in dem großen Kessel rechtzeitig heiß war. Er schöpfte es dann mit einem kleinen Eimer in den Holzzuber, und bald darauf war der ganze Raum mit Dampf und Kernseifengeruch erfüllt. Traudi und ich durften zuerst baden, im Gegensatz zu anderen Familien, wo dieses Vorrecht dem Vater zukam. Wir wurden mit aller Sorgfalt und allem Bedacht von ihm mit einer abgenützten, weichborstigen Bürste abgeschrubbt. Vorher hatten wir unsere Barfüße gründlich sauber gemacht, denn wir wussten, dass das Badewasser nicht nur für uns, sondern nach einander für Mutter und Vater, zum Einweichen der Wäsche, zum Putzen und für die Klospülung gebraucht wurde.

Unsere Eltern gingen in den Kriegs- und Nachkriegsjahren oft mit uns zum Beerenpflücken. Am abgeholzten Hang unterhalb der Buronhütte wuchsen auf großen Flächen Himbeerstauden, und wir holten manchmal in ein paar Stunden zwei große Eimer voll. Da wir uns während des Pflückens nicht die Zeit nehmen konnten, die Würmer aus den Hohlräumen der Himbeeren zu klauben, wurden sie zu Hause behutsam auf dem Küchentisch ausgebreitet und mit feuchten Geschirrtüchern zugedeckt. Die Feuchtigkeit zog die Würmer in kurzer Zeit an, so dass sie alle an der Unterseite der Tücher hingen und wir sie nur noch abschütteln mussten. An solchen Tagen gab es manchmal morgens, mittags und abends Himbeeren, einmal mit Milch, einmal mit Brot und einmal, das war meist das Abendessen, mit Kartoffeln. Was übrig blieb, wurde zu Marmelade weiter verarbeitet.

Im Sommer machten wir Tageswanderungen zum Wertacher Hörnle. Dort blühten, wenn die Winter nicht zu lang gewesen waren, schon Ende Juni um den Geburtstag unserer Mutter herum ihre Lieblingsblumen, die Alpenrosen. Die Hänge um den Hörnlesee waren dann einige Wochen lang in einen zart-rosa schimmernden Blütenteppich verzaubert.

Auf das Wertacher Hörnle führte uns Wochen später der Weg jedoch vor allem zum Heidelbeerpflücken. Von der reichlichen Ernte konnten wir einen Teil bei den Bauern gegen Butter und Käse eintauschen. Ich war eine gute 'Beererin', die nicht nur schnell, sondern auch sauber pflückte, so dass meine Eimerchen, im Gegensatz zu denen der Erwachsenen, kaum ein unzulässiges Blatt oder eine störende Tannennadel aufwiesen.

An einem besonders warmen Wochenende schleppten wir beinahe eineinhalb Zentner Heidelbeeren ins Tal zu unseren Fahrrädern. Ich weiß noch, dass mein Vater etliche hohe zylindrige Blechgefäße mit Deckel organisiert hatte, die sich zum Transport besonders gut eigneten, weil keine Beere herausfallen oder zerquetscht werden konnte.

Heidelbeeren haben mich bis heute begleitet. Von Schramberg, der Heimat der Junghans-Uhren, fuhr ich mit den Kindern im Sommer mit dem Bus auf den Fohrenbühl und wir liefen, ein Kind im Sportwägele, eines an der Hand, durch den lichten Wald nach Lauterbach hinunter. Über weite Strecken wuchsen im Unterholz Heidelbeerstauden in großen Mengen. Nun war es keine Frage des Sattwerdens, sondern pures Vergnügen, so viel zu sammeln wie wir Lust hatten.

Ein paar Jahre nach unserem Umzug nach Schramberg mieteten wir auf halber Höhe eine kleine Hütte, den 'Rubstock'. Dort gab es stille, sonnige Plätzchen im Wald, wo die dicksten und saftigsten Heidelbeeren wuchsen, die uns jedes Wochenende im Sommer vergnügliche Mahlzeiten mit blaugefärbten Händen und Gesichtern bescherten.

Später in Burgberg, wenn Miriam und Jehuda aus Israel zu ihren Sommerkursen kamen oder wir im Juli den Jahrestag unseres Einzuges in unser 'Pappendeckelhäusle' feierten, brachte uns eine Bauersfrau regelmäßig ganze Spankörbe voll der blauen Pracht, die wir in große irdene Schüsseln umfüllten. Aus denen konnten dann alle essen, so viel sie wollten, Heidelbeeren mit Milch, mit Sahne oder Honig. Dieses Geschenk des Sommers zieht seine blauen, saftigen Bahnen von meiner Kindheit bis ins Alter. Heute sind es jedoch weniger die Beeren, sondern die Blätter der Heidelbeerstauden, die ich jedes Jahr im Frühjahr sammle, denn aus ihnen lässt sich ein guter Tee bei Beschwerden der Bauchspeicheldrüse zubereiten.

An einem der Beeren-Wochenenden blieben meine Eltern und wir Kinder zwei Tage auf dem Wertacher Hörnle und übernachteten auf der Stitzeltalalp, einer Hütte auf halber Höhe, die sommers bewirtschaftet war. Wir hatten Kartoffeln im Rucksack mitgenommen, die wir abends auf dem großen Herd in der Küche der Alp kochen wollten. Nachmittags fand ich am Rand eines versteckten Beerenplatzes ein paar riesige Steinpilze und etliche leuchtend orangefarbene Reizker. Sie füllten eine ganze Pfanne und verwandelten unser karges Abendessen in ein köstliches Mahl, das wir mit dem Senn und seiner Familie teilten.

Unser Vater hat uns schon früh gezeigt, wie man die Stiele der Pilze behutsam durch eine kleine Drehung von ihrem Myzel, dem fadenförmigen, im Waldboden verborgenen 'Nest' löst, ohne Schaden anzurichten. Er hatte immer ein kleines, zweiklingiges Taschenmesser dabei, denn er wusste, dass es zum Beispiel dem Kartoffelbovist, der wie ein weißes, borstiges Hühnerei aussieht, besser bekommt, wenn man ihn ganz nahe am Boden abschneidet. Zu seiner Freude war ich sehr wissbegierig und kannte allmählich über siebzig verschiedene Arten von Pilzen. Sie beflügelten meine Fantasie und meine von Elfen, Feen und Zwergen bevölkerten Tagträume. Ich wusste, dass Pilze die Stille des Waldes lieben, das gedämpfte Licht unter Baumkronen und modrige Baumstümpfe. Sie sind zwischen Werden und Vergehen zu Hause und kommen in Märchen oft an entscheidenden Stellen vor.

Der Hallimasch, ein braunhütiger Lamellenpilz, ist zwar kein besonders wertvoller Speisepilz, aber er beeindruckte mich immer, weil er in riesengroßen Kolonien entlang alter Baumwurzeln wächst. Ich stellte mir vor, dass die Scharen von braunen Hütchen abends im Wald auf Entdeckungsreise gingen und erst am frühen Morgen wieder zurückkehrten. Auf der Ellegghöhe gab es einige versteckte Plätze, an denen im Frühherbst, wenn die Brombeeren reif waren, Parasolpilze wuchsen. Die mochte ich besonders gern, denn ihre zerzausten Halskrausen erinnerten mich an traurige Prinzessinnen, und die braunen Schuppen auf ihren Sonnenschirmdächern schmeckten nach Tannennadeln und Kakao.

Ich gehörte zu den wenigen Kindern im Dorf, die nicht auf einem Bauernhof aufwuchsen. So war es immer etwas Besonderes, wenn ich beim Heuen helfen

durfte. Nachdem der Bauer schon in aller Herrgottsfrühe gemäht hatte, mussten wir anstreuen. Dazu
wurde das gemähte Gras mit Gabeln gleichmäßig auf
dem Feld verteilt und so oft gewendet, bis es ganz
trocken war. Das war für mich gar nicht so einfach wie
es aussah, und die Bauernkinder, denen ich im Schulzimmer oft überlegen war, hatten ihre Schadenfreude
daran, wie ungeschickt ich mich zunächst anstellte.

Je nach Witterung und Lage des Feldes wurde das
frisch gemähte Gras auch direkt auf 'Huize' gegabelt,
mannshohe Holzstecken mit kreuzweise angebrach-
ten Querlatten, auf denen das Gras bei schlechtem
Wetter der Nässe des Bodens weniger ausgesetzt ist
und Sonne und Wind besseren Zugang haben. Vermutlich stammt das seltsame Wort 'Huize' von einer süd-
deutschen Bevölkerungsgruppe, den Heinzen, die sich
im zwölften Jahrhundert in der Steiermark und im
Burgenland angesiedelt hatten. Aus unserem kleinen
Bauerndorf kenne ich auch den Ausspruch, wenn jemand völlig überflüssiges Zeug redet: "Des isch a
Gschwätz, z' mind zum Huize!"

Das Aufgabeln wurde meist von Männern besorgt,
denn es war Schwerarbeit, das Heu auf das immer
höher aufgeschichtete Fuder zu wuchten. Nach geta-
ner Arbeit hoben uns Kinder starke Arme auf den Wagen, und wir fuhren glücklich und stolz auf dem
schwankenden Gefährt bis in den Bauernhof. Dort füllte sich beim Abladen die ganze Tenne mit dem würzigen Duft des frischen Heus. Und nun kam endlich, auf
was ich heimlich am meisten gewartet hatte: Die Brotzeit. Obwohl es in allen Häusern im Dorf das gleiche
Brot und die gleichen Kartoffeln gab, schmeckten mir

die dick geschnittenen Scheiben und die Erdäpfel nirgends so gut wie am großen, blank gescheuerten Holztisch in der Bauernküche. Ich durfte abends sogar noch einen Extra-Liter frisch gemolkener Milch als Lohn mit nach Hause nehmen.

Als ich unmittelbar nach der Ausbildung zur Kneipp-Bademeisterin in Bad Wörishofen Urlaubsvertretung machte, stieg mir am frühen Morgen bei der Vorbereitung der Heusäcke dieser Kindheitsduft wieder wohlig in die Nase.

Im Winter bestand unser wöchentlicher Sportunterricht meist aus kürzeren und längeren Schitouren. Es war selbstverständlich, dass alle Kinder von klein auf mit ihren 'Brettern' vertraut waren. Die Schistöcke bestanden aus Haselnuss-Stecken, an die im unteren Teil aus biegsamen, dünnen Weidenästen 'Teller' gebastelt wurden, damit der Stock im Schnee seinen Halt bekam. Damals gab es strenge Winter, die Zäune der Viehweiden waren monatelang nicht mehr zu sehen, so dass man über weite Strecken seine Bahnen einfach geradeaus ziehen konnte.

Wenn viel Schnee gefallen war und Windverwehungen die Straße unpassierbar machten, musste der Schneepflug von Wertach in den frühen Morgenstunden und spät nachmittags die sechs Kilometer lange Straße nach Haslach räumen. Vor den V-förmigen Schneepflug waren je nach Schneemenge fünf bis neun schwere Kaltblutrösser gespannt. Unter den anfeuernden Rufen des Kutschers bahnten sie sich ihren Weg, aus weit geöffneten Nüstern weiße Atemwolken vor sich her schnaubend. Manchmal fuhren ein paar junge Männer mit, die bei starken Verwehungen mit ihren Schaufeln und Pickeln helfen mussten, damit der Schnee aus der vorgesehenen Fahrrinne geschafft werden konnte. Durch ihr zusätzliches Gewicht pflügte sich das Gefährt auch besser durch die Schneeberge. Wir rannten jedes Mal wie elektrisiert aus den Häusern, sobald wir das 'G'schell', das vielstimmige, helle Bimmeln der Glöckchen hörten, das alle Pferde um den Hals trugen.

An einem sonnigen Tag machten wir mit der ganzen Schule einen Ausflug mit den Schiern auf die Reutterwanne. Die Kleineren durften sich in der auf halber Höhe gelegenen Buronhütte bei heißem Tee aufwärmen, für uns Ältere war es Ehrensache, dass wir den Steilhang hoch bis zum 'Tännele', einer großen, frei stehenden Fichtengruppe, stiegen. Ich war damals eine überaus gute Schifahrerin und setzte natürlich meinen ganzen Ehrgeiz daran, mein Können unter Beweis zu stellen. Angefeuert von den anderen, riskierte ich die steile Schussfahrt bis zur Buronhütte und breitete kurz vor dem Ziel meine Arme in Siegerpose aus. Ich hatte jedoch in meinem Eifer den Stacheldrahtzaun, der das Hüttengelände abgrenzte, übersehen und raste in vollem Tempo in den Zaun hinein. Fräulein Stoltze und der Hüttenwirt kamen mir zu Hilfe, und alle dachten, dass ich mir zumindest ein Bein gebrochen hätte. Zum Glück war es nur eine Fleischwunde über dem Schistiefel, die mit einer Mullbinde sofort versorgt wurde.

Für mich war jedoch viel schlimmer, dass einer meiner handgestrickten dicken Winterstrümpfe ein großes Loch hatte und ich deswegen sicher zu Hause

Schelte bekommen würde. Vorsichtig schlich ich ins Haus und nahm das Nähkästchen mit in unser Kinderzimmer. Mit einem Holzstopfei und passendem Wollfaden machte ich den Schaden wieder gut, denn ich wusste, dass Strümpfe in diesen Kriegstagen nicht leicht zu beschaffen waren. Das Ergebnis war eine Stopfei große Rundung an der Stelle des Loches, denn ich hatte die Fäden großzügig über das Ei hin und her gezogen. Meine Mutter sah meine Stopfkünste am nächsten Tag und lachte. Obwohl ich ihr das Lachen übel nahm, war ich doch sehr erleichtert, dass ich nicht bestraft wurde.

Unsere Mutter opferte zu dieser Zeit einen rosa geblümten Bettbezug, damit Fräulein Graf, die Näherin aus der Nachbarschaft, für Traudi und mich Dirndl machen konnte. Denen hat niemand ihre Herkunft angesehen und wir trugen sie etliche Jahre, denn sie waren mit reichlich Saum versehen, so dass sie mit uns wachsen konnten. Sie sind auf manchen Fotos von früher verewigt. Da in den späteren Kriegsjahren keine Gäste mehr kamen, wurden die übrigen Wolldecken zu Mänteln und Winterjacken verarbeitet, und Schuhe, die uns zu klein waren, gaben unsere Eltern im Tausch gegen größere an andere Kinder im Dorf weiter.

Eines Tages hing in der Haslacher Volksschule neben dem Holzkreuz ein Bild von 'unserem Führer' und wir wurden von Fräulein Stoltze aufgefordert, den rechten Arm zum morgendlichen Gruß vor ihm zu heben. In der wöchentlichen Singstunde kamen zu den Volks- jetzt Soldaten- und Kampflieder, die wir voller Begeisterung nachsangen. In der Religionsstunde be-

teten wir genau so, wie das wohl in jedem krieg-
führenden Land getan wird, für 'unseren Führer', für
alle Soldaten und für die endgültige Vernichtung des
'Feindes'. Den stellten wir uns vage als drohendes,
furchterregendes Ungeheuer vor, wie wir es aus manchen Sagen und Märchen kannten.

Die jungen Männer von Haslach wurden schon
bald zum Kriegsdienst eingezogen, die Frauen und
Mädchen trafen sich abends zum Stricken von Socken
und Handschuhen für die Soldaten, die 'im Feld' waren. Regelmäßig schickten die Familien den Soldaten
Päckchen, und wir Schulkinder schrieben den 'tapferen
Männern im Felde' Briefe, die uns das gute Gefühl gaben, etwas Nützliches getan zu haben. 1941, ich war damals acht Jahre alt, ist als erster Soldat in unserem
Dorf der einzige Sohn von Auers, einer Bauernfamilie,
die schräg gegenüber wohnte, 'gefallen'. Das fand ich
nicht so schlimm wie die Erwachsenen, denn wer hin-
gefallen war, konnte doch auch wieder aufstehen. Ich
hatte kurz zuvor das Sprichwort gehört, dass man aus
einer Mücke keinen Elefanten machen soll. Als ich mit
meinen Eltern zum Kondolenzbesuch ging, wollte
auch ich den Bauersleuten etwas Tröstliches sagen,
denn ihre verzweifelte, stumme Trauer ging mir sehr
zu Herzen. Ich brachte mein Sprüchlein von der Mücke
und dem Elefanten an und wurde zu Hause dafür
schwer gerügt, ohne dass ich verstanden hätte, warum.
Im vierten Kriegsjahr bekamen wir von Frau Alt-
schüler, die früher in der Dohle, einem zu Haslach
gehörenden Weiler gewohnt hatte, ein ganz besonde-

res Geschenk. Sie besaß in der Nähe von Augsburg eine Schuhfabrik und kam eines Tages kurz vor Weihnachten mit einem Kleinbus und einigen Männern, die Berge von Schuhschachteln in unser Schulzimmer trugen. Jedes Kind durfte ein Paar neue, warme Filzhausschuhe anprobieren und die passende Größe mit nach Hause nehmen. Ich konnte es nicht fassen, dass uns eine alte Frau, die wir gar nicht kannten, solch ein wertvolles Geschenk machte. Wir erfuhren dann von Fräulein Stoltze, dass sie uns aus Anhänglichkeit an ihre Heimat mit den Schuhen bedacht hatte. Den nächsten Schulaufsatz schrieben wir in Form eines Dankesbriefes und malten eifrig an alle Ränder der Briefe grüne Tannenzweige, rote Kerzchen und viele, viele Hausschuhe.

Meine Eltern, die den Ersten Weltkrieg, die Inflation und die jahrelange Arbeitslosigkeit erlebt hatten, waren sicher, dass mit Hitler eine neue, bessere Ära anbrechen würde. Ich betrachte es heute als eine gute Fügung, dass wir auf einem kleinen Dorf lebten. Meine Mutter vor allem hätte sich in ihrer Begeisterungsfähigkeit sicher von den 'neuen Ideen' anstecken lassen.

In welchem Maße ihre Beziehung zu Juden von eigenen Jugenderlebnissen geprägt war, wurde mir erst klar, als sie in Burgberg einer Israelin begegnete. Diese war Kursteilnehmerin und wohnte, wie manch andere, für die Kurstage in meinem Haus. Nach dem ersten gemeinsamen Frühstück fragte mich meine Mutter mit kaum verhohlenem Vorwurf, warum die junge Therapeutin aus Israel ausgerechnet bei mir im Haus untergebracht sei. Sie erzählte mir abends, als die Kinder im Bett waren, immer noch erregt und aufgebracht, von ihrer Jugendzeit, als Buchau noch ein 'Judenstädtle' gewesen war. In manchen jüdischen Geschäften seien sie mit beschämender Herablassung bedient worden, und die jungen Männer hätten die 'Chrischtemädle' immer absichtlich als letzte zum Tanzen aufgefordert. "Einfach sitzen lassen haben sie uns, so als ob wir nichts wert gewesen wären", brach der alte Groll unvermittelt aus ihr heraus.

Da fiel mir plötzlich ein Kindheitserlebnis ein, das ich bislang hatte nirgends einordnen können: In der Woche der 'Reichs-Kristallnacht' war ich bei der Nesensohn-Großmutter in Buchau zu Besuch. Die Synagoge befand sich schräg gegenüber von ihrer Wohnung. Mitten in der Nacht schreckte ich auf, denn ich hörte Geschrei auf der Straße, dem ein Klirren und Bersten der vielen Fensterscheiben der Synagoge folgte. Der Lärm und das Prasseln der züngelnden Flammen waren etwas vom Unheimlichsten, was ich je erlebt hatte. Ich wollte mich zu meiner Mutter flüchten, aber sie bemerkte mich gar nicht, denn sie stritt lauthals mit meiner sonst so sanftmütigen Großmutter, so dass ich mich, noch angsterfüllter als vorher, unter mein Federbett verkroch.

Die israelische Therapeutin bemerkte natürlich das abweisende Verhalten meiner Mutter und wollte den Grund wissen. Ich erzählte ihr sehr verlegen, welch bestürzenden Gefühlsausbruch ich erlebt hatte. Sie entgegnete zunächst nichts, sprach jedoch nach dem schweigsamen Mittagessen meine Mutter an. Den Inhalt des Gespräches erfuhr ich nie. Meine Mutter hatte danach einen ganz weichen, sanften Gesichtsausdruck.

Zu Weihnachten kauften wir, nachdem der Krieg begonnen hatte, handbemalte, gefräste WHW (Winterhilfswerk)-Abzeichen als Christbaumschmuck. Es waren bunte Holzgebilde mit Motiven aus der Pflanzen-, Tier- und Fabelwelt. Am meisten haben mir Sonne, Mond und Sterne gefallen, weil sie in meinen Lieblingsfarben gelb und blau angestrichen waren.

Das Fällen des Christbaums war immer Vorrecht und Aufgabe unseres Vaters. Wir Kinder durften ihn ins 'Mösle', ein Hochmoor in der Nähe der Wertach, begleiten. Auf dem Hinweg zog er uns auf dem Schlitten, auf dem Rückweg war die nach frischem Holz und würzigem Harz duftende Föhre mit etlichen Schnüren und Riemen fest gezurrt. Ich atmete jedes Mal auf, wenn er den eng zusammengeschnürten Baum losband und sich alle seine langnadeligen Äste wieder ausbreiten konnten. Das erinnerte mich an Asta, die uns Schüler zum sommerlichen Badeausflug an die Wertach begleiten durfte. Sie schwamm mit Freude ihre Strecke flussauf- und abwärts und schüttelte sich danach so lange und kräftig, bis ihr Fell wieder seine füllige Form erreicht hatte.

Manchmal hörten wir das Jaulen der Sirenen, die einen Fliegerangriff ankündigten und sahen voller Herzklopfen in großer Entfernung die nächtlichen 'Christbäume'. Dann wussten wir, dass Ulm oder Augsburg wieder das Ziel eines feindlichen Bombenteppichs waren.

In der großen Pause gegen halb elf Uhr lief ich in

dieser Zeit oft den kurzen Weg durch den Garten nach Hause, wo meine Mutter schon ein paar Kartoffeln im Voraus gekocht hatte. Sie stillten nicht nur meinen Hunger, sondern wärmten in den kalten Wintertagen auch meine Hände.

Bei Hans, dem Käsermeister, durften wir Kinder uns nach der Schule immer 'Käsnudeln' holen. Das sind die Außenränder der riesigen Käslaibe, die am Anfang des Reifungsprozesses weggeschnitten werden, damit die Laibe richtig in ihre Holzverschalungen im dunklen Lagerraum passten. Hans beugte sich mit seinem ganzen Rumpf über einen solchen Laib und schnitt mit einem kurzen, scharfen Messer in einer weit ausholenden Gebärde diese Ränder gleichmäßig ab. Seine Kunst kam mir wieder in den Sinn, als ich nach Jahrzehnten bei Freunden einem Zen-Meister zuschaute, der konzentriert mit einem einzigen Pinselstrich einen vollendeten Kreis auf einen großen Bogen Papier malte. Bei der Käsezubereitung in den riesigen, glänzenden Kupferkesseln fielen jeden Tag große Mengen Molke an, die die Bauern mittags zum Schweinefüttern abholten. Wenn wir Kinder zur rechten Zeit kamen, durften wir etwas davon in unsere Milchkannen füllen und mit nach Hause nehmen. Wir tranken die Molke so wie sie war oder verwendeten sie zum Kochen.

Im letzten Kriegsjahr bekamen wir einen Pferdemetzger mit seiner Frau in den unteren Stock der Pension zugewiesen. Er schlachtete in unserer Waschküche alles, was ihm unter die Finger kam, vom Pferd bis zum Kalb und Stallhasen. Wir Kinder rannten jedes Mal verstört zu unseren Eltern, wenn wir frühmorgens durch die Todesschreie der armen Geschöpfe aus dem

Schlaf gerissen worden waren. Zum Glück dauerte der Spuk nur kurze Zeit, denn es stellte sich bald heraus, dass er bedenkenlos in den großen Wäldern um Haslach herum wilderte. Dafür kam er nach Kempten ins Gefängnis.

Das Ende des Krieges teilte uns Fräulein Stoltze mit stockender Stimme und Tränen in den Augen mit. So hatten wir sie noch nie erlebt, und das Gefühl, dass ihr nichts und niemand helfen konnte, war für uns schlimmer und greifbarer, als die Tatsache, dass 'wir' den Krieg verloren hatten. Fräulein Stoltze musste nach dem Krieg den Schuldienst quittieren und wurde in Augsburg entnazifiziert. Sie kehrte nie mehr nach Haslach zurück.

Nach einer Unterrichtspause von mehr als drei Monaten führte ein alter Mann aus Polen, der während des Krieges interniert gewesen war, den Unterricht weiter. Er wurde wegen seiner eigentümlichen Sprache und seiner unsicheren Art gehänselt, wie es nur Kinder können, die spüren, dass ihnen der andere nicht gewachsen ist.

Als bei Kriegsende amerikanische Panzer auch durch unser Dorf rollten, hingen aus den Häusern weiße 'Fahnen', damit jeder sehen konnte, dass sich alle ergeben hatten. Die Wirtin vom 'Wertacher Hof', der heute noch als Gaststätte am jetzigen Campingplatz existiert, stellte sich mit einem Tablett voller Kaffeetassen auf die Straße und rief den lachenden und winkenden Soldaten zu: "Wellet Ihr net a Schäle Kaffee, ihr Amerikaner?"

An warmen Sommertagen im Jahr 1945 liefen wir zu Viert oder Fünft, Buben und Mädchen, an den Jägersteg, der, als einfache Hängebrücke konstruiert, uns schwankend über die Wertach brachte. Dort waren die amerikanischen Soldaten oft zum Fischen. Sie schmissen einfach Handgranaten ins Wasser und brieten, was sie nach den Explosionen aus dem seichten Wasser fischen konnten, am offenen Feuer. Den frisch gebrauten Kaffee rochen wir schon oben, bevor es steil durch den Wald ins Tal ging. Wir beobachteten sie voller Herzklopfen und warteten, bis sie den Kaffeesatz in die nahen Büsche warfen und ihre Feuerstelle verließen. So gut wir konnten, sammelten wir die braunen, noch feuchten und verlockend duftenden Überbleibsel in mitgebrachte Dosen und Gläser und beglückten damit unsere Familien.

Nicht nur unsere Eltern, sondern auch ein Großteil der näheren und weiteren Verwandtschaft war im Oberland zwischen Ulm und dem Bodensee ansässig. In den letzten Kriegs- und ersten Nachkriegsjahren fuhren wir regelmäßig in den Schulferien ins Württembergische. Mein Vater hatte aus der Werkstatt seines Vaters einen stabilen, viel bewunderten Beiwagen für Kinder geerbt, den er mit seinem Fahrrad verschraubte. In dem wurden Traudi und ein Teil des Gepäcks verstaut. Unsere Eltern hatten vor diesen Hamstertouren meist die ganzen Lebensmittelmarken für Butter und Käse geopfert und wollten die begehrten Erzeugnisse gegen Weizen, Kartoffeln, Obst und Gemüse tauschen. Getreidefelder oder Kartoffeläcker waren im Allgäu eine Seltenheit, denn dort wurde schon lange Milch- und Viehwirtschaft betrieben.
Noch etwa hundertfünfzig Jahre zuvor hatte man

vom 'blauen Allgäu' gesprochen, denn in der Zeit wurde häufig Lein angebaut, der im Sommer in seinem unvergleichlichen Blau blühte. Die Fasern waren die Grundlage für Leinenstoffe, die in der langen, kalten Jahreszeit vielerorts in den Familien gewoben wurden, um die kargen Einnahmen der Bauern aufzubessern.

Eines Nachmittags kamen meine Eltern, Traudi und ich mit unseren Rädern müde und hungrig vom Bodensee her in Aulendorf an, wo ein Bäsle des Großvaters in eine Bäckerei eingeheiratet hatte. Dort erhofften wir uns eine kleine 'Brotzeit', bevor wir die letzten zwanzig Kilometer zur Buchauer Großmutter unter die Pedale nahmen. Wir gingen erwartungsvoll durch die ebenerdige Backstube, in der wagenradgroße Zwetschgen- und Apfelkuchen einen verführerischen Duft verbreiteten. Im Laden im ersten Stock begrüßte uns das wohlgenährte Bäsle nicht gerade freundlich. Sie beteuerte mit gut gespielter Leidensmiene, dass sie gerade heute nichts, wirklich gar nichts im Haus habe. Nicht einmal einen Laib Brot könne sie uns geben, denn die wenigen Brote, die im Laden im Regal lagen, seien alle vorbestellt. Der Allgäuer Käse, zum Tausch angeboten, zog auch nicht. Ich war maßlos empört und enttäuscht, und meine Mutter schalt sie beim Hinausgehen alles Mögliche, nur nichts Gutes. Als wir bei unseren Rädern ankamen, stand ihr Mann dort, der wohl einen Teil der Unterhaltung mit angehört hatte. Er steckte einen Brotlaib und ein paar Stückchen Apfelkuchen in den Beiwagen und verschwand schnell wieder in seiner Backstube.

Bei der ersten Radtour nach Buchau, die meine

Mutter und ich nach dem Krieg allein unternahmen, war ich zwölf Jahre alt, hatte dicke, fast bis in die Kniekehlen reichende Zöpfe und zeigte nicht einmal den Anflug von aufblühenden Körperformen oder hübschen Jungmädchenbeinen. Wir mussten die Grenze von der amerikanischen in die französische Zone passieren und hatten die abendliche Sperrstunde überschritten. Trotzdem wollte meine Mutter noch ins Städtle zur Großmutter kommen, von der wir wussten, dass sie sich sehr um uns sorgte. Nachdem wir unsere Passierscheine vorgezeigt und unsere Kennkarten abgegeben hatten, wurden wir von zwei Marokkanern in verschiedene barackenähnliche Büros gebracht und mit Hilfe eines Dolmetschers verhört. Ich sollte mit einem der Männer in einen Kellerraum gehen, der Dolmetscher ließ sich jedoch nicht abschütteln. Kurz darauf hörte ich meine Mutter schreien. Da sich jetzt einer der Vorgesetzten der beiden Soldaten blicken ließ, wurden wir schnell und unsanft vor die Tür gesetzt und erreichten völlig durcheinander, aber glücklich die Wohnung der Großmutter.

Direkt nach Ende des zweiten Weltkrieges bemühten sich meine Eltern um eine weiterführende Schule für mich. Nach den Osterferien 1946 kam ich nach Lenzfried in die Klosterschule der Armen Schulschwestern. Meine Mutter nähte die Abende zuvor meine Internatsnummer neununddreißig in alle meine Kleidungs- und Wäschestücke. Diese Nummer habe ich geliebt, sie war meine erste Berührung mit der Magie der Zahlen. Ich malte mir aus, dass von nun an ein Zahlenschutzengel auf mich aufpasst und mich in allen Lebenslagen immer mit den 'richtigen' Zahlen zusammen bringen würde.

Tatsächlich haben mich manche Zahlen über lange Wegstrecken begleitet. In den zwölf Jahren meiner Ehe und schon davor waren es Zahlen, die mit der Drei zu tun hatten. Nach der Scheidung kamen die Sieben und später die Acht ins Spiel. Die Grundstücksnummer in Burgberg ist einhundertsechs, in unserer Telefonnummer ist nicht nur vier Mal die Sieben enthalten, sondern auch ihre Quersumme ergibt Sieben. Als Hausnummer wurde uns die Fünfzehn – sieben und acht – zugeteilt. Ich wusste bereits aus einem Buch meiner Mutter, dass die Zahl fünfzehn das germanische Runenzeichen für den Menschen darstellt, und aus der Schulzeit bei Fräulein Stoltze erinnerte ich mich, dass fünfzehn Eier ein 'Mandel', also ein kleiner Mensch, sind.

Mein äußeres Gepäck für den Umzug ins Internat nach Lenzfried bestand aus einem kleinen, alten Koffer und einer Tasche. Im Inneren war ich randvoll mit Vorfreude und Erwartungen. Es war aufregend, mit fünfundzwanzig anderen Mädchen in einem großen Gemeinschaftssaal des klösterlichen Internates zu schlafen. In einer Ecke, durch Vorhänge abgeschirmt, hatte eine der Nonnen ihre Bleibe. Ihr fiel die mühsame Aufgabe zu, abends für Disziplin und Ruhe zu sorgen. Es war natürlich verboten, hinter diesen Vorhang zu schauen. So lag es nahe, dass wir eine Mutprobe darin sahen, wenigstens einmal dahinter zu spicken. Wer es zudem schaffte, die Ordensschwester ohne Schleier beim Schlafen zu beobachten, wurde besonders bewundert. Mit glänzenden Augen tauschten wir am nächsten Morgen an den nebeneinander aufgereihten Waschschüsseln flüsternd unsere Beobachtungen aus.

Dass es nur kaltes Wasser gab, nahmen wir als selbstverständlich. Lediglich einmal in vier Wochen hatten diejenigen, die nicht nach Hause fahren konnten, am Samstag Badetag im Waschhaus. Da stand dann eine ältere Klosterfrau, die sonst in Haus und Garten nach dem Rechten sah, mit weißblau gestreifter Schürze in dem dampferfüllten, niedrigen Raum an der Zinkwanne und schrubbte uns mit der Wurzelbürste den Rücken hinauf und herunter, bis er brannte. Wie sehr habe ich mir da manchmal die behutsame Hand meines Vaters gewünscht! Wir liefen auch nicht nackt von den Kleiderhaken an der Wand bis zur Wanne, sondern bekamen ein großes Leintuch, das wir vor uns hielten, bis wir ins Wasser eingetaucht waren.

Vor Schwester Gertrud, der Oberin, fürchteten wir uns fast ein wenig. Ihre dünnen Lippen waren wie ein kaum sichtbarer Strich, wenn sie in Gedanken oder Gebete versunken durch die langen, leise hallenden Klostergänge schritt. Die Arme waren nicht nur bei ihr, sondern bei allen Klosterfrauen meist verschränkt und in den jeweils gegenüber liegenden weiten Ärmeln ihrer schwarzen Ordenstracht verborgen. Wenn sie uns aber ansprach, wurde ihre Stimme warm wie dunkler Samt, und das nahm uns ein wenig das Befremden und den allzu großen Respekt vor ihr. Heute kann ich es mir kaum mehr vorstellen, mit welcher Selbstverständlichkeit wir unsere Köpfe neigten, wenn wir einer Ordensfrau in den Schul- und Klosterräumen begegneten. Den Hochwürden Herrn Pfarrer hatten wir immer mit einem Knicks zu begrüßen und murmelten dazu ein "Gelobt sei Jesus Christus", das er mit einem "Amen" ergänzte.

Schwester Germana war unser aller Liebling und der große Jungmädchenschwarm. Sie unterrichtete in Erdkunde und Englisch. Wir fragten sie einmal klopfenden Herzens, was sie bewogen hätte, ins Kloster zu gehen. Sie erzählte uns in einer Freistunde, dass sie mit zwanzig 'unsterblich' in einen Mitstudenten verliebt gewesen sei. Aber dann hätte sie während einer Schiffsüberfahrt nach England, wo Verwandte von ihr lebten, beim Blick aufs Meer eine innere Schau gehabt und gewusst, dass Gott für sie andere Pläne hatte. Direkt nach der Rückkehr ging sie dann gegen erheblichen Widerstand ihrer Familie in die Klostergemeinschaft der Armen Schulschwestern. Wir waren hingerissen von ihrem Opfermut und verehrten und bewunderten sie noch mehr. Etliche Wochen lang habe ich mir ernsthaft überlegt, ob ich nicht auch meine Haare 'Gott zuliebe' abschneiden lassen und ins Kloster gehen sollte. Das wäre ein wirkliches Opfer gewesen, denn meine dicken Zöpfe waren mein ganzer Stolz.

Ich schrieb Schwester Germana noch viele Jahre lang und berichtete ihr ausführlich von meiner Zeit in England, dem Land, mit dem sie sich nach wie vor sehr verbunden fühlte. Im Rückblick wird mir deutlich, dass sie wohl eine der wenigen Ordensfrauen war, die nie Zweifel an ihrer Berufung hatte und mit ihrer Entscheidung ihr Leben lang im Einklang war.

Im Lenzfrieder Speisesaal kamen morgens, mittags und abends die Mädchen aller Klassen zusammen. Das Essen war nachkriegsmäßig schlecht, für mich noch spürbarer, da ich weder Fleisch noch Fisch aß. Es kursierten sogar Gerüchte, dass man uns pubertierenden Mädchen ein Pulver ins Essen tat, um unsere erwachenden Gefühle in Zaum zu halten. Der Gegensatz zwischen dem ausgelassenen Schwirren und Schnattern der über hundert Stimmen und der abrupt folgenden Stille vor dem Tischgebet war drastisch, und ich erlebte da zum ersten Mal, dass man die Stille wirklich hören kann. Auch während der Mahlzeiten war es so ruhig, dass eine Mitschülerin, die von einem Bauernhof stammte, bemerkte: "Wenn eisere Küe ebbas zum Freasse krieget, isches allat o so schdill im Staal." Sie wurde von uns besonders hofiert und beneidet, weil sie jede Woche ein Fresspaket von ihren Eltern bekam, aber sie hat ihre Herrlichkeiten großzügig mit uns geteilt, da wir Ärmeren ihr regelmäßig bei Aufsätzen und Rechenarbeiten halfen.

Bei den schulischen Leistungen wies ich deutliche Kontraste auf: In Rechnen und kaufmännischer Buchführung brachte ich es mit Müh' und Not zu einer Vier. Das würde heutzutage etwa einer Fünf entsprechen. Aber in den musischen, sprachlichen und praktischen Fächern war ich gut. Da ich, bedingt durch die Turbulenzen der Nachkriegszeit, den Lernstoff der ersten Klasse in vier Monaten nachholen musste, bekam ich in Steno und Maschinenschreiben von einer achtzigjährigen, fast nicht mehr gehfähigen Klosterfrau Nachhilfe. Sie hatte ihre fünf Sinne mehr beieinander als man ihr auf den ersten Blick zutraute und war, wie Fräulein Stoltze, streng und gütig zugleich. Sie konnte das verwirrende Krickelkrakel der Wortkürzel in lesbare Schnörkelchen verwandeln und hatte selber Freude daran, dass ich mit meiner ausgeprägten Phantasie so viel Spaß an diesen Extrastunden hatte. Mir zuliebe stenografierte sie in einer der ersten Stunden ein paar Zeilen, und es kam mir vor, als ob ihr weicher Bleistift wie von einer unsichtbaren Kraft geführt, leichtfüßig über das Papier huschen würde. Am meisten wunderte ich mich, dass sie das 'Ameisengewusel' auf dem Blatt wieder entziffern konnte.

Durch diese Ordensfrau bekam ich zum Stenografieren eine besondere Beziehung. Das trieb später ganz aparte Stilblüten. Ich habe zum Beispiel, um in der Übung zu bleiben, in meiner Zeit in England englische Predigten in deutscher Kurzschrift mitgeschrieben, sicher zur Verblüffung der Kirchgänger, die neben mir saßen. Bis heute finden sich auf vielen meiner Gedächtniszettel, die überall herum liegen, die vertrauten Zeichen, die allmählich nur noch ich lesen kann, da Steno aus der Mode gekommen ist.

Morgens standen manche von uns freiwillig eine halbe Stunde früher auf, damit wir vor der gemeinschaftlichen Andacht unsere privaten kleinen und großen Sorgen Gott, der Heiligen Maria oder einem anderen Heiligen anvertrauen konnten. Dass man Heilige um Hilfe bitten konnte, hatte ich bereits bei meiner Dürmentinger Großmutter erlebt. Wenn sie etwas vergeblich suchte oder verloren hatte, legte sie unter die Gipsstatue des Heiligen Antonius, die im Schlafzimmer auf der Kommode stand, eine Münze oder, wenn es schwerwiegende Angelegenheiten waren, auch einen Geldschein. Sie stand dann einige Minuten ganz konzentriert vor dem Heiligen, ihre Lippen bewegten sich lautlos und ihr abgegriffener Rosenkranz schob sich langsam von Perle zu Perle durch ihre Finger. Ihre Gebete sind überraschend oft erhört worden. Allerdings habe ich sie einmal dabei ertappt, wie sie den Schein, nachdem der Heilige Antonius seine Arbeit zu ihrer Zufriedenheit erledigt hatte, wieder unter der Statue herauszog und in ihren Geldbeutel steckte.

In der letzten Schulklasse in Lenzfried sollten wir unsere Glaubensstärke unter Beweis stellen. Ich hatte gehört, dass schon kurz nach dem Krieg verschiedene Sekten in Deutschland auftraten, die alle 'grischt-katholischen' Leute von ihrem Glauben abspenstig machen wollten. Bei meiner Suche nach einer passenden Gelegenheit geriet ich auf dem Platz vor der Lorenzkirche in Kempten an eine junge Frau, die eine Sektenzeitschrift hoch hielt. Wir lieferten uns hitzige Wortgefechte, bei denen ich meinen Gott mit hochrotem Kopf und lautstark verteidigte und sie mir den ihrigen mit handfesten Bibelzitaten um die Ohren schlug. Die Menschenmenge um uns wurde größer und teilte sich in zwei ungleiche Lager. Ich hatte mit meinem Gott, wie ich meinte, richtiger Weise, 'Oberwasser'. Nach einer halben Stunde sah ich meinen Auftrag als erledigt an und sonnte mich in dem guten Gefühl, dass ich für Gott und alle Heiligen eine wichtige Schlacht gewonnen hatte. Als ich, insgeheim stolz auf meine Bescheidenheit, vor der ganzen Klasse meinen spektakulären Bericht zum Besten gab, lächelte Schwester Germana auffallend lange und meinte dann, ob ich mich nicht vielleicht ab jetzt Jeanne d'Arc nennen wolle.

In den großen Ferien ging ich in Kempten mit meinen Schulfreundinnen zu einem christlichen Erweckungsprediger aus Amerika. Obwohl er nicht katholisch war, hatten die Geistlichen und der Augsburger Bischof nichts dagegen, dass man seine Predigten hörte. Auf dem Lorenzplatz stand ein riesiges Zelt mit großer Bühne, Lautsprechern und Scheinwerfern. Zu Beginn stimmte uns, die wir zu Hunderten hier her gepilgert waren, ein Gospelchor auf das große Ereignis ein, und schon nach kurzer Zeit sangen wir alle begeistert mit. Es waren fröhliche, schwungvolle Melodien und christliche Texte, an denen niemand etwas aussetzen konnte.

Der Prediger war in strahlendes Weiß gekleidet. Nachdem er uns immer wieder mit eindrücklicher Stimme unsere Sünden bewusst gemacht und die Chance der Vergebung durch Christus vor Augen geführt hatte, begannen manche zu schluchzen, andere traten auf die Bühne, bekannten öffentlich ihre Schuld und wurden von dem Mann in Weiß im Namen Gottes von ihren Sünden freigesprochen. Als sich die Gefühlswogen dem Höhepunkt näherten, beteten einige Menschen laut mit erhobenen Armen und verklärtem Blick und fielen den Umstehenden um den Hals. In meiner Nähe kreischte plötzlich eine ältere Frau, schüttelte sich unkontrolliert und warf sich auf den Boden. Zwei Männer trugen sie in das kleine Zelt mit dem roten Kreuz. Der Chor summte inzwischen leise, beruhigende Melodien. Nun kamen Männer und Frauen, die in lange, graue Gewänder gekleidet waren, aus allen Richtungen durch das Zelt und sammelten. Sie sammelten nicht nur Geld, sie sammelten vor allem Schmuck für irgendeinen guten Zweck. Die aufgewühlten Menschen ließen Ringe, Ketten, Broschen und Armreifen in die großen Sammeltaschen fallen. Und ich zog meinen goldenen Ring mit dem wunderschönen blauen Stein vom Finger, den mir meine Großmutter aus Dürmentingen kurz zuvor geschenkt hatte, und warf ihn dazu. Meinen Eltern, denen auffiel, dass ich den Ring nicht mehr trug, log ich vor, dass ich ihn verloren hätte.

Bei uns zu Hause gab es ein Klavier, ein gebrauchtes, das sich meine Mutter nach dem Umzug nach Haslach angeschafft hatte. Mir sind die wehmütigen und gefühlvollen Lieder von Hermann Löns, dem Heidedichter, gut im Gedächtnis, die sie, wenn die Gäste vormittags ausgeflogen waren, manchmal spielte. Dazu sang sie mit ihrer etwas rauen Altstimme. "Roosemarie, Roosemarie, siebenben Jahre mein Herz nach dir schrie" war eines ihrer Lieblingslieder. Ich klimperte die Melodien oft nach und hatte Freude daran. Deshalb hörte sich meine Mutter um, und ich bekam bei Frau Tanner in Nesselwang Klavierunterricht. Sie war eine etwas vornehme Frau, die ihre dünnen, grauen Haare mit vielen Holzhaarnadeln zu flach anliegenden Haarschnecken um die Ohren steckte. Diese Frisur war damals eher unüblich, viele Frauen trugen ihre Haare zu Zöpfen geflochten als Gretchenfrisur, auch meine Mutter und Tante Hedwig, und später auch ich. Zunächst lernte ich mit viel Begeisterung, aber Frau Tanner war sehr streng und so vornehm, dass es mir bald langweilig wurde und ich nur noch mit schlechtem Gewissen in die nächste Klavierstunde radelte, da ich wieder nicht genug geübt hatte. An einem der Klavierstundentage habe ich einfach mein Fahrrad an der Wertachbrücke stehen lassen und bin mit einem Bauern, der sein Fuder Heu in die Tenne brachte, ungesehen mitgefahren. Dort im duftenden Heu habe ich mir dann ausgerechnet, wann ich meinen Heimweg antreten konnte, ohne dass der Schwindel aufkam.

Erst in der Klosterschule hatte ich wieder mehr Spaß am Klavierspielen, denn unsere Musiklehrerin war eine jüngere Nonne, die sich uns Mädchen verbunden fühlte. Schwester Bernadette stammte aus einer kinderreichen Bauernfamilie und studierte mit uns zu jedem Fest und zu jedem Schulabschluss allerlei Salonstückchen ein. Zum Klavier- kam bei mir das Gitarrenspiel, das jedoch nicht viel weiter reichte als 'Packs-am-Hals-und-zupfs-am-Bauch'. Die Gitarre hatten meine Eltern, wie vorher die Winterstiefel, auf dem Tauschmarkt erstanden.

Bei Schülerkonzerten war ich immer 'dreifältig' eingesetzt, mit vierhändiger Musik am Klavier und mit Gitarren- und Blockflötenstücken. Mein kleines braunes Holzröhrchen hat mich selbstverständlich auch ins Internat begleitet.

Ein besonderer Ansporn war die Kemptener Singschule. Eugen Jochum, zu der Zeit ein berühmter Dirigent und Komponist aus Augsburg, hatte die Singschulen nach dem Krieg in ganz Süddeutschland gegründet und Prof. Lauterbacher, der die Idee mit Leib und Seele unterstützte, übernahm die Pflege dieses Chores. Ungefähr zehn der Lenzfrieder Internatsschülerinnen durften einmal in der Woche nach Kempten zu diesen Singstunden fahren, bei denen sich junge Menschen von weither trafen. Der Chor umfasste etwa siebzig Sängerinnen und Sänger, und wir hatten vier bis sechs Konzerte im Jahr. Wir nannten uns die

'Kemptener Meisen' und traten in einer einfachen Tracht aus hellblauem Rock, weinrotem Mieder und weißer Bluse auf. Das Kostbarste war eine kappenartige schwarze, kleine Kopfbedeckung, bei der feine Goldfäden zu kunstvollen Ornamentenstickereien verarbeitet waren. Meine Tracht war von einer unbekannten Gönnerin gestiftet worden, denn meine Eltern hätten den Preis nicht zahlen können.

1948 kam Onkel Paul aus Amerika zu Besuch nach Deutschland. Er wollte seine alte Mutter in Buchau noch einmal sehen und fuhr auch zu uns ins Allgäu. Die Tatsache, dass er für seinen dreiwöchigen Aufenthalt eigens ein Auto gemietet hatte, steigerte unsere Achtung vor ihm und seinen Möglichkeiten ungeheuer. Eines Nachmittags wurde ich zur Mutter Oberin gerufen und dem schwäbisch-amerikanischen Wunderonkel vorgeführt. Ich bekam den Nachmittag frei und konnte mit ihm, meinen Eltern und Traudi im schönen Klosterpark spazieren gehen und Auto fahren. Natürlich wollte ich meine wenigen Brocken und Sätze, die ich im Englischunterricht gelernt hatte, loswerden und war stolz, dass Onkel Paul sich mit mir in einer den anderen Familienmitgliedern fremden Sprache unterhielt. Das spornte mich so an, dass ich in kurzer Zeit nicht nur die Beste in Englisch wurde, sondern mir fest vornahm, so bald wie möglich ins englischsprachige Ausland zu gehen.

Nach dem Schulabschluss in Lenzfried besuchte ich ein Jahr lang die Frauenfachschule in Kempten. Nicht, weil mich das besonders reizte, sondern weil es nicht viel anderes zur Auswahl gab. Aber Kempten war mir wegen der Singschule und Prof. Lauterbacher, für den wir Mädchen alle schwärmten, wichtig.

Wir mussten nach der ersten Klasse der Frauenfachschule ein Praktikum absolvieren und ich entschied mich für die Mitarbeit im Kinderkrankenhaus in Kempten. Da konnte ich Säuglinge und Kleinkinder wickeln und füttern und mit ihnen spielen, eine Arbeit, die mir sehr zusagte.

In der zweiten Woche wurde mir die Betreuung eines neu eingelieferten Säuglings zugeteilt. Das Baby war winzig klein und konnte kaum richtig atmen. Der Arzt ordnete an, dass ich, wenn die Atemnot zunehmen würde, mit ihm auf den Balkon ins Freie gehen solle. Das Atmen war an der frischen Luft wirklich unbeschwerter, und so saß ich an einem kalten Nachmittag Mitte September Stunde um Stunde mit dem gut eingewickelten Kind auf dem Arm auf dem Balkon. Ab und zu schaute eine Schwester nach uns und brachte mir eine Tasse heißen Tee. Gegen Abend merkte ich, dass der Atem des Kleinen immer schneller und flacher wurde. Ich hatte Angst, dass das Kind sterben würde, und mir fiel in meiner Not der klösterliche Religionsunterricht ein, in dem wir gelernt hatten, dass ungetaufte Kinder nicht in den Himmel kommen. Von unserem Religionslehrer wusste ich aber auch, dass kirchliche Laien unter bestimmten Umständen die Taufe vollziehen konnten. So nahm ich, während sich das Kind seine letzten Atemzüge abrang, mit aller mir zur Verfügung stehenden Würde eine Nottaufe vor und saß noch einige Zeit mit dem toten Kind im Arm draußen auf dem kleinen Balkon. Ich hatte mir ein wenig Wasser geholt und zum Vater Unser das Kreuzzeichen auf Stirn, Mund und Brust gemacht. Das schien mir genug. Es war eine seltsam versöhnliche Stimmung um uns herum, so dass ich mich bei allem Elend doch geborgen fühlte. Damals in dieser frühen Abendstunde fasste ich den Entschluss, dass ich Kinderkrankenpflege lernen würde.

Meine Eltern wussten, dass ich ins Ausland gehen wollte. Dieser Wunsch war durch Onkel Pauls Besuch greifbarer geworden. Vor allem meine Mutter befürwortete meine Pläne, denn sie sah, dass die Wanderlust und Sehnsucht nach fremden Ländern, die sie als junge Frau nach Holland geführt hatten, auch in ihrer Tochter ausgeprägt waren. Zudem hatte mein Vater keine Arbeit, so dass eine finanzielle Unterstützung meiner Eltern für irgendeine Ausbildung gar nicht in Frage kam. Sie lasen eines Tages in der Allgäuer Zeitung, dass ein katholisches Auswandererbüro in Hamburg, der Raphaelsverein, junge Mädchen als 'mother's help', der damals üblichen Bezeichnung für 'au-pair', mit achtzehn Jahren nach England, ein halbes Jahr früher jedoch schon nach Irland vermittelte. Das klang viel versprechend, und wir gingen mit aller Begeisterung an die Reisevorbereitungen. Ich träumte nachts bereits vom brausenden Meer, das ich noch nie gesehen hatte, und von den Schönheiten der Insel am nordwestlichen Ende der europäischen Welt.

Gut zwei Monate vor meinem achtzehnten Geburtstag war ich dann auf dem Weg zu einer irischen Familie mit acht Kindern, in der die Mutter das neunte erwartete. Die halbe Einwohnerschaft verabschiedete mich, jeder gab mir einen anderen guten Rat mit auf den weiten Weg. Ich solle ja aufpassen, dass mir auf der langen Reise niemand meine Habseligkeiten stehle, meinte die Frau aus dem Lebensmittelladen. Es seien heutzutage genug Vagabunden unterwegs. Und das Meer sei zwischen England und Irland besonders tückisch und stürmisch, warnte ein alter Mann, der im Ersten Weltkrieg in englischer Gefangenschaft gewesen war. Aber meine Eltern, denen es sicher auch nicht ganz geheuer war, dass so ein junges Ding ganz allein so weit weg fuhr, machten ein zuversichtliches Gesicht. Meine kleine Schwester, damals gerade zehn Jahre alt, stand bleich und sprachlos neben mir und drückte meine Hand, bis ich die hohen Tritte zum Waggon hinauf geklettert war und mein Gepäck, von hilfreichen Händen hochgeschoben, um mich herum stand. Ich, die sonst so rührselig war, hatte keinen Sinn für Tränen oder Abschiedsschmerz, denn durch das Ziel Irland nahm meine Zukunft plötzlich eine fassbare Gestalt an.

Einen Tag dauerte die Reise bis nach Hamburg, eine Nacht verbrachte ich im überfüllten Schiff nach England, ein Tag Wartesaal-Aufenthalt im Londoner Kings-Cross-Bahnhof folgte, ein weiterer Tag brachte mich westwärts nach Holyhead in Wales, damit ich in der folgenden Nacht, wiederum per Schiff, die stürmische Irische See überqueren konnte. Die Überfahrt überstand ich trotz der Warnung beim Abschied in Haslach gut und ohne 'Fische füttern'.

Morgens um drei Uhr kamen wir in Dublin an, ich konnte meine beiden schweren Koffer kaum mehr bis zur Bushaltestelle nach Limerick schleppen. In die Koffer hatte ich, von Protesten und Kopfschütteln meiner Eltern begleitet, außer den wenigen Kleidungsstücken, die ich damals besaß, meine wichtigsten Schätze gepackt: Drei Kunstkarten-Alben, von Riemenschneider bis Modigliani, ein paar Bücher, die englische Bibel, die mir Onkel Paul bei seinem Besuch geschenkt hatte, meine Blockflöte, eine kleine Blumenvase von Traudi und ein Fotoalbum.

Als es zaghaft dämmerte, hielt der Bus auffallend lange irgendwo in einem verschlafenen Städtchen, und ich fragte besorgt, ob wir denn schon in Limerick angekommen seien. Natürlich verstand ich die Arbeiter, die in Dublin in den Überland-Bus eingestiegen waren, so gut wie gar nicht. Sie bedeuteten mir mit viel Gestikulieren und immer lauter werdend, dass wir jetzt in 'Dschankdschen' seien. Ein junger Arbeiter schrieb das Wort 'junction' sogar für mich auf eine Zigarettenschachtel. Ich war den Tränen nahe und wollte ihnen erneut erklären, dass ich nicht nach 'junction', sondern nach Limerick wollte. Irgendjemand fand nach längerem ratlosem Herumfragen eine ältere Frau, die etwas deutsch sprach. Sie gab mir zu verstehen, dass 'junction' Umsteige-Bahnhof und nicht Endstation bedeutete. So kam ich schlussendlich gegen Mittag doch noch in Limerick an. Nachdem die meisten der Aussteigenden ihrer Wege gegangen waren, stand ich ziemlich hilflos zwischen meinem Gepäck und wartete, ob mich wohl jemand abholen würde. Nach zehn Minuten kam ein beleibter Mann in einem Lieferwagen angebraust und rief schon aus dem Autofenster, ob ich Miss Back sei. Ich verneinte ratlos, denn ich hatte meinen Nachnamen noch nie auf Englisch ausgesprochen gehört. Es stellte sich jedoch schnell heraus, dass ich wohl die erwartete Person sein musste, denn er zeigte mir mein Foto, das ihm Monate zuvor zugeschickt worden war.

In den ersten vier Wochen habe ich keine Stunde frei bekommen, niemand sagte mir, was von mir erwartet wurde, aber alle waren neugierig-freundlich zu mir. Die Mädchen bestaunten meine langen Zöpfe, die ich bereits hochgesteckt trug, und ich war, ob ich wollte oder nicht, schnell in das ganze Familien-Tohuwabohu einbezogen. Es wurde viel und laut gelacht, die Kinder durften tun, was sie wollten und konnten sogar ungestraft mit ihren Schuhen auf den Betten herum hüpfen. Abends um zehn Uhr kam öfters noch Besuch, einmal in der Woche auch der Reverend O'Shaughnesy, für den ich nicht nur Tee, sondern manchmal auch eine warme Mahlzeit zubereiten musste. Da half mir allerdings Mrs. Mulrooney, obwohl sie tagsüber fast immer auf der Couch lag, denn es bestand die Gefahr einer Frühgeburt.

Ich hatte keine Ahnung von den irischen Essgewohnheiten, und Fleisch war mir bislang nur bei den Bauersleuten in Haslach und auf den Tellern der Mitschülerinnen im Internat begegnet. Bald konnte ich aber 'parsnips' und 'turnips', zwei Rübensorten, von einander unterscheiden. Die Kinder neckten mich wochenlang, weil ich die eine Sorte von Rüben zunächst 'tulips', Tulpen, nannte. Als ich nach wenigen Tagen merkte, dass Kartoffeln bei jeder Mahlzeit auf dem Speiseplan standen, war ich sehr erleichtert.

Täglich musste ich Berge von Wäsche waschen, und

dabei hatte ich noch nie eine Waschmaschine gesehen. Es wurde ganz selbstverständlich erwartet, dass ich schon bald das Telefon beantwortete. Mein wichtigster Satz wurde: "Please, speak slowly!" Morgens sechs Kinder gegen neun auf den Schulweg zu bringen, war ein Kunststück für sich, aber dafür kamen sie zum Glück erst nachmittags um vier Uhr wieder zurück. Die beiden Jüngsten, Sheila und Patrick, gingen noch nicht zu Schule. Sie hatten rübenrote Haare, und ihre Gesichter waren voller lustiger Sommersprossen. Sie waren umso fröhlicher, je mehr alles drunter und drüber ging, und sie hatten mich von Herzen gern. Ich sie trotz allem auch. Dazu trug bei, dass ihnen mein Vorname so gut gefiel. Ich wurde seit dem 'Hannele' aus Vorschultagen überall Hanni genannt. Auf Englisch wurde daraus 'honey', also Honig.

In dem ganzen Trubel hatte ich nicht einmal Zeit für Heimweh, denn abends sank ich todmüde auf die schmale Pritsche in meiner engen Kammer, in der es weder Schrank noch Tisch gab. Mein Federbett vermisste ich am meisten, aber ich fand bald heraus, dass in dem feuchten Inselklima Wolldecken einen besseren Dienst taten.

Der Hausherr und Familienvater besaß ein Geschäft für Gemüse und Südfrüchte in der Stadt und ich hatte den Eindruck, dass er ein reicher Mann war. Ich sah in Limerick die erste Banane meines Lebens. Eines Tages brachte mir Mr. Mulrooney eine große Schachtel kandierter Früchte mit, ganz allein für mich. Eine einzige Frucht aß ich davon, die anderen schickte ich meinen Eltern und meiner kleinen Schwester.

Etwa vier Wochen später kam Mr. Esten-Cleverly,

der Vertreter des örtlichen Auswandererbüros, vorbei, denn er wollte sich vom Befinden der jungen Deutschen ein Bild machen. Er sorgte zunächst dafür, dass ich pro Woche einen halben freien Tag bekam. Zu meiner Erleichterung hatte Mrs. Mulrooney nichts über mich zu klagen, obwohl ich am Anfang sicher oft ungeschickt war. Nach einigen weiteren Wochen war ich mir darüber im Klaren, dass ich den großen Rest des verbleibenden Jahres nicht auf diese Weise weiter machen wollte.

Da kam ganz überraschend Hilfe von Mr. Esten-Cleverly. Er lud mich nach einem kurzen Telefonat in seine Familie ein, damit ich Zeit fände, meine Situation zu überdenken. Es gab einen kurzen Abschied, aber als mich die beiden Jüngsten mit traurigen Gesichtern umarmten, wurde es mir doch ein wenig bang ums Herz.

Familie Esten-Cleverly hatte einen modernen Bungalow direkt am Shannon-Fluss. Ich konnte im hellen, freundlichen Zimmer des Ältesten wohnen, der im Internat war, die beiden Mädchen gingen noch in Limerick zur Schule. Tagsüber half ich der Hausfrau bei allen anfallenden Arbeiten und durfte sogar mit zum Einkaufen. Das war besonders aufregend, denn ich hatte zuvor noch nicht viel von der Stadt gesehen. Ich bestaunte nicht nur die großen, alt-ehrwürdigen Kirchen und Universitätsgebäude, sondern auch die vielen Geschäfte, in denen es alles gab, was man sich wünschen konnte.

Mrs. Esten-Cleverly war Malteserin und sprach ihr vornehmes Englisch mit einem überaus reizvollen, südländischen Zungenschlag. Sie hatte früher Krankenpflege gelernt und brachte mir bald bei, wie man Betten baut. Die Ecken der Leintücher und Wolldecken werden dazu am unteren Ende des Bettes wie ein Briefumschlag gefaltet und alles miteinander säuberlich und straff unter die Matratze gesteckt. Je nach Müdigkeit oder Temperament muss jeder, bevor er ins Bett geht, kürzere oder längere Bahnen an Tuch und Decke mit aller Kraft herausziehen, um einen Einschlupf in dieses 'Futteral' zu bekommen.

Damals habe ich die Akkuratesse und den professionellen Stolz, mit dem mich Mrs. Esten-Cleverly in diese Fertigkeiten einführte, sehr bewundert, ohne dass ich wusste, in welch kurzer Zeit ich selbst diesen Beruf erlernen würde.

In abendlichen Gesprächen erzählte ich dem Ehepaar von meinem Erlebnis mit dem Säugling im Kemptener Krankenhaus, und dass ich Kinderkrankenschwester werden wollte. Ich erfuhr, dass Mr. Esten-Cleverly gute Kontakte zu Kliniken in England hatte, allerdings gab es zu der Zeit keine Stellen für Lernschwestern in Kinderkrankenhäusern. So entschied ich mich kurz nach meinem achtzehnten Geburtstag für die Ausbildung in Großer Krankenpflege in England.

Esten-Cleverly's haben mich später einmal in dem Krankenhaus in Hitchin besucht und mich zum Abendessen in ein feudales Restaurant eingeladen. So etwas Nobles hatte ich noch nie gesehen und ich fühlte mich zunächst recht ungemütlich und befangen, schon wegen meiner einfachen Kleidung. Die beiden halfen mir diskret über meine Verlegenheiten hinweg. Er nahm mir wie einer richtigen Lady die Jacke ab und rückte den gepolsterten Stuhl am Tisch zurecht, der mit verwirrend viel Besteck und Gläsern gedeckt war. Seine Frau las mir aus der Speisekarte vor und riet bei der Vielfalt der Speisen aus aller Herren Länder am Ende zu einer Gemüseplatte. Der Abend wurde wunderschön, zumal mir der ungewohnte Rotwein die Zunge und meine Befangenheit lockerte. Ich konnte zu meinem Erstaunen wie von selbst mit allen großen und kleinen Messern, Löffeln und Gabeln umgehen und fühlte mich auf einmal gar nicht mehr so fehl am Platz. Noch nie hat mir das aus dem Wasser gezogene und kaum gewürzte englische Gemüse so gut geschmeckt wie in diesem vornehmen Restaurant.

Kapitel 2

Nach anderthalb Reisetagen mit Bus, Schiff und Bahn durch Irland und England kam ich müde und aufgeregt im Lister-Hospital in Hitchin/Hertfordshire an. Eine junge Büroangestellte begleitete mich zur 'Matron', die mich kritisch und streng musterte und mich sofort mit meinem Berufs-Namen 'Nurse Buck' anredete. Das traf mich unerwartet, denn ich war davon ausgegangen, dass Krankenschwestern, wie in Deutschland, auch in England mit ihrem Vornamen angesprochen würden. Insgeheim hatte ich mich darauf gefreut, wie von Familie Mulrooney in Irland, auch hier 'honey' genannt zu werden. Dass Buck auf Englisch Back ausgesprochen wird, wusste ich bereits, aber dass dies übersetzt Bock heißt, war mir fremd und fast ein wenig peinlich.

Die Oberin wies eine Mitschwester an, mich in der Kleiderkammer mit allem, was zu meiner neuen Uniform gehörte, auszustaffieren. Sie meinte: "Und sehen Sie zu, dass Nurse Buck gleich morgen früh zum Klinikfrisör kommt, denn die Schwesternhaube passt nicht auf die hochgesteckten Zöpfe." Damit hatte ich überhaupt nicht gerechnet. Auf meine langen, ganz leicht ins Rötliche schimmernden Haare war ich immer noch stolz. Schon in der Haslacher Volksschule hatten sie mir zu großem Respekt verholfen. Wenn die Buben gar zu frech oder grob wurden, drehte ich mich ganz schnell wie ein Kreisel, so dass sie wie Peitschen wirkten und die rauflustigen Buben vertrieben.

Ich stellte die Matron, so gut ich das in Englisch konnte, vor die Wahl: Entweder mit Zöpfen bleiben oder mit Zöpfen gehen. Ich war selbst von meiner Courage überrascht und sie wohl auch, denn sie ließ kurz ein dünnes Lächeln über ihre schmalen Lippen huschen und schien einverstanden, dass ich die Schwesternhaube hinter meine aufgesteckten Haare balancierte.

Als ich mich dann zum ersten Mal in meiner blauweiß gestreiften Lernschwesterntracht mit dem dunkelblauen Cape sah, durchströmte mich ein Glücksgefühl, und ich wusste, schon bevor ich dem ersten Patienten begegnet war, dass ich mich mit der Berufswahl der Großen Krankenpflege richtig entschieden hatte.

Zunächst gab es allerdings drei Monate lang fast nur theoretischen Unterricht. Kranke waschen und betten oder Verbände anlegen und abnehmen lernten wir an lebensgroßen Puppen oder indem wir es gegenseitig aneinander übten. Lediglich einmal in der Woche durften wir der Stationsschwester in einem der großen Krankensäle für zwei Stunden hinterher laufen und ihr über die Schulter schauen.

Da ich durch meinen Aufenthalt in Irland schon beinahe die Hälfte des theoretischen Unterrichtes versäumt hatte, kam ich probeweise in einen bereits laufenden Kurs. Das erinnerte mich an den Anfang bei den Armen Schulschwestern, wo ich ebenfalls einen

Teil des Jahresunterrichtes in ein paar Monaten nach-holen musste. Jede Woche wurde der Wissensstand der Lernschwestern nicht nur praktisch, sondern auch durch eine schriftliche Arbeit überprüft. Meine Sätze waren höchstens drei oder vier Wörter lang. Die einzige Deutsche, Nin Sonnen, die schon seit neun Jahren in England war, sprach kein Wort deutsch mit mir. Sie wusste aus eigener Erfahrung, dass ich so am schnell-sten mit der Sprache zurecht kommen würde. Sie nahm mich auf liebevoll-spröde Art unter ihre Fittiche, indem sie mir am Anfang sowohl im Speisesaal als auch im Klassenzimmer immer den Platz neben sich frei hielt.

Nin brachte mir gleich in den ersten Tagen ein Wör-terbuch und den dicken Schmöker 'Gone with the Wind' von Margret Mitchell. Darin sollte ich jeden Abend zwei Seiten lesen, die vielen unbekannten Wör-ter in eine Kladde schreiben und dann mit Hilfe ihres Wörterbuches lernen. Etwa nach fünfzig Seiten merkte ich, dass ich weniger oft nachschlagen musste und mehr und mehr vom Inhalt des Buches verstand. Ein Satz ist mir bis heute im Gedächtnis geblieben. Scarlet O'Hara sagt zu Rhet Butler: "Sit down and smoothe your ruffled fur!"

Das Hilfreichste war aber, dass mir Nin ihre ganzen Unterrichtsmappen zur Verfügung stellte. Sie erkann-te, wie viel davon abhing, dass ich den versäumten Stoff so schnell wie möglich nachholte und fragte mich oft nach dem Abendessen wie eine strenge Lehr-meisterin ab.

Wir schlossen bald Freundschaft, obwohl wir die denkbar größten Gegensätze darstellten. Ich war zwölf

Jahre jünger als Nin und hatte diese altmodische Gretchenfrisur. Meine Figur war wenig elegant und meine
Beine alles andere als aufregend. Sie dagegen stellte eine rassige Schönheit und erfahrene Frau dar, mit pech-
schwarzen, etwas krausen Haaren, die sie vergeblich
versuchte, in einem strengen Nackenknoten zu bändigen. Ihre dunklen Augen konnten glitzernde Funken
sprühen, wenn sie sich für einen Mann interessierte,
und ich weiß, dass so mancher in diesen unergründli-
chen Augen-Seen 'ertrunken' ist.

Gerade durch die äußeren Unterschiede entstand
ein besonderer Zauber in unserer Freundschaft. Wenn
eine einen Plan machte, hatte die andere bereits eine
ähnliche Idee. Wir unternahmen öfters gemeinsam
kleine Ausflüge ins Städtchen oder in die nahe Hügellandschaft, obwohl ich einem Schaufensterbummel
nicht viel abgewinnen konnte und sie sich wenig aus
Wanderungen in der Natur machte. Zwischen uns gab
es ein paar feste Regeln: Ihre Männerbekanntschaften
gingen mich nichts an, und sie wollte den Menschen,
die ich im Lauf der Jahre privat kennen lernte, nicht
über den Weg laufen. Aber wenn sie manchmal
abends 'ausbüchste', ließ ich mein Fenster angelehnt,
damit sie auch nach Mitternacht noch ins Schwesternheim kam.

In der letzten Woche des theoretischen Vierteljah-
res schrieben wir jeden Tag eine Arbeit und legten am
Schluss die praktische Prüfung in einer großen Londoner Klinik ab. Als Nin und ich zur Matron gerufen wurden, ging ich mit starkem Herzklopfen in ihr Büro. Meine Zweifel, ob ich das Pensum der drei Monate ge-

schafft hatte, waren groß. Es wäre schlimm gewesen, wenn ich nach so kurzer Zeit wieder hätte nach Hause fahren müssen, zumal mein Vater immer noch arbeitslos und krank war. Mit einem etwas längeren, dünnen Lächeln als beim ersten Mal gab uns die Matron zu verstehen, dass wir nicht nur bestanden hatten, sondern die Kursbesten geworden waren. Nicht in Englisch, fügte sie bei mir hinzu, aber es seien ja keine Sprach- sondern Fachkenntnisse geprüft worden. Ihr "Well done, Nurse Back", erfüllte mich mit großem Stolz, und ich konnte es kaum erwarten, bis ich endlich mit 'richtigen' Patienten in Berührung kam.

Nach der Prüfung durften wir uns zwei Tage erholen. Danach wurde ich für den Nachtdienst auf einer chirurgischen Frauenstation eingeteilt. Wir mussten zu zweit eine ganze Station von etwa dreißig Patientinnen versorgen, eine Vollschwester und ich als Lernschwester. Meist waren wir die ganze Nacht auf den Beinen, und nach Dienstschluss schmerzten mich meine Füße manchmal so sehr, dass ich sie, wie es mein Vater in unserer Kindheit getan hatte, in eine Schüssel mit warmem Wasser stellte, bevor ich mich ins Bett legte.

Häufig waren die Schwerkranken in den frühen Morgenstunden von drei bis fünf Uhr besonders unruhig, und etliche wählten diese frühe Tageszeit, um Abschied von der Welt zu nehmen. Jahre später habe ich etwas vom 24-Stunden-Rhythmus der Meridian-Energie erfahren, und davon, dass der Lungenmeridian seine größte Fülle und Aktivität morgens zwischen drei und fünf Uhr hat. Manche Hebammen wissen, dass Kinder häufig in der Hoch-Zeit des Lungenmeridians mit der ersten Einatmung das 'Licht der Welt' erblicken, vor allem dann, wenn sie selbst mit entscheiden können, wann 'ihre' Zeit gekommen ist.

Gegen fünf Uhr mussten wir uns sputen, damit wir alle unsere Frauen gewaschen bekamen und, wo nötig, die Betten frisch überzogen hatten. Damals gab es in England schon viele Frauen, auch jüngere, mit Zahnprothesen, so genannten 'dentures'. Die ersten paar Mal war es ein komisches Gefühl, den Schwerkranken das Gebiss aus dem Mund zu nehmen und gut gesäubert wieder einzusetzen. Aber ein dankbares Lächeln belohnte mich jedes Mal. Genau so ging es mit den Bettschüsseln. Ich wusste manchmal nicht, wer befangener war, die Frauen oder ich, wenn ich ihre volle Schüssel unter ihnen heraus zog und sie danach 'unten herum' wusch.

Eine ältere Frau konnte nach ihrer Darmoperation kein Wasser lassen. Je mehr sie es versuchte, desto weniger funktionierte es, und die Schmerzen in ihrer Operationsnarbe nahmen beängstigend zu. Da fiel mir ein, wie mein Vater Traudi das 'Bieseln' zur gewünschten Zeit beibrachte. Er füllte den Boden des Töpfchens mit warmem Wasser, und kaum saß sie drauf, floss auch schon das Bächlein. Ich goss also etwas warmes Wasser in die Bettschüssel, und die angenehm aufsteigende Wärme löste die Verkrampfung des Blasenschließmuskels, so dass die Patientin nicht katheterisiert werden musste. Ich wurde von der Stationsschwester für meinen Einfall gelobt, und die Warm-Wasser-Idee der cleveren 'German nurse' machte die Runde durch etliche Stationen.

Besonders zeitraubend, jedoch durch seine fast rituelle Eintönigkeit nach der umtriebigen Nacht auch erholsam, war das Schneiden einer ganzen Batterie von Kastenbroten für das Frühstück. Es gab spezielle fein gezackte, lange Brotmesser, mit denen man sich durch die schwabbeligen Weißbrotberge sägte. Die Brotstücke mussten dünn sein, und es gelang mir erst nach einiger Übung, die gesalzene Butter gleichmäßig darauf zu verteilen. Zwei Scheiben wurden jeweils zusammen geklappt, diagonal in Dreiecke geschnitten und in feuchte Tücher gehüllt, damit sie bis zum Frühstück auch nicht das kleinste bisschen austrockneten. Ihre Sandwiches aßen alle mit 'marmelade', der bitteren Orangenkonfitüre, 'jam', einer Mischung aus heimischen Gartenfrüchten, oder mit Cheddar-Käse. Dass es bereits zum Frühstück gebratenen Schinkenspeck, Würstchen und gegrillte halbierte Tomaten gab, war mir von Irland vertraut. Ich hielt mich lieber an die große Schüssel mit porridge.

Die Blätter des Schwarztees wurden immer vom ganzen Tag gesammelt. Morgens bevor wir von der Frühschicht abgelöst wurden, kam eine Frau zum Saubermachen. Sie nahm die flache Schüssel mit den feuchten Teeblättern und ging bedächtig durch den breiten Mittelgang. Nach jedem zweiten Schritt griff sie in die Schüssel und verteilte, wie ein Sämann seine Getreidekörner, die Blätter mit ausholender Gebärde auf dem Linoleumboden. So konnte sie, ohne dass Staub oder Flusen aufgewirbelt wurde, in Ruhe kehren.

Beim Nachtdienst hatten wir nach zwölf Nächten zwei Tage frei. So bin ich in den Nachtdienst-Monaten oft schon mit dem frühen Bus nach London gefahren und habe die Welt der Bücher, der Musik und der Museen in vollen Zügen ausgekostet. Nach dem Tod meiner Mutter fand ich einen Stapel meiner Briefe aus dieser Zeit, in denen ich meinen Eltern in aller Ausführlichkeit von aufregenden Konzerterlebnissen in der Royal Albert Hall und von herrlichen Ausstellungen verschiedener Impressionisten in der National Gallery berichtete, die ich bislang nur von meiner Postkartensammlung gekannt hatte. Ich fühlte mich während des Lesens lebhaft in die Zeit in England zurück versetzt, in der ich jeden Tag sehnsüchtig auf die Verteilung der Post wartete, denn die Briefe meiner Eltern hatten mir so manches Mal über mein Heimweh weggeholfen.

Im damals größten Buchladen der Welt, Boyle's, habe ich tagelang herumgestöbert und mich in den vielen Gängen, Stockwerken und Sälen fast verlaufen. Dort kaufte ich von meinem Taschengeld als Lernschwester meine ersten eigenen Bücher. Das erste war ein dickes, rotes Englisch-Lexikon. Es stammt aus dem Jahr 1932 und tut mir bis heute immer wieder gute Dienste, obwohl manche Wörter kaum mehr in Gebrauch sind. Dazu erstand ich Burnetts anrührende Erzählung vom kleinen Lord Fountleroy und Somerset Maughams Kurzgeschichten 'The World over', die ich dann in den folgenden Nächten begierig verschlang.

Später fand ich in der Abteilung 'Health and Disease' ein Buch des schwedischen Ernährungsforschers Are Waerland mit dem Titel 'In the Cauldron of Disease', 'Im Hexenkessel der Krankheit'. Davon berichtete ich meinen Eltern ausführlich, denn sie interessierten sich immer für alle neuzeitlichen Ernährungsrichtungen. Meiner Mutter leuchtete Waerlands Kernsatz, dass 'der Tod im Darm' sitzt, sofort ein. Sie wusste bereits durch ihre eigene Kostumstellung in jungen Jahren, wie wichtig die Pflege der Verdauungsorgane für eine gute Gesundheit war.

Als ich mich dann im zweiten Jahr meiner Zeit als Lernschwester einem Kreis von Vegetariern im Nachbarstädtchen Letchworth anschloss, erlebte ich, dass Waerlands revolutionäre Ideen in alteingesessenen Reformerkreisen schon für allerhand Aufruhr und Disput gesorgt hatten. Während eines Vortrages, bei dem die beiden Kontrahenten ihre unterschiedlichen Meinungen über die 'richtige' Ernährung lautstark und unbritisch gefühlsgeladen verteidigten, meinte eine ältere Zuhörerin kopfschüttelnd: "Die sollten sich darüber im klaren sein, dass ihnen die gesündeste Mahlzeit nichts nützt, wenn sie sie mit solch einer Verbissenheit essen. Eine gute Verdauung findet doch auch im Kopf statt!"

In den Burgberger Jahren, als mich Formenähnlichkeiten in der Anatomie des Menschen und deren therapeutische Nutzbarkeit stark beschäftigten, fiel mir die Frau wieder ein, denn sie hatte schon damals, sicher ohne dass sie es wusste, die offensichtliche Ähnlichkeit zwischen den Gehirn- und Darmwindungen erkannt.

Als die Waerlandkost dann zwei Jahre später auch in Deutschland auf wachsendes Interesse stieß, bedurfte es keines großen Anstoßes für meine Eltern, sich bei ihrem geplanten Gästehaus für diese Kostform zu entscheiden. Sie eröffneten 1954 eine der ersten Waerland-Pensionen Deutschlands. Meine Mutter führte sie nach dem Tod meines Vaters 1965 noch fünf Jahre allein weiter.

Nach meinem Lern-Buch 'Gone with the Wind' fiel mir eine Biographie von Benjamin Britten in die Hände, der mit dem Bariton Peter Pears in Aldeburgh an der Südostküste England lebte. Für ihn schrieb er viele seiner Lieder und Arien und begleitete ihn oft auf dem Flügel. Bald darauf hörte ich die beiden zusammen mit Nin bei einem Liederabend in der Royal Festival Hall, die 1952, dem Krönungsjahr von Elisabeth II., am Ufer der Themse errichtet worden war. Wir liebten die samtene Baritonstimme von Peter Pears vom ersten Ton an und waren ergriffen vom musikalischen Gleichklang der großen Künstler.

Mehr als vierzig Jahre später nahm ich an einem Musikfestival teil, das zu Ehren von Britten und Pears immer zur Osterzeit in der Nähe von Aldeburgh stattfindet. Ich war in Begleitung der armenischen Psychologin Anahit Tevosyan, die mir die bürokratischen Wege in Ervian geebnet hatte, damit ich dort eine Lehrstätte eröffnen konnte. Anahit war damals dank eines Stipendiums des Anna-Freud-Institutes ein Jahr lang in London und teilte meine Liebe zur Kunst und Musik.

Meine lebenslange Begeisterung für Beethovens fünftes Klavierkonzert rührt aus der Zeit der Schwesternschule im Lister-Hospital. Margaret, die Sekretärin der Matron lud alle paar Wochen zu einem Musikabend in einen klinikeigenen 'sitting room' ein. Dort standen im Halbdunkel einige Gruppen verplüschter Sessel, aus denen man kaum mehr aufstehen konnte, weil sie so durchgesessen waren, und ein alter Plattenspieler, dem man an einer bestimmten Stelle helfen musste, damit er in die nächste Rille weiter hüpfen konnte.

Margaret brachte jedes Mal eine große Umhänge-tasche voller Schellackplatten mit und ließ uns wählen, was wir hören wollten. Beethovens fünftes Klavierkonzert hörten wir nicht nur einmal, sondern mehrere Wochen immer wieder, so dass ich allmählich fast jeden Takt kannte. Ich habe mir sogar die Partitur dazu bei Boyle's gekauft, aber die vielen Linien und die wenigen Noten darauf blieben unenträtselbare Hiero-glyphen. Als im Herbst die Konzertsaison in London wieder begann und ich Beethovens Musik endlich mit großem Orchester in der Royal Festival Hall erleben konnte, war ich hingerissen von so viel brausender Schönheit.

Im Operationssaal entsetzte mich zunächst, dass sogar der Chefchirurg bei langwierigen und schweren Operationen Witze riss, die mir die Schamröte ins Ge-sicht trieben, obwohl ich längst nicht alle Wörter ver-stand. Einmal hat ein junger Chirurg einem Patienten nach beendeter Phimose-Operation aus einer Mullbin-de eine schöne große Schleife gemacht und an sein frisch operiertes Glied gebunden. Ich fand das so pein-lich, dass ich sie im Krankenzimmer dezent wieder entfernte, bevor er aus der Narkose aufwachte. Er hörte von seinen Bettnachbarn von meiner moralischen Handlung, und ich hatte etliche Tage den Spott der ganzen Männerabteilung zu ertragen.

Mr. Connery war wegen eines fortgeschrittenen Magenkarzinoms eingeliefert und operiert worden. Da er in den dreißiger Jahren einige Zeit in Deutschland Musik studiert hatte, freute er sich jedes Mal, wenn ich zum Dienst kam, denn dann konnte er seine Deutsch-

kenntnisse auffrischen. Er litt unter starken Schmerzen, nicht nur wegen der Operation, sondern weil sich
sein Darm seit der Operation noch nicht entleert hatte.
Gegen Mittag meinte die Stationsschwester zu mir:
"Mr. Connery braucht jetzt einen Einlauf. Sie wissen ja,
wo die Sachen stehen." Ich hatte zwar theoretisch gelernt, wie man einen Einlauf macht, aber praktisch
fehlte mir jede Erfahrung. Auch der Patient konnte seine Verlegenheit kaum verbergen. Es dauerte einige
Zeit, bis ich ihm das eingefettete Röhrchen am Ende
des Schlauches da eingeführt hatte, wo es hin gehörte.
Zudem war es wichtig, dass der Liter warme Kernsei-
fenlauge nur ganz langsam in seinen Bauch lief. Zum
Glück ging die Prozedur gut vonstatten. Das Resultat
konnte sich sehen lassen und brachte ihm deutliche
Erleichterung. Seit dem Einlauf weiß ich, dass 'to lubri-
cate' einfetten, geschmeidig machen, heißt und habe
dieses glitschige Wort nie mehr vergessen.

Etwa zwei Wochen nach seiner Entlassung bekam
ich von Mr. Connery eine schriftliche, auf Büttenpapier
geschriebene Einladung zu einem Besuch. Es war das
erste Mal, dass ich zu einer englischen Familie eingeladen wurde, und ich freute mich darüber sehr. Auf dem
Weg zum Bus pflückte ich einen kleinen Feldblumen-
strauß und fuhr in das nahe Städtchen Letchworth.
Der Hausherr lag als Rekonvaleszent auf dem Sofa,
während ich mit seiner Frau und der erwachsenen
Tochter köstliche selbstgebackene 'hot cross buns' aß
und Tee aus hauchdünnen Porzellantässchen trank.
Solche dünnen Tassen habe ich in England auch später
kaum gesehen, aber ich wusste, dass die Familie fünf
Jahre lang in China gelebt hatte. Meinen kleinen

Strauß stellte die Dame des Hauses rücksichtsvoll auf das Teetablett, denn im Vergleich zu den üppigen Blumenarrangements, die im ganzen Zimmer verteilt waren, nahm er sich bescheiden aus.

Nach der 'Teezeremonie' erhob sich Mr. Connery mit etlicher Mühe vom Sofa und ging zu unser aller Erstaunen zu seinem Flügel. Er lächelte mir zu und meinte, dass er für mich nun ein kleines, privates 'Einlauf-Konzert' geben würde. Tränen der Rührung schossen mir in die Augen, als er ein Präludium von Bach spielte. Er hatte sich an unsere verschiedenen Krankenhausgespräche und an meine Vorliebe für Bach erinnert. Bei der späteren Unterhaltung wollte er mit einem schalkhaften Lächeln wissen, ob mir klar sei, dass auf Englisch ein einziger veränderter Buchstabe aus einem Einlauf (enema) einen Feind (enemy) mache.

Ich bin noch öfters bei der freundlichen Familie in Letchworth zu Gast gewesen, und die Besuche haben mir über manches Anfangsheimweh geholfen. Bei ihnen hatte ich auch den Mut zu fragen, warum englische Kinder oft schon mit sechs Jahren ins Internat kommen und hörte mit Erleichterung, dass ihre Tochter erst zum Studium aus dem elterlichen Haus gegangen war.

Ein Jahr später ist Mr. Connery nach dem erneuten Ausbruch seiner Krebserkrankung, die er jedoch nicht mehr operieren lassen wollte, friedlich und zu Hause an einem Herzversagen gestorben.

Während des Dienstes im Operationssaal, der in der Kliniksprache 'theater' hieß, gab mir ein Chirurg eines Tages eine lange dünne Sonde und führte meine Hand ganz behutsam an die pulsierende Hauptschlagader eines Patienten, bei dem eine Bauchoperation durchgeführt wurde. Ich war verblüfft, wie deutlich ich jeden Pulsschlag durch das Metallstäbchen hindurch fühlen konnte, denn ich war bislang davon ausgegangen, dass ich nur das fühlen konnte, was ich mit den Händen direkt berührte.

An zwei Tagen in der Woche war es Routine, einem Kind nach dem anderen die Mandeln zu entfernen. Ich fragte mich schon damals, ob das notwendig sei. Jahre danach las ich den Ausspruch eines Arztes, der meine Skepsis bestätigte: "Die kranke Frau ist nach einer Gallenblasenoperation häufig die gleich kranke Person, nur ohne Gallenblase." Ich lernte später, als ich Kranke in eigener Verantwortung behandelte, dass dies vor allem dann zutrifft, wenn der Mensch nach einer Operation oder einer Krankheit nichts in seiner bisherigen Lebensgestaltung ändert.

Die Arbeit am Operationstisch empfand ich besonders anstrengend, die nervliche Anspannung vor großen Operationen, die fast tägliche Konfrontation mit Unfallpatienten, die blutüberströmt eingeliefert wurden, und die Krebspatienten, die einfach wieder zugenäht wurden, nachdem beim ersten Schnitt der ganze Bauchraum voller Metastasen sichtbar wurde.

In solchen Zeiten schmerzten meine Füße und Beine durch das stundenlange Stehen ganz besonders. So manches Mal aber war ich froh über meinen geheimen 'Rettungsanker', eine kleine Portion 'Phlegma', wie ich das nannte, die ich wohl von meiner Dürmentinger Großmutter geerbt habe. Denn, wenn mir alles zu viel wurde, verbrachte ich den nächsten freien Tag auf 'lommelige' Weise, indem ich abwechselnd ein wenig in meinen Büchern schmökerte und viel schlief. Manchmal fand ich eine Thermoskanne mit Tee auf dem Nachttisch, die mir Nin fürsorglich hingestellt hatte. Nach diesem Abtauchen fühlte ich mich so erfrischt wie nach einem kleinen Urlaub und war den Ansprüchen meiner Umwelt wieder gewachsen.

Nach vier Monaten im Operationssaal wurde ich auf eine internistische Frauenstation verlegt. Das war wesentlich weniger hektisch.

Eine bedeutend ältere Krankenschwester, die seit langem in der Klinik arbeitete, setzte sich in dieser Zeit im Speisesaal oft neben mich und suchte das Gespräch. Sie lud mich nach Feierabend einmal in ihr Zimmer ein und erzählte mir verlegen und mit stockender Stimme, dass sie Frauen liebe und ich ihr gefalle. Ich wusste nicht, was ich tun oder sagen sollte und wäre am liebsten davon gelaufen. Aber die Frau tat mir Leid, denn ich hatte schon zuvor bemerkt, dass sie von vielen gemieden wurde. Damals gab es lediglich in Künstlerkreisen, wie ich es von Benjamin Britten und Peter Pears gelesen hatte, eine gewisse Toleranz in Bezug auf Homosexualität. So tauschten wir uns voller Hemmungen über unseren Beruf und über die Ereignisse auf der Station aus, und ich verließ sie aufgewühlt und ratlos. Es hat mir etwas zum inneren Gleichgewicht verholfen, dass ich ihr versprach, mein Wissen für mich zu behalten. Nicht einmal Nin habe ich es erzählt, obwohl sie sicher Verständnis gehabt hätte. Dreißig Jahre später habe ich bei meinen Kindern erlebt, dass sie ganz natürlich mit Freunden aus der Schulzeit umgingen, bei denen sich herausgestellt hatte, dass sie homosexuell sind.

Auf der gynäkologischen Station war ich dann wieder zum Nachtdienst eingeteilt. Beim Schichtwechsel rief mich die Stationsschwester eines Abends in ihr Büro, verschloss die Türe und holte aus dem Giftschrank eine Schachtel heraus, in der ein paar ganze und ein paar zerbrochene Morphium-Ampullen lagen. Sie streckte mir ein Formular hin, das ich unterschreiben und damit bestätigen sollte, dass ich dabei war, als die Ampullen zerbrachen. Ich wollte ihr aus Respekt zunächst den 'kleinen Gefallen' tun, aber als es unerwartet an der Tür klopfte, verschloss sie die Schachtel hastig wieder im Schrank. Der eintretende Arzt, der lediglich den Bericht einer frisch operierten Frau brachte, bemerkte zwar die Befangenheit der Stationsschwester, ging jedoch wieder, ohne ein Wort zu sagen. Ein paar Tage später hörte ich, dass sie schon längere Zeit unter Beobachtung stand, denn es fehlten verdächtig viele Morphium-Ampullen auf ihrer Station. Sie kam bald darauf in eine Suchtklinik, und alle zogen über die Begebenheit den Deckmantel des Schweigens.

Die Kinderstation machte mir viel Freude. Zudem war ich dort gern gesehen, denn ich hatte den Ruf, dass meine Injektionen viel weniger schmerzhaft waren als die der anderen Schwestern. Damals gab es Penicillin erst einige Jahre, und es wurde meist dreimal am Tag gespritzt, auch beim kleinsten Schnupfen eines Säuglings oder Kindes.

Etwa fünfzehn Jahre später las ich in einer englischen Fachzeitschrift, dass viele Jugendliche entweder gegen Penicillin immun oder allergisch sind. Zugleich wurde die vorsichtige Überlegung angestellt, ob nicht die anfängliche deutliche Überdosierung in einem direkten Zusammenhang stünde. Diese Sachlage habe ich später oft in meiner eigenen Praxis bestätigt bekommen.

Ich wurde von allen Kindern bestaunt, weil ich die Schwesternhaube so gewagt hinter meinen Zöpfen feststeckte. Sie bettelten immer wieder, dass ich wenigstens einmal meine Haare wie Rapunzel herunter lassen sollte, aber ich habe mich vor ihnen geniert und hatte auch Bedenken, was wohl die Stationsschwester dazu sagen würde. Auf dieser Station sprach ich englisch ohne Scheu, denn die Kinder waren weit weniger kritisch mit meiner Grammatik und dem Wortschatz als ich selbst. Aber einmal kam ich in Erklärungsnot: Ein Bub hatte sich im Bad erbrochen. Ich meldete der Stationsschwester: "Kenneth has just broken his foot." Mir war zu der Zeit noch nicht geläufig, dass sich erbrechen 'to vomit' und Nahrung 'food' heißt.

Hier bei den Kindern überfiel mich manchmal ganz unvermittelt das Heimweh. Einmal ertappte ich mich dabei, wie ich mit einem Säugling, dem ich das Fläschchen gab, leise in meiner Allgäuer Mundart sprach.

In dieser Zeit wurde ein acht Wochen altes Mädchen eingeliefert, bei dem die Speiseröhre keine direkte Verbindung zum Magen hatte. Bis zur Operation wurde es mit einer Bauchsonde ernährt und ich bekam die Aufgabe, dieses Kind zu betreuen. Mir fiel sofort das Neugeborene im Kemptener Krankenhaus ein, das in meinen Armen gestorben war. Aber dem Mädchen ging es gut, und ich freute mich immer auf den Dienst, denn ich spürte, dass es sich bei mir wohl fühlte. Da es sich um ein seltenes Krankheitsbild handelte, wurde in der Fachpresse ein Artikel über den guten Verlauf der Operation veröffentlicht. So erreichte ich unversehens einen gewissen Bekanntheitsgrad, da zugleich mit dem Artikel auch das Foto des Mädchens abgelichtet wurde, das bei mir zufrieden auf dem Arm lag. Ich wurde zur Matron gerufen und bekam ein paar Belegexemplare. Die schickte ich voller Stolz an meine Eltern und an Onkel Paul in Amerika. Als ich Nin von der guten Entwicklung des Mädchens berichtete, brach sie in Tränen aus und erzählte mir, dass sie sich nach dem Tod ihres eigenen Kindes dazu entschlossen habe, zu entfernten Verwandten nach England zu gehen. Jetzt konnte ich auch besser verstehen, warum sie mit Männerbekanntschaften so eigenartig umging.

In England lernte ich bei einem Vortrag in Letchworth Eneas kennen. Zufällig trafen wir uns ein paar Tage später auf dem Markt in Hitchin wieder. Nach einem angeregten Gespräch schenkte er mir einen Strauß bunter Sommerblumen und lud mich zu sich nach Hause ein. Er war verheiratet, arbeitete als Werkzeugmacher in einer Fabrik und war bedeutend älter als ich. Schon beim ersten Besuch lernte ich seine künstlerische Seite kennen. Er spielte bezaubernd Klavier und malte stimmungsvolle Pastell- und Ölbilder, so manches später auch ganz speziell für mich.

Als mir Eneas eines Abends ein angefangenes Bild auf seiner Staffelei zeigte, war er glücklich, dass ich dessen Botschaft sofort erkannte. Er gab mir einen zarten Kuss und meinte: "Auf dich habe ich seit Jahren gewartet, du verstehst, was ich ausdrücken möchte! Und du wirst mir wieder zurück ins Leben helfen." Das erfüllte mich mit sprudelnder Freude. Dass er wie ich seit seiner Jugend aus ethischer Überzeugung vegetarisch lebte, verstärkte das Gefühl unserer Zusammengehörigkeit.

Wir führten tiefgründige Gespräche über 'Gott und die Welt' und freuten uns an unserem Seelengleichklang. Ich bewunderte seine Belesenheit und schätzte seine Toleranz anderen Religionen gegenüber. Diese Offenheit war mir wichtig, denn ich hatte seit einiger Zeit erhebliche Zweifel, ob das katholische Weltbild meinen inneren Bedürfnissen wirklich entsprach.

Von Eneas hörte ich zum ersten Mal von den Gedanken Krishnamurtis. Er lieh mir Abschriften von Vorträgen mit aufrüttelnden Titeln, wie 'Die religiöse Erneuerung', 'Revolution durch Meditation' und 'Einbruch in die Freiheit'. Ich las sie halbe Nächte hindurch mit tiefer Genugtuung und Erleichterung, denn sie bestätigten viele meiner eigenen, noch unsicheren Gedanken.

Mit Eneas las ich an milden Sommerabenden im Tao Te King, und Lao Tses elfter Spruch 'Von der Wirksamkeit des Unsichtbaren im Sichtbaren' begleitet mich seither. Ich habe ihn 1993 als Motto meines neuen Fachbuches über Reflexzonentherapie am Fuß gewählt. Die beiden letzten Zeilen sind mir oft Maßstab bei Entscheidungen geworden: 'So gibt das Sichtbare zwar Eignung, das Unsichtbare aber erst den Wert.'

Die Wochen und Monate mit Eneas waren in ein wundersames, melancholisch-heiteres Licht gehüllt. Wir wussten beide, dass eine Erfüllung unserer Liebe nicht möglich sein würde. Unser Glück wog schwer, und doch empfanden wir es als großes Geschenk, dass wir einander begegnet waren. In der Zeit dachte ich so manches Mal an Schwester Germana.

Zum Abschied hat mir Eneas eine kleine Melodie komponiert, die ich bis heute leise vor mich hin summe, wenn die raue Alltagswirklichkeit einer freundlicheren 'Farbe' bedarf. Ein paar Jahre lang pflegten wir unsere Liebe aus der Ferne weiter und tauschten uns in Briefen darüber aus, was wohl daraus entstanden wäre, wenn wir uns unter anderen Vorzeichen kennen gelernt hätten.

Ich fuhr seit meiner Entdeckung der kleinen Vegetariergruppe ein- bis zweimal im Monat nach Letchworth, um Vorträge über gesunde Lebensführung zu hören. Ein Freund von Eneas bat mich dort eines Tages um ein Gespräch. Er berichtete mir unter großer Gemütsbewegung, dass seine Eltern Deutsche seien, er jedoch Jahrzehnte zuvor seine Herkunft verschwiegen habe, da er seine geplante Heirat mit einer Engländerin nicht gefährden wollte. Sein Herzenswunsch war, das Grab seiner Eltern in Lüneburg zu besuchen, solange er noch lebte. Da das aus Rücksicht auf seine Familie nicht möglich war, fragte er mich, ob ich es stellvertretend für ihn tun wolle.

Ich fuhr dann im Spätsommer 1954, bald nachdem ich aus England zurückgekehrt war, nach Lüneburg. Nach langem Suchen fand ich das verwilderte Grab und legte im Auftrag des Sohnes einen Strauß bunter Astern, den Lieblingsblumen seiner Eltern, auf die kaum mehr leserliche Inschrift. Die ganze Atmosphäre war von einer stillen Wehmut und Trauer erfüllt. Ne-

ben dem umgefallenen Grabstein wuchs ein Hecken-
rosenstrauch, übersät mit leuchtenden roten Hagebut-
ten. Von ihm machte ich, zusammen mit dem moosbe-
deckten Stein, ein Foto und schickte es auf dem Um-
weg über Eneas nach England.

Der Advent war im Lister-Hospital die Vorberei-
tungszeit auf die Weihnachtsparty und es herrschte
Hochstimmung in allen Stationen, bei den Ärzten,
beim Pflegepersonal und in den Büros. Wer sich für ein
Lied, eine Theateraufführung, eine Geschichte oder
akrobatische Kunststückchen entschieden hatte, war
für nichts anderes mehr ansprechbar und übte in jeder
freien Minute. In jeder Station hingen bunte Girlanden
wie bei uns zur Fastnacht. Auch die Schwerkranken,
soweit sie transportfähig waren, wurden an diesem
Abend in ihren Betten in den großen Saal gefahren.
Außer mir lernten inzwischen noch ein paar andere
Deutsche im Lister-Hospital die Krankenpflege. Edeltraud, eine Schulfreundin aus dem Kloster in Lenzfried,
war zu der Zeit mit mir auf der chirurgischen Männerabteilung. Natürlich wurden auch wir gefragt, ob wir
etwas zum Besten geben wollten. Der Abend sollte mit
einem ruhigeren Teil beginnen, in dem das Evangelium vorgelesen und gemeinsam die englische Version
unseres 'Stille Nacht, heilige Nacht' angestimmt wurde. Wir entschieden uns für das Weihnachtslied 'Lieb
Nachtigall, wach auf'. Edeltraud hatte eine schöne So-
pranstimme, ich übernahm den Altpart. Nachdem unser Begleiter am Klavier das Vorspiel beendet und uns
das Zeichen zum Einsatz gegeben hatte, konnten wir
bereits nach den ersten paar Takten nicht mehr an uns

halten und prusteten nervös kichernd mit hochroten Köpfen los. Auch ein zweiter und dritter Versuch misslang. Das Publikum begann zu lachen. Alle meinten, unsere Darbietung würde zum heiteren Teil des Abends überleiten. In den folgenden Tagen wurden wir mehrmals anerkennend auf unsere Gesangsnummer angesprochen, aber es half uns nicht viel über unser peinliches Gefühl des Versagens hinweg. Die Engländer wunderten sich wohl auch über den eigenartigen Humor der Deutschen.

Im Nachtdienst bat mich einmal ein schwerkranker Patient, für ihn einen katholischen Geistlichen zu finden, der ihm die Letzte Ölung spenden würde. Diese Bitte erfüllte ich ihm gern, denn ich wusste durch meine Erfahrung mit der Nottaufe, wie wichtig Rituale in schwierigen Lebenssituationen sind. Ich kannte die kleine katholische Gemeinde in Hitchin bereits und ging morgens nach dem Dienst mit meinem Auftrag in das Kloster.

Ein etwa dreißigjähriger Mann arbeitete dort im Garten, und wir kamen in ein angeregtes Gespräch. Er stammte aus der Bretagne und war im dritten Jahr seines Noviziates. Zu meinem Erstaunen und Befremden erzählte er mir, dass er das Kloster in ein paar Wochen verlassen und mich bald wieder sehen wolle. Er hatte Monate lang mit sich gerungen und war nun der festen Überzeugung, dass mich Gott gerade an diesem Morgen ihm über den Weg geschickt habe. Er wollte und konnte nicht akzeptieren, dass ich anderer Meinung war und bestürmte mich in den folgenden Monaten mit Briefen, in denen er bereits alle Einzelheiten unseres gemeinsamen Lebens aufzählte, bis hin zu den acht Kindern, die wir haben würden, und für die er schon alte bretonische Namen gewählt hatte. Es fiel mir, wie schon oft in anderen Situationen, nicht leicht, meine Meinung deutlich und unmissverständlich kund zu tun, denn ich war immer noch der festen Überzeugung, man dürfe niemanden verletzen.

Jean, so hieß er, besorgte sich trotz meiner ablehnenden Haltung meine deutsche Adresse und stand zwei Jahre später plötzlich vor dem Haus meiner Eltern und wollte mich in einem letzten Versuch davon überzeugen, dass er der richtige Mann für mich sei. Einige Zeit später kam zu meiner Erleichterung eine Heiratsanzeige, und im Jahr darauf teilte er mir die Geburt einer Tochter mit, die er nach mir benannt hatte.

Nach eineinhalb Jahren im recht beengten Schwesternheim machte mir Nin den Vorschlag, ob ich nicht auch, wie sie, in der Stadt ein Privatzimmer mieten wollte. Da denjenigen, die auswärts wohnten, ein finanzieller Zuschuss von der Klinik gewährt wurde, sah ich mich um und geriet zu Mr. und Mrs. Potter, einem herzlichen, alten Arbeiterehepaar aus London, das sich mit mir nur in seinem originellen Cockney-Dialekt, der mir zunächst wie eine Fremdsprache vorkam, verständigen konnte. Zu diesen alten Leutchen ging Nin sogar ab und zu mit.

Ich bewohnte ein einfaches Zimmer zur Gartenseite. Zu meiner Freude bekam ich im Frühjahr ein kleines Beet, auf dem ich nach entsprechender Zeit Salat, Gelbe Rüben und Radieschen ernten konnte. Oft stand abends, wenn ich müde vom Dienst kam, auf der Treppe ein Schälchen 'apple pie' oder ein Teller mit Gemüseeintopf. Nicht nur, dass ich wenige Jahre nach dem Zweiten Weltkrieg als Deutsche in England Krankenpflege lernte, vor allem auch, dass ich weder Fleisch noch Fisch aß, fanden die beiden sehr exotisch.

Der alte Harry Potter nahm mich eines Abends mit in seinen Schuppen und zeigte mir ein ausrangiertes Fahrrad. "D' ye think ye might use it?" fragte er mich. Dankbar nahm ich an, denn ich brauchte fast eine halbe Stunde zu Fuß bis in die Klinik. Nach ein paar Wochen bot mir Mrs. Potter an, meine Wäsche mit zu waschen, aber das lehnte ich ab, da das bisschen Nachkriegswäsche, das ich besaß, alles andere als herzeigenswert war. Sie hat das mit dem Feingefühl, das einfache Leute oft auszeichnet, respektiert.

Meine Eltern schickten mir Anfang Dezember einen selbst geflochtenen Adventskranz mit vier roten Kerzen. Ich machte das Päckchen voller Freude im Wohnzimmer auf und zeigte den beiden den Inhalt. Ehe ich mich versah, hatte Mr. Potter den nach frischem Tannengrün duftenden Kranz auf dem Kopf und tanzte mit seinen rheumatischen Beinen lachend um den Tisch herum. Mit Tränen in den Augen erklärte ich ihnen, wie viel mir der heimatliche Brauch als Vorbereitung auf das Weihnachtsfest bedeutete, und ihre ehrliche Betroffenheit tröstete mich etwas.

Das einzige, was ich später von den englischen Weihnachtsbräuchen übernommen habe, war das Aufstellen von 'Christmas Cards' auf dem 'mantelpiece', dem Kaminsims. Etwas abgewandelt, hängen bei uns die Weihnachtskarten im Türrahmen zur Wohnung. Früher haben meine Kinder, später die Enkelkinder diesen Brauch gepflegt und nachgezählt, aus wie vielen verschiedenen Ländern die bunten Karten kamen. Jedes Jahr habe ich mich jedoch besonders über die 'Christmas Card' des alten Potter-Ehepaares gefreut, denn sie haben mich damals fast wie eine eigene Tochter oder Enkelin aufgenommen.

Mitten in den Vorbereitungswochen auf das Examen fuhr ich noch einmal nach Letchworth in den Kreis der vegetarisch lebenden Freunde. Sie hatten eine naturheilkundlich arbeitende Ärztin zu einem Vortrag eingeladen. Sie berichtete sehr überzeugend, wie sie die Kinder in ihrer Praxis nur mit homöopathischen Mitteln und Ernährungshinweisen behandelte, ganz gleich, ob sie an Ohrenschmerzen, Verdauungsstörungen oder Asthma litten. Es war, als hätte alles in mir auf diese Informationen gewartet. Plötzlich wusste ich: In Zukunft wollte ich ebenfalls mit den Heilkräften der Natur arbeiten und mich von der Denkweise der Schulmedizin lösen. Das schrieb ich schon am nächsten Tag nach Hause, denn ich war sicher, dass sich meine Eltern, die mich bereits als Kind in dieser Richtung geprägt hatten, darüber freuen würden.

In Letchworth nahm ich ein Faltblatt mit, das über Bach-Blüten, eine Spezialisierung innerhalb der Homöopathie, informierte. Doch erst 1973, als ich einen Reflexzonenkurs in Johannesburg bei 'Nature Cure Practitioners', den südafrikanischen Heilpraktikern, hielt, begegneten mir die Bach-Blüten wieder. Ich war von einem Kollegen am Ende des Kurses in seine Praxis eingeladen worden. Seine Fachgebiete waren Osteopathie und Bach-Blüten. Da blitzte die erste kurze Berührung vor vielen Jahren mit dieser Art der

Homöopathie wieder auf. Er erzählte mir, wie wirksam die Bach-Blüten gerade in der Behandlung von seelischen Belastungen und Befindlichkeiten der Menschen sind und besorgte mir die neununddreißig Mittel, in winzige Fünf-Milliliter-Fläschchen abgefüllt, die ich mit nach Deutschland nahm. Ich erstand in Johannesburg das neue Buch von Edward Bach 'Handbook of the Bach Flower Remedies' und vertiefte mich schon auf dem Rückflug in die Lektüre.

Nin und ich trafen uns noch einmal ganz privat ein paar Tage vor der offiziellen Prüfungsfeier. Wir hatten einen Tisch in einem gemütlichen Restaurant bestellt. Sie war inzwischen ernsthaft in einen älteren Mann verliebt, der sie verehrte und auf Händen trug. Den durfte ich sogar noch kurz kennen lernen, denn er holte sie an dem Abend ab. Ich merkte sofort, dass sie sich von ihm verstanden und akzeptiert fühlte und war zufrieden und erleichtert, dass ihr Leben jetzt endlich in ruhigeren Bahnen verlaufen konnte.

In den siebziger Jahren kam sie dann einmal mit ihrer Familie zu einem Urlaub nach Burgberg. Wir umarmten uns jetzt nach zwei Jahrzehnten mit der gleichen Herzlichkeit wie in früheren Zeiten. Inzwischen waren wir beide Mütter von drei Kindern geworden. Im Gegensatz zu ihr war ich, erst ein paar Jahre zuvor geschieden, mitten in der Neuordnung meines Lebens, während sie mit Ted, ihrem Mann, sichtlich glücklich und am Ziel ihrer Wünsche und Sehnsüchte angekommen war.

Ein paar Jahre später ist sie innerhalb von wenigen Wochen an Krebs gestorben. Eines ihrer Kinder hat mir kurz nach ihrem Tod ein Päckchen mit einer Korallen-kette geschickt. Etwa zwanzig Jahre zuvor hatte Nin ihre eigene, zweireihige Kette halbieren lassen und mir die eine Hälfte geschenkt. Sie meinte damals in ihrer trockenen Art: "Das bedeutet nicht, dass ich dich oder du mich fortan am Hals hängen hast!"

Nach dem bestandenen Examen ging ich ein letztes Mal ins Büro zur Matron, um meine Urkunde abzuholen. Ich war ihr in den dreieinhalb Jahren meiner Ausbildung nur wenige Male persönlich begegnet und hatte immer noch großen Respekt vor ihr. Sie gab mir zum Abschied einen Umschlag mit einem kleinen Zettel. Darauf hatte sie mit klarer, großer Schrift geschrieben: 'Die Krankheit gehört immer dem Patienten. Unsere Aufgabe ist, ihn gut zu begleiten.' Ich hätte sie für diesen Satz am liebsten umarmt, es blieb jedoch bei einem kleinen, englisch-sparsamen Händedruck, aber ihre Augen verrieten viel Herzenswärme.

Als ich im Sommer 1954 nach Deutschland zurück-kehrte, wollte ich so bald wie möglich die Ausbildung als Masseurin machen. Einerseits hatte ich schon im Lister-Hospital beobachtet, wie gut vor allem den bett-lägerigen Patienten eine kleine Rückenmassage tat, andererseits arbeitete ich gern mit den Händen. Mein Vater, von dem ich die warmen, weichen Hände geerbt habe, meinte schon in der Volksschulzeit: "Wenn die Hanni ihre kleine Schwester nach dem Baden einölt, schläft sie immer besonders gut."
Zunächst verdiente ich mir in der amerikanischen Kaserne in Füssen etwas Geld für den geplanten neu-

en Beruf. Wenn es das Wetter erlaubte, fuhr ich mit meinem alten Fahrrad dort hin und freute mich an der Voralpenlandschaft, die ich so liebte und einige Jahre nicht mehr gesehen hatte. Ich wurde teils im Büro der ärztlichen Abteilung, teils auf der Krankenstation eingesetzt. Zu dem gut bezahlten Posten der Sekretärin kam ich, weil ich von Hitchin aus das 'English Lower Certificate' in Cambridge erworben hatte und auf Stenographie und Maschinenschreiben aus der Klosterschule zurückgreifen konnte.

Das knödelige Amerikanisch der Soldaten empfand ich fast als Beleidigung für meine Ohren, die das 'richtige' Englisch gewöhnt waren. Die Hauptkrankheiten der jungen Männer bestanden in Heimweh und dem Bergkoller, da Füssen fast ganz von hoch aufragenden Bergen umgeben ist. Für manche war das beängstigend und bedrohlich, vor allem, wenn sie aus den weiten Ebenen Amerikas kamen.

In diesen Monaten wohnte ich bei meiner Familie und genoss es redlich, wieder einmal daheim zu sein. Meine Eltern hatten, beide schon über fünfzig, den Bau eines eigenen Hauses gewagt und waren in den Nachbarort Nesselwang gezogen. Dort eröffneten sie ihr 'Waerlandheim Buck'. Are Waerlands Lebensweise war inzwischen auch bei den deutschen Reformern auf großen Zuspruch gestoßen. Zum Frühstück gab es für die Gäste Langmilch mit frischem Obst, eine aus speziellen Pilzkulturen hergestellte gesäuerte Milch, die mit Löffeln gegessen wird und lange Fäden zieht. Manchmal zogen auch die Gäste lange Gesichter, bis sie sich an diese seltsame Art des Morgenmahles gewöhnt hatten. Zum Mittagessen stand Kruska auf dem

Tisch, ein frisch gemahlener Vierkorn-Getreidebrei mit Rosinen, der zwei Stunden in der Kochkiste, einem nützlichen Requisit aus Kriegszeiten, quellen musste. Zum Abendessen gab es große Rohkostplatten mit Quark und Pellkartoffeln, die zu meiner Freude immer mit Kümmel gekocht wurden und mich an unsere Dürmentinger Großmutter erinnerten. Niemand konnte die 'Grummbiere' so gut kochen wie meine Mutter. Sie tat nur so viel Wasser in den Topf, dass es während des Kochens ganz verdunstete und die unterste Lage der Kartoffeln ein wenig anbrannte. Meine Schwester und ich sahen immer zu, dass wir die Kartoffeln mit der 'Bachel' auf unseren Tellern hatten, und wenn dies nicht gelang, 'mogelte' unser Vater ein wenig und verhalf uns auf seine Weise zu diesen Leckerbissen.

Während der Herbstferien kam eine Lehrerin aus Nordfrankreich in die Pension meiner Eltern. Sie war auf der Suche nach einer geeigneten Person, die ihre beiden jüngsten Kinder, die seit Monaten unter juckenden Hautallergien litten, auf die Waerlandkost umstellte. Da ich damit auch meine geringen Französisch-Kenntnisse aufpolieren wollte, sagte ich ohne lange Überlegung für zwei Monate zu.

Am Hauptbahnhof in Lille wurde ich von einem livrierten Diener mit großem Auto abgeholt und in ein Schloss gebracht, das wie eine Trutzburg inmitten eines riesigen Parks stand, fernab von jeder anderen menschlichen Siedlung. Es gab nur einen Bus-Stopp an der Straße, die zum Parkeingang führte. Die Familie mit ihren sechs Kindern stammte aus einem alten

Adelsgeschlecht. Zwei der Kinder waren in einem Schweizer Internat und zwei in einer Privatschule in Lille, in die sie täglich chauffiert wurden. Der Vater war meist geschäftlich außer Haus. Ich bekam ein Zimmer mit alten französischen Möbeln direkt neben dem Kinderzimmer. Es wurde eine kleine Kochecke eingerichtet, in der ich die Mahlzeiten für die beiden Kleinen und mich zubereiten konnte. Sie aßen vom ersten Tag an brav all die unbekannten Speisen. An den langen Fäden der gesäuerten Milch hatten sie ihren besonderen Spaß. Schon nach zehn Tagen waren ihr Juckreiz und die schorfig gerötete Haut deutlich zurückgegangen.

Da Madame Deutsch- und Englischlehrerin war, hatte ich jedoch wenig Gelegenheit, Französisch zu üben, denn sie wollte in der kurzen Zeit, in der wir uns täglich sahen, ihre eigenen Sprachkenntnisse auffrischen. Das kindliche Kauderwelsch der Zwei- und Dreijährigen brachte mich sprachlich auch nicht viel weiter, die herzliche Beziehung zu den Beiden litt jedoch nicht darunter. Der große Park mit seinen alten Bäumen bot sich zwar für lange Kinderwagen-Spaziergänge an, aber da ich wenig Kontakt zum anderen Personal hatte, kam ich mir trotzdem etwas verloren vor. Die Mutter unterrichtete zu der Zeit in Lille Deutsch an einer Schule, und ich sah sie meist nur abends, wenn sie ihren Kindern einen Gute-Nacht-Kuss gab und sich nach deren Wohlergehen erkundigte. Mir taten die netten, aufgeweckten Kinder leid und ich nahm mir fest vor, dass ich es später bei meinen eigenen einmal besser und anders machen würde.

Weihnachten feierte ich endlich wieder einmal im Kreis meiner Familie. Wie früher ging mein Vater mit uns ins 'Mösle' zum Christbaum holen, und wir schmückten die Kiefer mit den alten, handbemalten WHW-Zeichen. In den folgenden Wochen half ich meinen Eltern mit der Betreuung der Pensionsgäste und probierte zu den einfachen Streichungen und Knetungen, die ich von meiner Schwesternausbildung in Erinnerung hatte, neue Massagegriffe aus. Auch meine Einlaufkenntnisse konnte ich anbringen, denn manche Gäste fasteten und waren auf diese Art der Entlastung und Entschlackung des Darmes angewiesen.

Mit dem zusätzlich in Lille Ersparten begann ich dann im Frühjahr in Boppard am Rhein mit der Ausbildung zur 'staatl. gepr.' Masseurin und Kneipp-Bademeisterin. Gabriele versuchte als Achtjährige, den Sinn aus der Urkunde, die inzwischen in meiner Praxis hing, heraus zu buchstabieren und fragte mich: "Mama, warum bist du staatlich gepriesen?"

Wir waren in Boppard eine kleine Gruppe von achtzehn Teilnehmern. Die theoretischen Fächer fand ich nicht schwierig, da mir die dreieinhalb Jahre Krankenpflege in England zugute kamen. Viele Begriffe kannte ich zunächst allerdings nur in Englisch und musste sie mit Hilfe meines dicken, roten Lexikons nachschlagen. Mit den lateinischen Bezeichnungen von Muskeln und Knochen haben wir oft 'Pfipfes' getrieben und deren Namen selten richtig ausgesprochen. Deshalb weiß ich bis heute nicht auf Anhieb, ob der große Gesäßmuskel 'glutäus maximus' oder 'Mathäus Gluximus' heißt.

Wir lernten im praktischen Unterricht, mit welchen Griffen und wie stark die einzelnen Körperteile massiert werden, zunächst gegenseitig, später an Patienten aus der Stadt, die als freiwillige Übungskandidaten nichts bezahlen mussten. Ich massierte gern und konnte schon bald auch tiefer liegende Gewebeverspannungen bei den Patienten fühlen. Meist wusste ich bereits bei den ersten Streichungen des Rückens, wo die Schmerzen am ausgeprägtesten waren und knetete sie kräftig durch.

Eine Mitschülerin, mit der ich mich angefreundet hatte, ging mir aber bei den praktischen Übungen aus dem Weg. Ich fragte sie nach dem Grund, und sie sagte mir mit einem leichten Zittern in der Stimme: "Wenn du eine schmerzhafte Stelle gefunden hast, freust du dich so darüber, dass ich es fast nicht übers Herz bringe, dir diese Freude zu nehmen. Aber für mich sind deine deftigen Massagen einfach zu stark." Ich war bestürzt, denn ich wusste sofort, dass ich mich in meinem Übereifer und meiner Begeisterung dazu hatte hinreißen lassen, mich selber wichtiger zu nehmen als meine Mitschülerin.

Als die Behandlung der weiblichen Brust auf dem Unterrichtsplan stand, wurden wir jungen Frauen von einem schüchternen Klinikarzt in das Besprechungszimmer der Schule gerufen. Da er nicht recht wusste, wo und wie er anfangen sollte, kam bei uns eine Verlegenheit auf, die wir vorher nicht gekannt hatten. Wir waren in den Monaten der praktischen Übungen daran gewöhnt, einen Menschen unbekleidet zu sehen und ihn an verschiedenen Stellen zu berühren. Der Arzt versuchte, nachdem eine praktische Demonstration wegen allseitiger Befangenheit nicht zustande kam, uns den Unterschied zwischen einer Apfel- und Birnenform der weiblichen Brust theoretisch nahe zu bringen und war froh, dass er sich dabei an seiner Schautafel festhalten konnte. Bei den nächsten Mahlzeiten vertrieben wir die entstandene Verlegenheit, indem wir nur Äpfel und Birnen aus dem Obstkorb nahmen und sie lachend auf ihre Form hin begutachteten.

Die unterschiedlichen Kneipp-Güsse, Wickel und Teilbäder haben wir im Sanatorium St. Ursula, das direkt am Rheinufer liegt, gelernt. Mit diesen Anwendungen geht es mir wie mit Rad fahren oder Schwimmen: Einmal gelernt, nie mehr vergessen. Auch nach fast fünfzig Jahren kann ich aus dem Stegreif einen Armguss oder Leibwickel machen. (Im Wort Stegreif müsste, genau genommen, ein 'h' sein, denn der Begriff kommt von 'im Stehen greifen').

Als Lehrmeisterin hatten wir eine alte Ordensfrau. Sie trimmte uns mit Engelsgeduld, bis wir den Wasserfilm beim Gießen so um die Gliedmaßen oder den Rumpf der Patienten fließen lassen konnten, dass ein gleichmäßiger Wassermantel entstand. Das war leichter gesagt als getan, aber sie ließ nicht locker, bis wir zur Prüfung hin die erforderlichen Anwendungen beinahe im Schlaf ausführen konnten. Ihren fast gebetsmühlenhaft wiederholten Satz "Nur mit Ruhe wirkt der Guss", habe ich erst richtig verstanden, als ich später in Bad Wörishofen mehrere Urlaubsvertretungen machte.

Seit der Zeit trockne ich mich weder nach dem Wannenbad noch nach dem Schwimmen ab, sondern streife, wie ich es bei den Kneipp-Anwendungen gelernt habe, die Tropfen auf der Haut mit der Hand ab. Auf diese Weise entsteht ein feines, lebendiges Prickeln zwischen Haut und Wassermantel, das den Kreislauf sanft belebt.

Die unbeschwerte Zeit in Boppard verging viel zu schnell, und nach der Prüfung als 'staatlich gepriesene' Masseurin und Kneipp-Bademeisterin begann ich schon bald mein Praktikum mit Urlaubsvertretungen. Zunächst war ich ein paar Wochen in einem kleinen Kurbetrieb in Füssen und traf abends im Städtchen manchmal einen der jungen Soldaten, die ich im Jahr zuvor in der Krankenstation der Kaserne betreut hatte.

Die Stelle in Bad Wörishofen war jedoch vielseitiger und interessanter. Jeden Morgen um vier Uhr bereiteten wir die heißen und kalten Leibwickel und die locker gewebten, angerauten Leinentücher für die Ganzwaschungen vor, die wir wenig später an den Mann oder die Frau brachten. Das Aroma würziger, altvertrauter Wiesendüfte zog durch die Kellerräume, in denen die frisch gefüllten Heusäcke mit Wasserdampf erhitzt wurden.

Einer der ersten Patienten war ein aufgedunsener Mann, ein starker Raucher, der wegen Bluthochdruck und Rheuma in Kur war. Sein Zimmer roch nach kaltem, abgestandenen Rauch, als ich ihm seinen Großwickel anlegte. Beim Abnehmen des Wickels eine halbe Stunde später verschlug es mir fast den Atem. Es stank wie in einer Kneipe, die man tagelang nicht gelüftet hatte. Das zuvor blütenweiße Leinen des Wickels war ganz fleckig und grau, der Mann aber lag rosig durchblutet und lächelnd in seinem Bett.

In Wörishofen hörte ich auch den Satz zum ersten Mal, den ich seither in vielen Kursen zitiert habe, wenn wir über die Regenerationsfähigkeit der Menschen sprechen: "Wenn jemand im Sommer eine Kneipp-Kur macht, kann es sein, dass das Ergebnis erst am Weihnachtsbaum hängt."

Einige Monate später wurde ich wieder nach Boppard geholt und arbeitete dort über ein Jahr als Lehrkraft für Massage und Kneipp-Therapie. Es gab diesmal keine Schwierigkeiten mit dem praktischen Unterricht der Behandlung der weiblichen Brust, denn es war keine Frage, dass diese Stunde mir zufiel.

Das Unterrichten war nicht ganz so einfach, wie ich es mir vorgestellt hatte. Zudem kamen mir Bedenken, ob ich akzeptiert würde, denn die Schülerinnen und Schüler waren zum Teil älter als ich. Schon in den ersten Stunden wurde mir klar, dass sich ein guter Unterricht nicht auf Vermittlung von Fachwissen beschränkt, sondern dass es vor allem gilt, das Interesse der Beteiligten zu wecken. So kam ich auf die Idee, verschiedene Muskeln zunächst an unserem 'Adonis', einem gut gebauten Teilnehmer aus Bayern, zu zeigen, bevor wir sie im Anatomiebuch ausführlich besprachen. Er tänzelte zu Beginn der einzelnen Stunden bald wie ein 'body builder' durch den Raum und wir alle hatten unseren Spaß, wenn er uns seine Rumpf- oder Armmuskeln präsentierte. Allerdings musste ich Dr. Kaiser, dem Leiter der Schule, der einmal unvermittelt in die Anatomiestunde kam, Rede und Antwort über den Sinn dieses praxisnahen Unterrichts stehen. Er war zunächst skeptisch, da aber die Zwischenprüfungen gute Ergebnisse zeigten, ließ er mich gewähren.

In Boppard begegnete ich dieses Mal auch Fritz, meinem späteren Mann, der vom gut bezahlten Werkzeugmacher bei der IBM in Böblingen zum Masseur umschulen wollte. Als er sich im Schulbüro anmeldete, begrüßte ich ihn, noch bevor ich seinen Namen hörte, mit den Worten: "Ich kenne Sie!" Wir haben später vergeblich versucht, irgendeine Begebenheit in unserem Leben zu entdecken, bei der wir uns vorher hätten begegnet sein können. An den Wochenenden unternahmen wir schon bald lange Radtouren in den Hunsrück und ins Moseltal. Fritz hatte sich erst kurz zuvor für eine vegetarische Lebensform entschieden und hielt sich strikt an alle Regeln, die der Gesundheit dienten. Er bereitete seine Mahlzeiten in der einfachen Pension auf einem kleinen Campingkocher und trainierte seinen Körper mit Yoga- und Atemübungen. Der Eifer und die Konsequenz, mit der er sein neues Leben gestaltete, beeindruckten mich sehr.

Auch das Jahr als Lehrkraft in Boppard verging wie im Flug. Nachdem Lehrer und Schüler den Prüfungsstress hinter sich hatten, wollte ich wieder mehr und direkter mit Patienten in Kontakt sein und fand in einer Fachzeitschrift etliche verlockende Stellenangebote. Ich entschied mich für eine Saisonstelle in den Bad Ragazer Kuranstalten. Mir gefiel die großzügige, weltmännische Atmosphäre des schweizerischen Kurortes vom ersten Tag an. Dr. Zinn, der Chefarzt, setzte mich als Krankenschwester und Masseurin vor allem für die englisch sprechenden Gäste ein. Der Schweizer Dialekt war mir überhaupt nicht fremd, er erinnerte mich an die alemannischen Kehllaute der Allgäuer Mundart, die mir aus meiner Kindheit vertraut waren. Da Fritz zur gleichen Zeit im Hochschwarzwald sein Praktikum als Masseur absolvierte, trafen wir uns an den freien Tagen abwechselnd im Schwarzwald und in der Schweiz.

Nach einigen Wochen merkte ich, dass ich schwanger war. Meine kleine Welt bekam eine große Leuchtkraft, aber wir waren doch im Zweifel, ob eine Schwangerschaft notwendiger Weise zu einer Heirat führen musste. Da wir jedoch bei aller Verschiedenheit der Charaktere eine große und starke gefühlsmäßige Verbindung zueinander hatten und uns die gleichen Ideale für eine verantwortliche Lebensgestaltung vorschwebten, heirateten wir im September 1958. Das Datum wählten wir bewusst, denn es war der angenommene Geburtstag von Zarathustra, dessen alte persische Weisheitslehren Fritz schon längere Zeit kannte. Auch mir war die Mazdaznan-Lebensweise durch meine Eltern vertraut.

Wir entschieden uns als Ort der standesamtlichen Trauung für Konstanz, denn das lag für jeden von uns etwa auf halbem Weg. Es kamen nur ein paar Leute, mein Vater blieb dem Ereignis aus stillem Protest fern, aber meine Mutter und Traudi, sowie eine Schwester von Fritz nahmen an der Trauung teil. Valerie Büchner aus der Schweiz, eine Bekannte aus Vegetarierkreisen, war Trauzeugin, der andere Trauzeuge, ein früherer Arbeitskollege von Fritz, kam von 'driehm', aus Sachsen.

Ich hatte mich vor der Hochzeit von Fritz überreden lassen, meine langen Haare abzuschneiden, aber ich konnte mich nur stufenweise von ihnen trennen. Es brauchte insgesamt drei Anläufe, bis ich mich ein paar

Monate nach der Geburt von Winfried, unserem ersten Kind, zu einem Kurzhaarschnitt entschied. Als ich zu Hause vor dem Spiegel stand und meine neue Frisur betrachtete, kam es mir vor, als ob ein alter Lebens-Abschnitt zu Ende gegangen sei.

In den ersten Monaten meiner Schwangerschaft machte ich oft versonnene Ausflüge im Graubündner Land. Ich war in der Tat in 'anderen Umständen' und erlebte alle Gefühle, Farben und Formen intensiver als früher. Das Grün der Lindenbäume schimmerte zarter, die Kirschen schmeckten süßer als ich es in Erinnerung hatte, Tränen der Rührseligkeit flossen schon beim entfernten Klang von Kuhglocken oder Blasmusik, und auf einmal sah ich ganz viele schwangere Frauen. Der Rhein, mit dem ich bereits in Boppard als breitem, behäbigem Strom Freundschaft geschlossen hatte, und der in der Graubündner Bergwelt als Hinter- und Vorderrhein seinen Ursprung nimmt, kam mir auf ganz neue Weise wieder nahe. Ich setzte mich so manches Mal an sein Ufer oder an die Wiesenränder seiner wilden Zuflüsse, die sich irgendwo in Talnähe mit ihm vereinigten. Dort schaute ich still und versunken der unermüdlichen Bewegung des Wassers zu und erlebte Goethes Gedicht vom Wasser, das der Seele gleicht, ganz hautnah. Ich spürte, in welchem Maße Wasser Veränderung und Wandlung anzeigt.

Mit meinen Füßen, die mit zunehmender Schwangerschaft abends anschwollen, watete ich durch Gebirgsbäche und stellte sie in Brunnentröge am Wegrand, manchmal unter den erstaunten Blicken der weidenden Kühe. Es kam mir damals in den Sinn, dass meine besondere Affinität zum Wasser vielleicht daher rührt, dass ich im astrologischen Zeichen der Fische geboren bin.

Die Arbeit mit den Kurgästen machte mir nach wie vor Freude, aber ich ertappte mich manchmal dabei, dass ich mit meinen Gedanken in ganz anderen Regionen war. Jetzt reagierte ich auf die verschiedenen Parfüms und Düfte, mit denen die Patientinnen zur Massage kamen, wesentlich stärker als früher. Ab und zu wurde mir davon schwindelig und schlecht, und ich empfand sie als aufdringlich. Bei einer netten älteren Amerikanerin fasste ich Mut und bat sie, ob sie das nächste Mal ohne ihre 'Duftnote' kommen könne. Zunächst war sie etwas brüskiert, aber sie erfasste die Situation mit weiblichem Instinkt und tat mir den Gefallen.

Bis zum Ende der Saison in den Bad Ragazer Kuranstalten hatte ich ein bisschen Geld gespart, mit dem ich noch vor der Geburt des Kindes die Ausbildung als Atemtherapeutin bei Frieda Pfister in Freudenstadt machte. Wir nannten sie hinter ihrem Rücken Pfrieda, denn sie 'tschischelte' bei bestimmten Konsonanten. Links oben hatte sie einen Stiftzahn, der oft aus seiner nicht ganz stabilen Halterung rutschte, so dass sie ihn mit großer Kunstfertigkeit und mit Hilfe ihrer Zunge wieder hochschieben musste. Dabei entstand ein unnachahmliches Geräusch, ähnlich dem ablaufenden Wasser in der Badewanne.

Wir Schülerinnen wurden von 'Pfrieda' für unser Geld richtig hergenommen und hatten außer theoretischen Fächern viele praktische Übungen zu bewältigen. Als wir eine Bauchschnellübung lernen sollten, musste ich sie unter ihrer strengen Anleitung der Gruppe vorführen. Sie ließ mich einige Minuten brav den Bauch in die Höhe schnellen, ein ums andere Mal, bis sie den Eindruck hatte, dass ich die von ihr gewünschte Fertigkeit erreicht hatte. Am Ende schaute sie mich mit wachen Äuglein prüfend an und meinte dann: "Sie machen's ja ganz gut, aber dass Sie in Ihrem Alter schon so einen 'Ranzen' haben, gefällt mir gar nicht!" Ich sagte ihr etwas verschämt, dass ich im sechsten Monat schwanger sei und durfte als Konsequenz nur noch ganz wenige sanfte Übungen mitmachen.

'Pfrieda' brachte uns mit viel Überzeugungskraft bei, dass das Zwerchfell bedeutend mehr als ein simpler Muskel ist. Sie erhob ihn kurzerhand zu einem differenzierten 'Organ' des Menschen, weil er nicht nur Brust- und Bauchraum miteinander verbindet, sondern auch in die subtilen Übergänge vom Grob- ins Feinstoffliche hineinschwingt.

Ich erinnerte mich, dass ich während meiner Ausbildung zur Krankenschwester beim Sezieren sah, wie der dom-ähnliche Zwerchfellmuskel die beiden Rumpfinnenräume trennt. Beim Lebenden, so erfuhren wir von 'Pfrieda', sollte er nicht trennen, sondern rhythmisch auf und ab schwingen, damit er seine dynamisierenden Impulse an alle Organe und an das vegetative Nervensystem weiterleiten kann. Abgesehen davon, lernten wir von ihr durch eine kleine praktische Übung, dass das Zwerchfell in einem stetigen funktionellen Dreiklang mit anderen Diaphragmen, dem Mund- und Beckenboden, schwingt. Sie ließ uns einfach husten, während wir eine Hand unter das Kinn und die andere an den Beckenboden legten.

In den letzten Schwangerschaftswochen zog ich nach Mühringen bei Horb ins Kurhaus Sonneck, das Dr. Ludwig, ein Arzt der zarathustrischen Mazdaznan-lehre, leitete. Fritz hatte inzwischen in Backnang eine Stelle als Masseur angenommen. Ich arbeitete bis zur Geburt für Kost und Logis als Masseurin, in der Küche, im Zimmerdienst und in der Kremerie und hatte als Gegenleistung das Angebot von Dr. Ludwig, dass ich unter seiner Obhut unser Kind entbinden konnte.

In meiner Funktion als 'staatlich gepriesene' Masseurin lernte ich im Kurhaus Sonneck eine Patientin aus den USA kennen. Sie ließ sich von mir als Abschluss der Ganzmassage immer die Füße durchkneten und gab mir genaue Anleitungen, wie sie es haben wollte. Das gezieltere Massieren bestimmter Stellen an den Füßen tat ihr augenscheinlich besonders gut. Auf meine Fragen lieh sie mir eine Broschüre mit dem Titel 'Stories the Feet can tell' von einer amerikanischen Masseurin namens Eunice Ingham. Ich freute mich, dass ich nach Jahren wieder einmal eine englischsprachige Bettlektüre hatte, und begann mit großem Eifer zu lesen.

Einerseits begeisterte mich das, was die Frau über die 'reflexology' schrieb, andererseits wehrte sich mein Kopf, in dem ich nun Fachwissen aus drei medizinisch-therapeutischen Berufen angesammelt hatte, gegen solche dem Verstand kaum zugänglichen Methoden. Die Ergebnisse meines zaghaften und skeptischen Ausprobierens an den Füßen verschiedener Patienten des Kurheimes waren jedoch so überzeugend, dass ich sie nicht allein als Einbildung abtun konnte.

Bei jeder normalen Massage prickelte es mir nun auch bei anderen Patienten in den Fingerspitzen, und so drückte ich am Ende der Behandlungen noch schnell ein paar Stellen am Fuß und überprüfte sie auf ihre Schmerzhaftigkeit.

Die Dame aus den USA hatte mir beim Abschied die Broschüre von Eunice Ingham geschenkt, so dass ich mit Hilfe der Abbildungen auch die Lage der einzelnen Zonen in etwa ertasten konnte. Bis kurz vor der Entbindung habe ich auf diese Weise, ohne dass die Leute wussten, warum ich ihren Füßen solche Aufmerksamkeit widmete, meine ersten Erfahrungen mit dieser Arbeit gesammelt. So ging meine leibliche Schwangerschaft mit der Jahrzehnte andauernden 'Fuß-Schwangerschaft' einher.

Das Weihnachtsfest vor der Entbindung verbrachten wir in Nesselwang bei meinen Eltern. Die kühle Beziehung zwischen Fritz und meinen Eltern hatte sich etwas erwärmt, denn er erlebte, dass sich ihre reformerische Einstellung nicht allzu viel von seiner neu gewählten Lebensform unterschied. Das eigentlich Schmerzhafte an meiner Heirat war für meine Eltern wohl, dass ihre älteste Tochter nun nicht die Führung der vegetarischen Pension übernahm, wie sie es sich erhofft hatten. Auch ich litt unter ihrer gut versteckten Enttäuschung, denn ich merkte, dass ich es bei allem guten Willen nicht beiden Seiten recht machen konnte. Und ich hatte mich bereits für eine eigene Familie und ein Leben mit Fritz entschieden.

In den Weihnachtstagen, sechs Wochen vor dem Geburtstermin unseres Kindes, erfuhr ich durch ein zufällig mitgehörtes Telefongespräch, dass Fritz eine Freundin hatte. Das versetzte mir einen Schock und riss mich abrupt aus meiner Gutgläubigkeit anderen Menschen gegenüber. Ich bekam vorzeitige Wehen, die sich jedoch mit homöopathischen Mitteln wieder beruhigten. Da im Lauf der Jahre weitere Erfahrungen dieser Art folgten, konnte der Bruch in meiner Beziehung zu Fritz auch später nicht heilen.

Aber die Erinnerung an unsere schöne und würdevolle Hochzeitsfeier in Kurhaus Sonneck, die Dr. Ludwig im Advent für uns ausgerichtet hatte, verhalf mir in den kommenden Wochen wieder etwas zu meinem inneren Gleichgewicht. Am Ende der Zeremonie des Eheversprechens bekamen wir ein aus weißer Seide geflochtenes Band in die Hände. Unter Segenswünschen für beide wurde es von Dr. Ludwig mit einer goldenen Schere in der Mitte durchgeschnitten. Dort, wo das Ende der durchgetrennten Seidenschnur mit dem geringsten Abstand zur Person hinfiel, sollte nach altem Brauch die größere Stärke in der Ehe liegen. Sie war auf meine Seite gefallen.

Als die ersten Wehen einsetzten, rief ich Fritz an, der weiterhin in der Klinik in Backnang arbeitete, denn er wollte bei der Geburt dabei sein. Er erklärte mir am Telefon, dass das Kind nach seinen Berechnungen erst drei Tage später zur Welt kommen würde. So fand die Geburt an einem kalten, aber sonnigen Aschermittwochmorgen ohne ihn statt.

Die Hebamme aus dem Nachbarort, eine ältere, resolute Frau mit gütigen Augen, rief nach den ersten Presswehen: "Oh, des gibt e Büeble!" Dr. Ludwig schob das Kind wieder in mich zurück und drehte es mit seinen Riesenhänden in die richtige Lage. Das war schmerzhafter als die ganze Geburt. Der frisch gebackene Vater kam am nächsten Tag, um seinen Erstgeborenen zu bewundern. Für den Namen Winfried hatte vornehmlich ich mich entschieden, denn Winifred war der heidnische Name des späteren Heiligen Bonifatius, der von der 'Grünen Insel' aus im sechsten Jahrhundert große Teile Europas christianisiert hatte. Die kurze, etwas chaotische Erfahrung bei Familie Mulrooney acht Jahre zuvor hatte meine Liebe zu Irland offensichtlich nicht geschmälert.

Den Geburtsvorgang erlebte ich als eine Situation, in der es keine Möglichkeit gab, auszubüxen oder etwas rückgängig zu machen. Ich hatte keine andere Wahl, als einem Geschehen, das größer war als ich, seinen Lauf zu lassen und spürte, als das Kind geboren war, eine unbeschreibliche helle Freude und Dankbarkeit in mir und um mich herum.

In den folgenden Wochen besuchten mich einige Male die Eltern und Geschwister von Fritz, die eine halbe Autostunde von Mühringen entfernt wohnten. Die Schwiegereltern waren einfache, rechtschaffene Leute vom Land. Wie in vielen Familien in der Nähe der industriellen Großbetriebe IBM und Daimler ging der Vater tagsüber in die Fabrik und versorgte 'nebenher' mit Hilfe der ganzen Familie eine kleine Landwirtschaft, zu der ein paar Stückle Vieh, Obstwiesen und Äcker gehörten. Sie bewunderten das nette Büble gebührend und schlossen den neuen Familienzuwachs vom ersten Augenblick an in ihr Herz.

Etwa zwei Monate nach Winfrieds Geburt zogen wir wieder nach Bad Ragaz, jetzt zu dritt, denn Fritz hatte in den Kurkliniken ebenfalls einen Saisonvertrag bekommen. Wir fanden eine Wohnung an der Tamina, einem von den nahen Bergen kommenden kleinen Fluss, der in den Rhein mündet. Das Rauschen des Wassers war mir vertraute Musik, die mich an meine schwangerschaftlichen Wanderabenteuer im Graubündner Land erinnerte. Die Frau des Hauses war Antiquitätenhändlerin, die ich in den kommenden Wochen behandelte. Als Gegenleistung erstand ich von ihr eine fast zweihundert Jahre alte Wiege aus Arvenholz. Fritz hat sie säuberlich abgelaugt, von früheren Farbschichten befreit und dann mit flüssigem Bienenwachs neu aufpoliert. Meine Mutter brachte uns die Seitenkissen von Traudis Kinderbett, so dass das Büble schon bald aus seiner Kommodenschublade in ein komfortables Bett umziehen konnte.

Als stillende Mutter arbeitete ich nur halbtags und nahm das Kind vormittags mit in die 'Churanschtalten'. Es war ein zauberhafter, milder Frühling, so dass der Kinderwagen meist unter dem beschützenden Blätterdach eines alten Ahornbaumes direkt vor meinem Arbeitsraum stehen konnte.

Natürlich hatte es sich bei den letztjährigen Patientinnen längst herum gesprochen, dass die 'Schweschter Hanni' für diese Saison Mann und Kind mitbringen würde. Alle, vor allem die älteren Damen aus den USA, Großbritannien und Frankreich und die Mamas und Nonas aus Italien wollten das Baby nicht nur sehen und bewundern, sondern auch tätscheln und abküssen. Sie drängten sich vor oder nach der Massage um den Kinderwagen und hätten den Kleinen wohl am liebsten noch herausgenommen. Da ich die auf ihre Weise durchaus liebenswürdigen Damen nicht verprellen wollte, beschrieb ich mit dem Segen von Dr. Zinn mit dicken bunten Stiften in drei Sprachen ein Plakat mit dem Text: "Bitte nicht berühren." Besorgt fragten die Damen bei ihrer nächsten Arztvisite, was denn dem kleinen Buben fehle. Dr. Zinn tat geheimnisvoll und sprach von Schwäche und Ansteckung, und wir hatten unsere Ruhe.

Bei Winfried machte ich meine ersten Reflexzonen-Erfahrungen mit Säuglingen. Sobald er sich mit Blähungen plagen musste, behandelte ich ein paar Minuten lang die Zonen von Zwerchfell, Darm und Solarplexus, und es ging uns beiden wieder gut.

Nachdem die Kurgäste Dr. Zinn bei den Visiten immer wieder erzählten, dass ich ihre Füße in die Behandlungen einbezog und dass ihnen das besonders gut bekomme, zeigte ich ihm einmal zögerlich Eunice Inghams Broschüre 'Stories the Feet can tell'. Er gab sie mir bald zurück und warnte mich vor einer zu großen Leichtgläubigkeit bei wissenschaftlich nicht bewiesenen Methoden. Schon den Titel empfand er als Zumutung, und ich konnte es ihm nicht übel nehmen, denn mir war es am Anfang ähnlich ergangen. Dr. Zinn ließ mich jedoch gewähren, sicher nicht aus Überzeugung, sondern weil er mich als Therapeutin schätzte und als Mensch über meine Ausflüge in die Welt des logisch Unbegreifbaren hinweg sehen konnte.

Je mehr ich an den Füßen arbeitete, desto mehr machten mir meine Hände, vor allem die Daumen zu schaffen. Mein weiches Gewebe wies bei Überanstrengung und Erschöpfung schnell Stauungen auf, und da meine Gelenke zur Überbeweglichkeit neigten, waren sie nicht allzu belastbar. Die von Eunice Ingham beschriebenen Griffe, mit denen sie ihre 'Compression Massage' ausführte, bescherten mir zunehmend Beschwerden bis in die Arme und zum Nacken. Sie verglich ihre Technik mit dem kräftigen Zerreiben von größeren, gröberen Zuckerkristallen, die allmählich feiner wurden. Meine Begeisterung für diese Art der Tiefenmassage täuschte mich nicht darüber hinweg, dass ich selten mehr als zwei Patienten hintereinander an den Füßen behandeln konnte. Da ich aber nur vier Stunden Dienst hatte und auch andere Behandlungsarten ausführte, war das Ganze erträglich.

In Bad Ragaz lernte ich, Trinkgeld anzunehmen. Das fiel mir anfänglich sehr schwer, bis ich verstand, dass meine Patientinnen und Patienten mir auf diese Weise ihre Dankbarkeit zeigen wollten. Jeden Monat bekamen wir so eine hübsche Summe Schweizer Fränkli zusammen, die unser Haushaltsgeld aufbesserte. Abgesehen davon brachten die Damen zum Ende ihres Aufenthaltes so viele Babyjäckchen, Höschen und Mützchen mit, dass ich immer Vorrat zum Weiterschenken hatte.

Adolf Schmid, ein treuer Freund von Fritz aus seiner IBM-Zeit, und seine Frau Hanne besuchten uns ab und zu in Bad Ragaz. Durch sie war Fritz Jahre zuvor mit der vegetarischen Lebensweise in Berührung gekommen. Sie ermutigten ihn damals zum Wechsel in einen sozialen Beruf, denn sie wussten, dass ihn die Arbeit in der Fabrik auf Dauer nicht befriedigen würde. Sie weiteten ihre Freundschaft auf mich aus und halfen uns jahrelang ganz dezent mit persönlicher und finanzieller Unterstützung. Da sie selbst keine Kinder hatten, nahmen sie im Lauf der Jahre unsere drei als Ersatzenkel an. Sie blieben immer ein paar Tage in Bad Ragaz und erkundeten mit Winfried im Sportwägele stundenlang die großen Parkanlagen. Dieses Gefährt erregte überall Aufsehen, denn ich hatte an das leichte Gestell einen beweglichen Sonnenschirm geklemmt, damals der 'letzte Schrei' in der Kinderwagenwelt.

An einem unserer freien Tage schlugen Schmids vor, dass Fritz und ich eine Bergtour machen könnten. So stillte ich den Buben morgens so ausführlich und lange wie möglich, und wir fuhren mit der Seilbahn auf den Flumser Berg und wanderten auf und um den Maschgenkamm. Die Bergwiesen waren voller Alpenblumen, und von einigen Hängen leuchteten unzählige Arnikablüten in ihrem satten Orange-Gelb. Der kräftige Duft war mir seit Kindheitstagen vertraut. Ich steckte heimlich einige Blüten in meine Tasche, denn Arnika war eine meiner Lieblingspflanzen und hatte mir in homöopathischer Form schon manchen Dienst erwiesen.

Fritz bekam nicht genug vom Wandern, er war durch nichts zum Rückweg zu bewegen, aber bei mir nahm der Milchandrang unaufhaltsam zu. Wir verpassten eine Gondel, so dass sich unsere Talfahrt um eine weitere halbe Stunde verzögerte. Schon beim Hinunterfahren sahen wir eine Menschenmenge um das Ehepaar Schmid und den Kinderwagen herum. Je näher wir der Talstation kamen, desto lauter tönte das Geschrei des hungrigen Buben zu uns herauf. Ich war natürlich der Mittelpunkt der Empörung und tat mit hochrotem Kopf das Nächstliegende, so schnell ich konnte. Fritz machte sich derweil aus dem Staub, brachte mir aber später eine Flasche Traubensaft, die einerseits meinen Flüssigkeitshaushalt, andererseits meine Verstimmung wieder ausglich.

Während der neunmonatigen Stillzeit bekam ich etliche Male eine Brustentzündung und behandelte mich selbst an den Füßen. Beim ersten Versuch arbeitete ich viel zu lange in der Zone der Brust, so dass sich der Milchstau und die Entzündung kurzfristig verstärkten und das Anlegen des Kindes besonders schmerzhaft war. Wechselnde Umschläge von verdünntem Vorlauf (dem hochprozentigen Alkohol, der beim ersten Brand entsteht) und Quark, sowie einige Gaben eines homöopathischen Mittels brachten zwar lokal Erleichterung, aber Muttermilch und Lymphe kamen erst nach einem Einlauf mit gründlicher Darmentleerung wieder geordnet ins Fließen. Dass der Inhalt von Winfrieds Windeln in dieser Zeit leicht nach Alkohol roch, zeigte mir, wie schnell Düfte über die Haut in die Blutbahn kommen.

Wie wesentlich die Entlastung des Darmes bei jeder Art von Entzündungen ist, wusste ich bereits aus der Waerlandpension meiner Eltern und von meinen Beobachtungen an Patienten im Kurhaus Sonneck. Durch meine eigenen Erfahrungen wurde ich allerdings noch mehr von der Wichtigkeit eines ausgeglichenen Säure-Basen-Haushaltes im Verdauungstrakt überzeugt. Von da an standen bei jeder Entzündung, mit der die Patienten kamen, die Zonen des Darmes im Vordergrund. Ich ergänzte sie meist mit den Zonen der

Milz, denn sie ist als das größte Lymphorgan bei allen Entzündungsprozessen aktiv an der Verarbeitung von Gift- und Schadstoffen beteiligt.

Mit der Zeit stellte ich fest, dass die Darmzonen am Fuß auch schmerzhaft sein konnten, obwohl, subjektiv gesehen, keine Beschwerden in den Verdauungsorganen vorlagen. Ich erkannte allmählich, dass sich bei einer Regulationstherapie wie der Reflexzonentherapie am Fuß viele Zonen schon belastet erweisen, bevor man sie als schmerzhaftes Symptom spürt. Durch das Erfassen von Störungen bereits im so genannten präklinischen Stadium eröffneten sich für mich ganz neue Wege der Krankheitsvorbeugung.

Nach unserer zweiten Saison in Bad Ragaz kamen wir 1960 durch Vermittlung von Dr. Ludwig nach Schramberg, der Fünf-Täler-Stadt im Schwarzwald. Dort war ein Jahr zuvor der langjährige Betriebsmasseur der Uhrenfabrik Junghans gestorben. Die Familie Junghans war nicht nur der größte Arbeitgeber im weiten Umkreis, sondern auch bekannt und geschätzt für ihr soziales Engagement. In ihrer Fabrik entstand bereits um die Jahrhundertwende das erste Hallenbad Deutschlands mitsamt Therapieräumen für Arbeiter und Angestellte.

Fritz war zwar nur zu einem Vorstellungsgespräch eingeladen, aber zu seiner Überraschung musste er sofort danach dem Seniorchef mit einer Rückenmassage zeigen, was er im Praktischen konnte. Er wurde schon zum nächsten Ersten eingestellt. Später erfuhren wir, dass sich bereits neun andere Bewerber vergeblich um diese Stelle bemüht hatten. Von Nutzen war sicher auch, dass ich englisch sprach und den gleichen Beruf gelernt hatte, denn Frau Junghans war Amerikanerin und tat sich schwer mit der einheimischen Bevölkerung, zu der sie als stille, zurückhaltende Frau nie viel Kontakt gefunden hatte.

Ich war inzwischen hochschwanger mit Gabriele, unserem zweiten Kind. In der ganzen Stadt gab es trotz der einflussreichen Stellung von Dr. Junghans keine freie Wohnung. So ließ er uns im Fabrikgelände provisorisch eine alte, leerstehende Kutscherwohnung herrichten. Sie war hell und freundlich und stammte aus den Zeiten, als die Uhren noch mit Pferdefuhrwerken an ihre Bestimmungsorte transportiert wurden. Mit ein paar Möbeln, einem Gasherd und geliehenen Bettgestellen zogen wir zehn Tage vor der Geburt von Gabriele dort ein.

Die Entbindung ging im Vergleich zur ersten wesentlich leichter, und schon nach vier Stunden hatte ich unsere Tochter glücklich und stolz in den Armen. Und dieses Mal war auch der Vater dabei.

Von unserer Wohnung aus hörten wir tagsüber das feine Gesumme und Vibrieren der Maschinen, das mit dem Beginn des Feierabends unerwartet einer großen Stille wich, in der nur die Vögel vom nahen, bewaldeten Schlossberg ihre Lieder zwitscherten. Am Wochenende hatten wir das Gefühl, dass das ganze riesige Werksgelände uns allein gehörte. Vom Pförtner, bei dem wir schwäbisch-gewissenhaft bei jedem Aus- und Eingang ins Fabrikgelände unsere Sondergenehmigung herzeigen mussten, ließen wir uns jedes Mal aufs Neue sagen, dass er noch nie so ein 'scheen's kloi's Mädele' gesehen hätte.

An einem der ersten Tage nach Gabrieles Geburt kamen Dr. Junghans und seine Frau persönlich, um uns mit einem Blumenstrauß und einem Geldgeschenk zu gratulieren. Zugleich fragte mich Frau Junghans, ab wann ich sie behandeln könne. Sie räumte alle befürchteten Transportschwierigkeiten aus dem Weg und schickte uns zweimal in der Woche ihren Privatchauffeur. Der packte Winfrieds Laufstall mitsamt Spielsachen in das Auto, stellte die Tragetasche mit Gabriele und den frischen Windeln behutsam auf den Rücksitz und fuhr uns auf den Sulgen, der zu Schramberg gehörenden Bergvorstadt, an deren Rand die Junghans-Dynastie ihren stattlichen Familiensitz in einem großzügig angelegten Park hatte.

Dort lud er Kinder und Gerätschaften wieder aus, stellte Gabriele in Sichtweite zu mir auf eine Bank und den Laufstall in die Nähe der bereits aufgebauten, breiten Massageliege. Wir waren jeweils fast einen halben Tag in der Eckenhof-Villa, denn außer der ausführlichen Massage gehörte nach der Ruhepause, in der ich Gabriele stillen konnte, eine kleine Teestunde zum Ritual des Nachmittags. Frau Junghans ließ sich von meinen Erlebnissen in England, Irland und der Schweiz berichten, und auch bei ihr arbeitete ich, jetzt schon bedeutend sicherer, an den Füßen. Das Ergebnis war sehr erfreulich, denn sie wurde durch die Behandlung ihre Jahrzehnte andauernde Verstopfung los. Sie las Eunice Inghams Broschüre mit viel Interesse und sichtbarem Stolz, dass ich von ihrer Landsmännin solch nützliche Sachen gelernt hatte.

Ich mochte die zierliche, vornehme Frau, und sie genoss das quirlige Leben, das wir zweimal in der Woche ins Haus brachten, blieb aber bei aller gezeigten Freude immer etwas distanziert. Sie fühlte sich sicher oft einsam in ihrem großen Haus, denn ihre längst erwachsenen Kinder waren im Ausland und ihr Mann kam meist erst spät abends nach Hause. Nach acht Wochen zogen wir dann in die erste frei gewordene Wohnung im Zentrum der Stadt.

Später, als sich Gabriele so manches Mal gegen die beiden Brüder durchsetzen musste, war eines ihrer unschlagbaren Argumente: "Ätsch, und ich bin beim Junghans in der Uhrenfabrik geboren!"

Wir haben nur drei Jahre im Schramberger Talkessel gewohnt, wo sich im Sommer schnell die feuchte Schwüle staut und der Schatten der niedrig stehenden Wintersonne ganze Häusergruppen an den Hängen über Monate in trübes Licht hüllt.

Eines der Nachbarkinder war Aline. Sie liebte unsere beiden und holte sie oft mit dem Bad Ragazer Schirm-Kinderwägele, das nun schon keine so staunenswerte Neuheit mehr war, zu einem ausgedehnten Spaziergang im nahen Stadtpark ab. Über diese 'Kindsmagd' war ich froh, denn ich hatte begonnen, stundenweise eine Praxis für Massage aufzubauen.

Damals waren die Bedingungen für eine Kassenzulassung noch sehr großzügig. Das einzige, was ich nachweisen musste, war ein beheizbarer Raum mit Fenster und eine Massagebank. So wurde das Kinderzimmer fast jeden Nachmittag für ein paar Stunden zur Praxis. Die Behandlungsliege ließ ich mir bei einem Schramberger Schreiner nach eigenen Angaben bauen und 'bezahlte' sie im Lauf der Monate mit

Rücken- und Fußmassagen. Er war mein erster Privatpatient und sehr großzügig bei der Endabrechnung. Die gut gepolsterte Holzbank begleitete mich über vierzig Jahre lang und Tausende von Patientinnen und Patienten sind auf ihr durch meine Hände gegangen. Bis heute wird sie genutzt, denn sie steht jetzt bei meinem Nachfolger Reinhard Neipperg in seiner Burgberger Praxis.

In der Schramberger Wohnung diente die Massageliege auch als Ersatzbett für Verwandtschaft und Freunde und als Ablage für gewaschene und gebügelte Wäsche. Damals waren die Kassensätze für Bindegewebs- und klassische Massagen so gering, dass an den Kauf einer Waschmaschine nicht zu denken war. Wäsche waschen hieß in den Schramberger Zeiten jeden zweiten Tag im Kellerraum den großen Waschkessel heizen und waschen, was das Zeug hielt: Windeln, Bettwäsche, Windeln, weiße Berufskittel und -hosen, Windeln, Strampelhöschen, Windeln, Unterwäsche, Windeln, Massagetücher. Ich weiß noch, dass ich meinen Eltern auf ihre Frage, was sie mir beim Besuch zu Gabrieles Geburt mitbringen könnten, sagte, am liebsten wären mir drei Dutzend Windeln, damit ich nicht so oft waschen müsse.

Erst drei Jahre später, als Elmer bereits auf der Welt war, hatte ich das Geld für eine Waschmaschine zusammen gespart. Für solche Anschaffungen war ich zuständig, da Fritz sich schon zu dieser Zeit Gerätschaften für eine eigene Praxis zulegte und Zusatzausbildungen absolvierte. Mein Ziel erreichte ich, ähnlich wie mit der Arvenholzwiege in der Schweiz, durch viele Massagen und Atembehandlungen.

Oft stellte ich während der Behandlungen Winfrieds Laufstall in die Nähe der Massagebank und so manches Mal plapperte er vergnügt mit den Patientinnen und Patienten aus der Stadt. Sich massieren zu lassen, galt vielen noch als Luxus, den sich nur Reiche leisteten, aber die Akzeptanz des Angebotes, das nun auch über Krankenkassen möglich war, nahm stetig zu. Manchmal brachte eine Mutter eines ihrer Kinder mit, damit es während der Behandlung auf meine beiden aufpasste. Diese Art der Nachbarschaftshilfe war wohltuend und erleichterte mir die Arbeit. Die Leute wussten aber auch, dass sie sich auf mich verlassen konnten. Immer wieder bin ich mit Gabriele im Kinderwagen und Winfried an der Hand zu den Kranken nach Hause gegangen, wenn sie zum Beispiel wegen eines akuten Asthmaanfalles oder wegen Ischiasschmerzen nicht in die Praxis kommen konnten. Gerade bei solchen Beschwerden hatte ich besonders gute Ergebnisse mit der Fußbehandlung.

Allerdings mag sich manch einer gewundert haben, wenn ich nach einem Einlaufgerät fragte und beim ersten Versuch praktisch half. Die Leute merkten aber schnell, dass sie sich leichter fühlten, sobald der Darm einiges an Stoffwechselrückständen und Giften losgeworden war. Erst kürzlich erinnerte mich Reinhard Neipperg daran, dass ich eine Zeitlang allen neuen Lehrkräften der Burgberger Lehrstätte zum Einstand ein Einlaufgerät geschenkt hatte.

Es war mir in der Schramberger Zeit sehr wichtig, dass meine Patienten mit den Ergebnissen der Fußbehandlungen zufrieden waren. Damals gab es keine

Fachperson, die mir die Richtigkeit meiner Therapie hätte bestätigen können, und so war ich ganz auf deren Aussagen angewiesen. Den Ärzten zu sagen, dass ich zusätzlich zur verordneten Massage die Reflexzonen überprüfte und behandelte, getraute ich mich nicht. Ich weiß aber, dass manche Patientinnen und Patienten den Ärzten von meinen therapeutischen Ausflügen an den Füßen berichteten. In all den Jahren meiner Kassenzulassung wurde ich jedoch nie direkt darauf angesprochen und war insgeheim dankbar dafür. Nur ein Arzt für Naturheilkunde aus einer Nachbargemeinde rief mich eines Tages an, denn er war während eines Aufenthaltes in den USA von der Freundin seiner Tante mit 'reflexology' behandelt worden und wollte wissen, ob es das sei, was ich tat.

In den ersten Monaten in Schramberg las ich im lokalen Wochenblatt, dass oberhalb des Schiltachtales eine kleine Hütte neu zu vermieten sei. Unter vielen Anwärtern bekamen wir den Zuschlag für den 'Rubstock'. Die Blockhütte mit angebautem Plumpsklo lag wie ein silbrig schimmerndes Juwel im Grün der umgebenden Wiesen und war von dunklen Wäldern eingerahmt. Wir empfanden den Rubstock als Segen, denn so kamen wir wenigstens an den Wochenenden aus den Häuserzeilen der Stadt in den 'richtigen' Schwarzwald. Die Kinder konnten um die Hütte herum toben und spielen und am nahen Jägerstand ihre Kletterkünste ausprobieren. Je nach Jahreszeit sammelten wir Beeren, Pilze oder Tannenzapfen. Meist waren die Kinder und ich allein in der Hütte, denn Fritz fuhr an den Wochenenden oft zu Tagungen.

Etwa einen halben Kilometer vor dem Rubstock, direkt hinter dem großen Hof des Bauern Brüstle, bei dem es immer stark nach Saustall roch, begann eine Wegstrecke, die ich besonders liebte. In dem lose aufgeschichteten Steinmäuerchen, das in den Feldrain überleitete, hörten wir im Frühjahr die junge Vogelbrut piepsen und vertrieben mehr als einmal die schwarze, fette Katze der Familie Brüstle, die lüstern auf der Lauer nach den Jungvögeln lag.

An dem Feldrain wuchsen auf kleiner Fläche alle Blumen und Kräuter, die in der ganzen Gegend heimisch sind. Das hat mich an meinen Vater erinnert, mit dem wir an sonnigen Sommertagen, ausgerüstet mit bunten Stoffsäckchen, oft zum Kräutersammeln gingen. In den Rubstockjahren erwachte meine Liebe zu Tee- und Heilkräutern wieder, mit der ich später bei so mancher Wanderung Verwandte und Freunde auf harte Geduldsproben stellte. Hilde, die älteste Schwester von Fritz, meinte einmal: "Du bisch wie em Ähne sei Kue, an jedem Blümle bleibt se stande und frisst a bissle." Und in der Tat pflückte ich die Kräuter behutsam ab, ähnlich wie es wohl ein Kuhmaul oder eine Geißenzunge tut, um der Pflanze nicht zu schaden.

Der Rubstock ist mir auch deswegen so gut in Erinnerung, weil wir dort im September 1967 den Abschluss des allerersten Reflexzonenkurses feierten, den ich in der neuen Stadtpraxis von Fritz gehalten hatte. Das war acht Wochen nach meiner Rückkehr aus Amerika, wo ich Eunice Ingham noch persönlich kennen gelernt habe. Auch bei meinen Dreien gehört die kleine Hütte zu ihren Kindheitserinnerungen. Noch als Erwachsene zeigten sie ihren Freunden die Lichtung, auf der inzwischen die damals gepflanzten Birken das Hüttendach weit überragen.

Nach zwei Jahren, in denen Fritz als Werksmasseur ganz in die Firma Junghans eingebunden war, wurde für ihn immer deutlicher, dass er sein eigener Herr sein wollte. Mit der Verantwortung für eine Familie bot sich als sinnvollste Alternative die Wochenendausbildung zum Heilpraktiker an. Zudem lag dieser Beruf ganz auf der Linie seiner Fähigkeiten und Überzeugungen. Er wusste, dass er auf diese Weise endlich die Möglichkeit bekam, frei und selbständig zu entscheiden, welche Behandlungsarten aus dem großen Repertoire der Naturheilkunde er den Patienten anbieten wollte. Diese Freiheit war ihm wichtig, sie bedeutete aber auch, dass unsere bisherige finanzielle Sicherheit nicht mehr gegeben war.

Da nicht absehbar war, wie sich unsere persönliche und berufliche Zukunft nach der Junghans-Ära gestalten würde, beschlossen wir, die Heilpraktikerausbildung gemeinsam zu machen.

Als ich mit Elmer hochschwanger war, zogen wir von der dunklen Dreizimmerwohnung aus der Talstadt in eine helle, geräumige Vierzimmerwohnung in der Bergvorstadt Sulgen. Die Geburt ging so gut und schnell vonstatten, dass der Bub schon auf der Welt war, als die Hebamme kam. Die beiden 'Großen' besahen sich nach der Rückkehr von einem ausgedehnten Spaziergang ihr Brüderchen kritisch-neugierig. Winfried, schon damals ein Praktiker, ging zur Hebamme, die, um ihre Arbeit gebracht, auf dem Sofa bei einer Tasse Kaffee saß. Er schaute in ihr bauchiges Köfferchen und meinte treuherzig: "Frau Häseler, wo hasch jetzt die Zähn' für das Butzele?"

Wir zogen bereits nach einem Jahr wieder um in eines von dreißig kleinen Reihenhäusern am Ortsende von Sulgen. Sie stehen heute noch dort, sechs Blöcke, dunkelbraun oder waldgrün angestrichen, mit jeweils fünf zweistöckigen, hellhörigen, Wand an Wand gebauten Holzhäusern. Zur Abendzeit konnten wir das Geschrei der badenden Nachbarkinder in unserem Wohnzimmer hören. Wenn Winfried Klavier übte, klopfte der Besitzer des übernächsten Hauses an die Wand, weil die Tassen in seinem Schrank wackelten, und morgens drangen öfters mehrere Radioprogramme aus verschiedenen Häusern zeitgleich an unsere Ohren. Aber hier bekam ich zum ersten Mal einen eigenen Raum für meine Behandlungen.

Nun hatte ich auch zum ersten Mal einen kleinen Garten, in dem ich mit viel Eifer allerlei Grünes und Essbares anpflanzte. Beim Anlegen der Beete half mir mein Vater, für den Gartenarbeit immer Freude und Erholung war. Im Frühjahr säte ich die Anfangsbuchstaben der Kinder mit Kressesamen aus, und einige Wochen später stand da in säuberlichen grünen Großbuchstaben E W G zu lesen. So mancher Spaziergänger mag sich gefragt haben, was wir wohl mit der Europäischen Wirtschaftsgemeinschaft zu tun hatten.

Aus der Sulgener Zeit erinnere ich mich besonders gern an Familie Öhler. Frau Öhler, die ich später das 'Sofiele' nennen durfte, nahm nach der Behandlung manchmal unseren Jüngsten, Elmer, mit nach Hause, denn ihr Nesthäkchen Uwe war etwa gleich alt wie er. Sie stellte beide dann bei schönem Wetter in den Laufstall unter den Apfelbaum, damit sich ihre Krabbelversuche nicht bis in die Salatbeete ausdehnten. Eines Abends wollten Gabriele und ich den Kleinen abholen und kamen gerade dazu, als sich die Buben mit lautem Geschrei um einen braun-weiß gefleckten Stoffhund stritten. Jeder zog an einem Bein, so dass der Stoff bedenklich nachgab und der arme Kerl immer länger wurde. Als Elmer uns sah, ließ er den Hund plötzlich los, und Uwe holte sich, aus dem Gleichgewicht gebracht, an den Gitterstäben eine deftige Beule am Hinterkopf.

Gabriele, die damals vier Jahre alt war, bestand darauf, dass ich Uwe sofort behandelte. Sie wusste genau, wo ich hinfassen musste und half eifrig, ihn aus seiner Strampelhose zu befreien, damit ich seine Zehen, die Kopfzonen, besser erreichen konnte. Als sich Uwe beruhigt hatte und die Buben wieder friedlich im Laufstall saßen, legte sie den geschundenen Stoffhund zwischen die beiden und gab jedem eine Pfote in die Hand. "Jetzt behambeln", befahl sie ihnen, aber sie waren zu klein und verstanden nicht recht, was sie tun sollten.

Auch Sofieles Mann, der Öhler-Vatter, war wegen seiner Rückenschmerzen lange unser Patient. In großer Anhänglichkeit und Treue half er später viele Jahre in Burgberg in Haus und Garten bei allen schweren Arbeiten. Er kam jedes Mal mit seinem Motorrad, das beihnahe so alt war wie er selber, das steile Sträßchen auf den Däplisberg herauf geknattert, so dass wir ihn immer schon hörten, bevor wir ihn sahen. Als er seinen 'Oldtimer' endgültig ausrangieren musste, hat er ihn Elmer zum Ausschlachten geschenkt.

Am nachhaltigsten ist uns in Erinnerung, wie der Öhler-Vatter das erste Mal unsere drei Schafe schor. Als das erste, seines Pelzes entledigt, auf der Wiese stand, schubste es der Schafbock mit aller Kraft auf die Seite, denn er empfand es als fremden Eindringling. Als jedoch der Bock selber geschoren war, gingen die beiden Schafe mit gesenkten Köpfen auf ihn los, so dass er nur noch verstört die Flucht in den unteren Teil der Wiese antreten konnte. Es dauerte Tage, bis sich die drei wieder aneinander gewöhnt hatten, und wir konnten nicht genug bekommen von dem komischen Schauspiel.

Als die Zeit des Kindergartens und der Schule begann, bekamen wir, wie alle Eltern, die Aufforderung, unsere Kinder gegen Pocken impfen zu lassen, da sie sonst eine Gefahr für die anderen darstellen würden. Zunächst ignorierten wir die Briefe. Als in der dritten Mahnung stand, dass uns bei Zuwiderhandlung eine hohe Geldstrafe, ersatzweise Gefängnis ins Haus stünde, schrieb ich dem Leiter des Gesundheitsamtes einen Brief. Darin bot ich an, die Kinder impfen zu lassen, wenn er mir schriftlich garantieren könne, dass sie weder an Leib noch Leben Schaden nehmen würden. Wir bekamen keine weiteren Aufforderungen mehr, und die Kinder konnten ohne Pockenimpfung sowohl den Kindergarten als auch die Schule besuchen.

Wir waren davon überzeugt, dass die üblichen Kinderkrankheiten viel eher sinnvolle Reinigungsprozesse als wirkliche Krankheiten sind. Immerhin treten sie meist an der Haut oder an Schleimhäuten auf und befördern Toxine und andere Belastungsstoffe des frühkindlichen Alters vom Körperinneren nach außen. Kinder machen nach einer durchgestandenen Krankheit dieser Art einen Wachstumsschub in die Länge oder Breite und verändern und harmonisieren sich auch vom Wesen her. Das haben wir am Beispiel von Masern und Mumps bei unseren Dreien erlebt.

Für mich war zunächst erstaunlich, dass sie an den Füßen lediglich sanfte Ausgleichsgriffe tolerierten und bei jedem stärkeren Reiz in einer Reflexzone das Bein wegzogen. Sie wollten besonders bei fiebrigen Erkrankungen die Füße einfach nur ruhig gehalten haben. Mir wurde später klar, als ich ähnliche Reaktionen auch bei Erwachsenen beobachtete, dass das Fieber an sich einen starken Heilimpuls auslöst, den man nicht durch zu viele therapeutische Aktivitäten stören sollte. Zudem wusste ich bereits von Dr. Ludwig, dass Fieber keine Krankheit darstellt, sondern ein Zeichen einer guten Regenerationskraft des Menschen ist, mit deren Hilfe der Organismus Gifte und Schadstoffe neutralisiert, indem er sie auf eine andere Temperatur-Ebene bringt. Er sagte einmal, als sein Sohn krank war: "Kinder, die nie Fieber haben, sind viel weniger gesund als diejenigen, die ab und zu einen Fieberschub bekommen." In solchen Situationen haben wir unsere Kinder mit homöopathischen Mitteln und passenden Wasseranwendungen begleitet.

Als mein Vater nach längerer Krankheit an einer Herzschwäche starb, bin ich mit den drei Kindern im Zug nach Nesselwang zur Beerdigung gefahren. Winfried und Gabriele hatten die Masern gerade überstanden, Elmer 'blühte' noch in voller Pracht. Ich packte das zweijährige Kind, das ich ja nicht zu Hause lassen konnte, so sorgfältig in verschiedene Schichten von Hemden, Pullis und Jacken ein, dass man kaum seine Nasenspitze sah. Er schwitzte im Zug geduldig und schläfrig vor sich hin, und von seinem Ausschlag hat zum Glück niemand etwas gemerkt. Allerdings wollte er ständig trinken und gab die mitgenommene große Wasserflasche nicht aus der Hand.

Es war die erste Begegnung der Kinder mit dem Tod. Die beiden Großen wollten den Opa noch einmal sehen. Sie waren zwar zunächst erschrocken, dass er, der ihnen ein paar Monate zuvor noch Märchen vorgelesen hatte, jetzt so bleich und still im Sarg lag, aber abends spielten sie mit ihrem kleinen Bruder bereits 'tot sein', indem sie ihn in eine längliche Schachtel legten. Elmer wehrte sich natürlich und wollte einfach nicht ruhig liegen bleiben. Die Hände ließ er sich schon gar nicht falten. Zur 'Strafe' kippten sie dann die Schachtel einfach um, so dass er schreiend heraus purzelte.

Bei der Beerdigung beobachteten sie die Handlungen und Gebärden des Pfarrers mit großem Interesse und schauten der Bläsergruppe, die am Grab spielte, voller Aufmerksamkeit zu. Zudem genossen sie die Beachtung der vielen Verwandten. Vielleicht haben meine Kinder durch den Umgang mit dem Tod des Großvaters zwanzig Jahre später keine Mühe damit gehabt, am Bett ihrer bereits bewusstlosen Großmutter zu sitzen und ihr aus der Schule und von Freunden zu erzählen.

Mitte der Sechziger Jahre kam die Schluckimpfung als das Allheilmittel gegen Kinderlähmung auf. Während der Wochen der flächendeckenden Schluckimpfungsaktion beobachteten wir ein Phänomen: In einigen unserer sechs Häuserblocks wohnten kinderreiche Familien mit insgesamt über vierzig Kindern, deren Eltern alle die Polio-Schluckimpfung durchführen ließen. Welche Mutter, welcher Vater wollte sich schon dem Vorwurf aussetzen, ihre Kinder ins Krankheitsunglück zu stürzen! In den folgenden Tagen bekamen unsere drei ungeimpften Kinder ziemlich hohes Fieber und leichte Anzeichen einer Polio-Erkrankung. Ihre Gliedmaßen wurden schwer und waren nicht mehr so beweglich wie sonst.

Wir behandelten sie mit homöopathischen Mitteln und machten ihnen kühle Umschläge und Einläufe, die sie sich ohne Murren gefallen ließen. Sie wussten durch frühere Erfahrungen, dass dadurch die Beschwerden nachlassen würden. Die Symptome der leichten Lähmungserscheinungen und das hohe Fieber waren innerhalb von zehn Tagen überwunden, allerdings zeigte sich noch etwa eine Woche lang eine allgemeine Schwäche. Sie wollten von sich aus auch tagsüber auf dem Sofa liegen und im Haus bleiben. Auf diese Weise haben sie die Polio in 'homöopathischer Dosis' durchgemacht. Ich bin sicher, dass sie ihr Leben lang gegen Kinderlähmung gefeit sind.

Die ganze Angelegenheit war damals auch in der Verwandtschaft nicht so leicht durchzustehen, zumal Helene, die Schwester von Fritz, in ihrer Jugend schwer an Kinderlähmung erkrankt war und zeitlebens ein Stützkorsett tragen musste.

Einige Wochen später lasen wir in der Tagespresse, dass viele Kinder mit einer neuen, bislang unbekannten Art der Hirnhautentzündung in die Tübinger Uni-Klinik eingeliefert worden seien und sich niemand einen Reim auf diese plötzlich auftretende 'neue' Krankheit machen konnte.

Ich verfolge seit langem die periodischen Berichte in den Medien, wonach scheinbar ausgerottete Krankheiten wie Tuberkulose, Scharlach und Diphtherie auch bei geimpften Menschen immer wieder endemisch auftreten. Dass Impfungen gegen Hepatitis B stärkste Schilddrüsenbelastungen hervorrufen können, ist in Praxen, die sich mit dieser Problematik befassen, bekannt.

Bei uns in der Familie waren die Kuhne-Reibesitzbäder, die Dr. Rosendorff in seinem Buch beschrieben hatte, viel in Gebrauch. Eine Kollegin meinte einmal: "Wenn man die Kuhnebäder für teures Geld in der Apotheke kaufen müsste, würden sie viel mehr geschätzt." Die Anwendung mit kaltem Wasser konzentriert sich auf die kleine Fläche der äußeren Geschlechtsorgane. Früher setzten sich die Leute dazu auf ein Brett, das über einen kleinen Zuber gelegt war, heute leistet das Bidet bessere Dienste. Man zieht etwa fünfzehn Minuten lang mit einem Waschlappen das kalte Wasser ruhig und in gleichmäßigem Rhythmus aus dem Gefäß bis an die unbekleideten Geschlechtsorgane und den Damm. Bei sehr hohem Fieber wird das sich langsam erwärmende Wasser immer wieder durch kaltes ersetzt und die Anwendung zeitlich verlängert. Durch den Kältereiz, der auf eine kleine Fläche beschränkt ist, werden nicht nur die Beckenorgane besser durchblutet, sondern auch das Lymph- und Immunsystem gekräftigt und die Ausscheidungsorgane zu intensiverer Tätigkeit angeregt. Die überschüssige Hitze im Körperinneren kann auf natürliche Weise an das kalte Wasser abgegeben werden, so dass eine künstliche Unterdrückung des Fiebers vermieden wird.

Wir haben bei dieser Anwendung die Füße der Kinder in dicke Wollsocken gepackt oder sie rechts und links vom Bidet auf Wärmflaschen gestellt. Es war erstaunlich, mit welcher Selbstverständlichkeit sie das 'Bädle' ausführten. Ich sehe mich noch so manches Mal, wie ich auf dem Klodeckel sitze und ihnen ein Märchen vorlese. Nach der Anwendung schliefen sie einige Stunden tief und ruhig und fühlten sich danach jedes Mal wohler.

Auch die Spenglersane, das Immunsystem unterstützende Einreibungen, waren bei den Kindern sehr beliebt. Eines Tages beobachtete ich Elmer, wie er einen Freund damit 'behandelte'. Er stülpte den Pulloverärmel des Buben so weit hoch, dass die Ellenbeuge zu sehen war. Dann träufelte er fachmännisch drei Tropfen in die zarte Ellenbogenhaut und rieb die Flüssigkeit kräftig mit seinem Daumenballen ein, bis die ganze Fläche rot wurde. Als er aufhören wollte, erinnerte ihn Winfried: "Du musch so lang reibe, bis Drecknudle kommet!"

Die Heilpraktikerausbildung, die wir in Stuttgart absolvierten, ist bis auf wenige Einzelheiten ohne bleibende Eindrücke an mir vorüber gegangen.

Heilpraktiker Wurm war ein kleiner, beleibter Herr Anfang sechzig mit klugen Augen und großer Stirnglatze. Da er einen kurzen, gedrungenen Hals hatte, hingen ihm die verbliebenen, grau gelockten Haare wie ein neckisches, halbrundes Kränzchen fast bis auf die Schultern. Das gab ihm ein gewisses künstlerisches Flair, dem er nicht nur als vielseitig begabter Heilpraktiker, sondern auch als Hobbymusiker Rechnung trug.

Fritz und ich verfügten bereits über Grundberufe im medizinisch-therapeutischen Bereich, so dass wir uns hauptsächlich auf das einstellen konnten, was wir als zukünftige Heilpraktiker *nicht* tun durften. Das bezog sich vor allem auf die Infektions- und Geschlechtskrankheiten, von denen wir die Symptome und Inkubationszeiten auswendig lernen mussten, damit wir sie nach der Prüfung guten Gewissens wieder vergessen konnten.

Da uns auch die detaillierten Blut- und Harnuntersuchungen sehr interessierten, erarbeiteten wir uns den Umgang mit Mikroskop, Pipetten und Reagenzgläsern mit großem Eifer. An einem der Wochenenden sollten wir frischen Morgenharn mitbringen, damit wir möglichst viele praktische Erfahrungen sammeln konnten. Die Kinder brachten wir auf dem Weg nach Stuttgart schon früh am Morgen zu den Schwiegereltern. Im Trubel des ganzen Wochenendaufbruchs hatte ich jedoch die Urinprobe vergessen und konnte keinen Tropfen mehr aus meiner Blase pressen.

Da fiel mir in meiner Not der Schwiegervater ein, der auf dem Weg in den Stall zu seinen beiden Kühen war. Ihn bat ich, ein 'Kächele' unter die Kuh zu halten und mir so zur Harnprobe zu verhelfen. Nach kurzem

Warten hatte ich fast einen Liter Kuhurin, von dem ich etwas in eine ausgespülte Bierflasche füllte. Den ganzen Vormittag lang untersuchten wir fleißig und eifrig eine Probe nach der anderen. Wir lernten damals noch die Zungenprobe. Herr Wurm war der Meinung, es könnte nichts schaden, wenn man die Techniken der Altvorderen in Ehren halte. Wir führten den Harn zunächst aufmerksam schnuppernd wie bei einer Weinprobe an unserer Nase vorbei, benetzten dann die Fingerkuppe und tupften ein paar Tropfen auf unsere Zungenspitze. Mit geschlossenen Augen mussten wir den Geschmack beschreiben und feststellen, ob vielleicht eine Zuckerkrankheit vorlag. Gegen Mittag, nachdem wir alles Mögliche mit den Urinproben angestellt hatten, begutachtete unser Lehrer jede Probe abschließend und umfassend. Als er den Urin von Schwiegervaters Kuh gegen das helle Lampenlicht hob und daran roch, meinte er trocken: "Des mueß en Vegetarier g'wäse sei!"

Die Schwiegereltern und die beiden Schwestern von Fritz freuten sich auf unsere Ausbildungs-Wochenenden. Die Kinder nannten die Großeltern, wie auf dem Land üblich, Ahne und Ähne. Die Ahne nahm sie gern zum Einkaufen mit, denn da konnte sie 'die netten Kinderle vom Fritzle' dem ganzen Dorf präsentieren. Sie hatte seit Jahrzehnten geschwollene Beine und zeigte mir, der Krankenschwester, mit dem Stolz der praktischen Hausfrau, welche individuellen Wickeltechniken sie herausgefunden hatte, damit Zehen, Kniekehlen und Leistenbeugen bis zum 'G'mächt' zwar gestützt, aber nicht eingeengt wurden.

Wenn ich dem Ähne eines der Kinder auf den Schoß setzte, kraulte er es manchmal, wenn er sich unbeobachtet fühlte, sanft mit seinem großen Zeigefinger am Kinn und schnurrte ein 'Gille-gille' dazu. Meine Beziehung zu ihm, dem wortkargen Mann, wurde deutlich wärmer, als er erfuhr, dass mein Großvater, wie er, Mühlenbauer gewesen war. Der Ähne hatte sich nach dem Krieg den Hahnschen 'Stundenleuten' angeschlossen, einer Gruppe von Pietisten, die ein bibeltreues Christentum predigten.

Der Ähne fand immer eine Arbeit, nicht nur für sich, sondern auch für die anderen Familienmitglieder, und hatte wenig Verständnis dafür, dass die Jungen freie Abende oder gar Wochenenden für sich in Anspruch nehmen wollten. Ich weiß noch, wie mir Fritz einmal im Frühjahr eine der blühenden Marquardtschen Obstwiesen zeigte. Meine Begeisterung ob der Blütenpracht bekam einen deutlichen Dämpfer, als er mir erzählte, dass er diese Obstwiesen jahrelang gemieden habe, weil sie für ihn schon als Kind nur zusätzliche Plackerei bedeuteten.

Als unsere Kinder etwas größer waren, bastelte ich in einem Frühjahr mit ihnen ein hübsches Ostergeschenk für die Großeltern. Wir befestigten ausgeblasene, bunte Eier an Drähten und steckten sie in einen bemalten und mit Erde gefüllten Blumentopf. Das sah originell aus, und die Ahne tat uns ein paar Jahre lang den Gefallen, dieses Geschenk zur Osterzeit auf das braune Wohnzimmerbuffet zu stellen. Jahre später, als sie nur noch wenig gehen konnte, meinte sie fürsorglich, ich solle mein 'Eierstöckle', das sie das Jahr über im untersten Fach ihres Buffets aufbewahrte, wieder mitnehmen, damit es nicht zu Schaden komme. Jedes Mal, wenn ich in unseren Kursen die Zonen der weiblichen Geschlechtsorgane bespreche, denke ich an sie und erzähle manchmal auch die dazu gehörende kleine Geschichte vom 'Eierstöckle' der Schwiegermutter.

Helene, die Schwester von Fritz, war Damenschneiderin und trotz ihrer Kinderlähmung ein fröhlicher und leutseliger Mensch. Mit ihrem metallenen Korsett, das von den Fußknöcheln bis zur Taille reichte, und mit Hilfe eines Stockes konnte sie erstaunlich flott durch die Wohnung watscheln. Die Kinder, die sie zunächst aus Unwissenheit und später bewusst und liebevoll-neckisch Tante 'Hellelene' nannten, hielten sich besonders gern auf ihrem mit Stecknadeln gespickten Wohnzimmerboden auf. Zu meinen Befürchtungen, die Kinder könnten sich stechen, meinte sie gelassen, dass die Nadeln schon wüssten, wo sie hin dürften und wo nicht, und so war es auch. Helene war eine gute und moderne Schneiderin, von deren Fähigkeiten unser knapper Geldbeutel profitierte. Sie hatte spät noch den Führerschein gemacht und schätzte die Mobilität, die ihr das eigens für sie umgebaute Auto bot.

Wenn sie uns besuchte, behandelte ich sie, so oft es ging. Es war erstaunlich, wie schnell ihre viel zu kleinen und kraftlosen, bleichen Füße gut durchblutet und warm wurden. Vor allem lernte ich bei ihr etwas über das Dosieren des therapeutischen Reizes. Zu Beginn habe ich aus gutem Willen auch bei ihr oft zu stark behandelt. Aber ihre heftigen Reaktionen über Bronchien, Haut und Nieren zeigten mir, wie wichtig das rechte Maß war.

Ich hätte es wissen müssen, denn ich kannte ja den Satz aus der Homöopathie: "Die Menge macht's, ob etwas Gift ist oder Arzenei." Nachdem ich vorsichtiger arbeitete, berichtete sie mir zu meiner und ihrer Freude, dass ihre Füße und Beine nach jeder Behandlung ein paar Tage mehr zu ihr gehörten. Insgesamt genoss sie die Behandlungen sehr, vor allem, wenn ich ihr am Schluss noch eine duftende Salbe bis hoch zu den Knien einmassierte.

Mit meinem Onkel Paul und seiner Frau Rosa in Amerika war ich die ganzen Jahre über in brieflichem Kontakt und hatte ihnen von meinen verschiedenen Wegstationen berichtet. Sie erfuhren natürlich auch von meiner spannenden Entdeckung der 'reflexology' und luden mich eines Tages zu einem Besuch in die USA ein. Dass ich damit die Begegnung mit Eunice Ingham verbinden konnte, machte das Angebot noch reizvoller. Ich stand mit ihr bereits seit einiger Zeit in Verbindung und wollte sie, die mir die ganze Sache mit den Füßen 'eingebrockt' hatte, gern persönlich kennen lernen.

Der Schritt, die Kinder für fünf Wochen zu verlassen, fiel mir nicht leicht, denn wir waren durch unsere Lebenseinstellung davon überzeugt, dass eine Mutter in den ersten drei Lebensjahren zu ihren Kindern gehört. Winfried war jedoch bereits sieben, Gabriele fünfeinhalb und Elmer etwas mehr als drei Jahre alt. Wieder einmal waren es meine Mutter, Tante Hedwig und Tante 'Hellelene', die abwechselnd als 'Nothelfer' kamen und Fritz bei der Betreuung der Kinder und Versorgung des Haushaltes zur Seite standen.

Onkel Paul war jahrzehntelang der Privatchauffeur der Familie Bell gewesen, die vor Generationen etwas mit der Erfindung des Telefons zu tun hatte. Seit ihrer Rentnerzeit lebten er und seine Frau Rosa in einer großen Bungalow-Siedlung, wie ich sie noch nie zuvor gesehen hatte. Ein Fertighaus stand neben dem anderen, die gleiche Form, die gleiche Größe, ein Rasenstück so glatt 'rasiert' wie das andere. Ich habe für eine Schrecksekunde befürchtet, dass aus jedem Hauseingang die gleichen Menschen heraus kommen. Lediglich an ihren unterschiedlichen Pastellfarben konnte man die Häuser etwas unterscheiden.

Onkel Paul und Tante Rosa hatten sich einen Hauch der schwäbischen Heimat erhalten. An den Fenstern waren Spitzenvorhänge und auf dem Sofa lagen handgestickte Sofakissen. Und in der Ecke des 'living rooms' hing ein holzgeschnitztes Kruzifix aus dem Beuroner Kloster, das ihnen Tante Hedwig nach dem Krieg geschenkt hatte. Darunter stand eine weiße Gipsmadonna auf einer Mondsichel mit hellblauen Verzierungen und goldenen Sternen am wallenden Gewand. Sie erinnerte mich ein bisschen an den Heiligen Antonius meiner Dürmentinger Großmutter.

Mit Tante Rosa ging ich in den ersten Supermarkt meines Lebens. Die Fülle in den unglaublich langen Regalschluchten war verwirrend, aber Tante Rosa lenkte mich zielstrebig zu den 'Straßen' der Obststände und an die Truhen mit Milchprodukten. Am Schluss half uns ein freundlicher junger Mann und lud den Inhalt des voll gepackten Einkaufswagens ins Auto.

Bei den Überlandreisen mit dem Greyhound-Bus sehnte ich mich manchmal nach der Überschaubarkeit europäischer Landschaften und kam mir in den endlosen Weiten der Getreideäcker und Wiesenflächen fast verloren vor. Schon damals saßen in den Bussen erstaunlich viele dicke Leute. Alle waren freundlich und gesprächig, vor allem, wenn sie hörten, dass ich aus 'good old Germany' kam. Dass sie sich mehr als zwanzig Jahre nach dem Zweiten Weltkrieg, am meisten für die Hitlerzeit und deren Folgen interessierten, war mir immer peinlich.

In der letzten Woche meines Aufenthaltes reiste ich nach Toronto, wo Mrs. Ingham einen Kurs ausgeschrieben hatte. Sie war damals, fast achtzigjährig, noch häufig mit der von ihr entwickelten 'Ingham Compression Massage' unterwegs. Etwa hundertzwanzig Menschen hatten sich in einem Saal des Sheraton-Hotels versammelt und hörten, an langen Tischreihen sitzend, der alten Dame aufmerksam zu. Eunice Ingham war eine kleine, recht kompakt gebaute Frau mit grauen, symmetrisch angeordneten Löckchen, die ein erstaunlich großes, gebräuntes Gesicht umrahmten. Sie wurde von ihrem Mann Fred Stopfel und ihrem Neffen Dwight Byers begleitet, der ihr assistierte.

Zu ihren Erläuterungen über verschiedene Krankheitsbilder zeigte sie eine Reihe von Dias mit einzelnen Zonen am Fuß und berichtete lebendig und anschaulich von ihrer jahrzehntelangen Erfahrung. Da die Teilnehmerzahl viel zu groß für praktische Demonstrationen war, konnte sie ihre Arbeitstechnik nur theoretisch beschreiben. Sie verwies auf ihr Buch 'Stories the Feet can tell', dem inzwischen ein zweites mit dem Titel 'Stories the Feet have told' gefolgt war. Ihr

Neffe ging von Zeit zu Zeit durch die Tischreihen und demonstrierte die Griffe in kleineren Gruppen.

Ich hatte auf ein persönliches Gespräch gehofft, da ich mit vielen Fragen und Ideen gekommen war, die mir auf der Seele brannten. So war ich sehr erleichtert, als mich Mrs. Ingham am Ende des Kurses spontan für die kommende Woche zu sich einlud. Bis zu meinem Rückflug war ich Gast in ihrem Hause und konnte ihr stundenweise bei ihren Behandlungen über die Schulter schauen. Der eigentlichen Fußmassage schaltete sie zur Lockerung und Entspannung eine elektrische Schüttelmassage vor. In die gut gepolsterte Liege waren kleinere und größere Rollen eingebaut, die sich in unterschiedlicher Geschwindigkeit auf und ab bewegten. Die folgende Fußbehandlung dauerte etwa zwanzig Minuten. Mrs. Ingham langte beherzt zu und bearbeitete die schmerzhaften Stellen an den Füßen ihrer Klienten ausdauernd und mit großer Intensität.

Ich spürte die Kraft ihrer Hände, als sie mich am zweiten Tag behandelte, damit ich fühlen konnte 'what it is about'. Mir gingen die Augen auf und über. Ich hatte meine Patienten zwar auch intensiv behandelt, aber wie sich eine stark schmerzende Zone am Fuß wirklich anfühlte, hatte ich noch nicht selber erlebt. Das war bislang eher etwas Abstraktes gewesen, etwas, was mich nur indirekt betraf, da ich als Therapeutin die auslösende, aber nicht die erleidende Person war. Die im Wortsinn ein-drück-liche Erfahrung bei Mrs. Ingham war der Anfang einer deutlichen Veränderung meines Zuganges zum Faktum Schmerz, den ich zuvor lediglich als unangenehme Begleiterscheinung einer Behandlung betrachtet hatte.

Meine neunjährigen Praxiserfahrungen und Fragen, mit denen ich gekommen war, interessierten Mrs. Ingham nicht sonderlich. Das störte mich zunächst. Aber später kam ich bei der Weiterentwicklung der Methode selber immer wieder mit Menschen in Berührung, die genau wie ich damals, neue Ideen und viele Fragen hatten. Da merkte ich, dass es mir gar nicht leicht fiel, etwas Anderes gelten zu lassen, so lange ich selber noch mit 'Haut und Haaren' mitten im Entwicklungsprozess der Methode stand.

Aber ich war Mrs. Ingham dankbar für die erwiesene Gastfreundschaft und kam mir privilegiert vor, dass mich die 'Grande Dame' der 'reflexology' eine Woche lang an ihrem Leben hatte teilnehmen lassen. Der Abschied von den Inghams war herzlich, und ich kehrte voller neuer Eindrücke und Pläne zu meiner Familie zurück.

Es gab in der Folgezeit einiges für mich zu klären. Mir war nämlich erst durch Gespräche mit anderen Teilnehmern des Wochenendkurses deutlich geworden, dass die 'reflexology' in den USA kaum von Fachleuten, sondern meist von gesundheitsbewussten Privatpersonen durchgeführt wurde. Das hatte ich bislang nicht aus der Literatur heraus gelesen. Ich hörte staunend, dass die Vorgaben der staatlichen Gesundheitsbehörden in den USA viel lockerer waren als bei uns. Dort durfte jeder jeden ohne besondere Abgrenzung in Richtung Krankheit behandeln. Ob der Arzt vorher konsultiert oder wenigstens informiert wurde, lag im Ermessen der Einzelnen. Ich hätte bei uns in Deutschland nie gewagt, meine Patienten ohne entsprechende Berufsausbildung zu behandeln.

Durch die Begegnung mit Eunice Ingham war auch Dr. William FitzGerald mehr in mein Blickfeld gerückt. Onkel Paul schickte mir einige Monate nach meiner Rückkehr ein interessantes Buch von 1917 über FitzGeralds 'Zone Therapy', das er eigens für mich in einem Antiquariat aufgestöbert hatte. Er war ursprünglich Engländer, studierte jedoch in den USA Medizin und war später in großen Kliniken in London und Wien tätig. Danach leitete er einige Jahre als Chirurg die HNO-Abteilung eines großen Krankenhauses in Connecticut. Schon in Wien muss er, seinem späteren Kollegen Dr. Bressler zufolge, Kontakt mit einer Art Drucktherapie, die am ganzen Körper ausgeübt wurde, bekommen haben. Er verweist auf alte Schriften von 1582, in denen die Ärzte Adamus, A'tatis und Ball beschreiben, dass sich sogar Angehörige der damaligen europäischen Königshäuser auf diese Weise hätten behandeln lassen. Auch der exzentrische italienische Bildhauer Benvenuto Cellini konnte durch Druck an Fingern und Zehen von jahrelangen Gelenkschmerzen befreit werden. Überdies wusste man schon lange, dass in China seit etlichen tausend Jahren spezielle Techniken einer Drucktherapie angewandt wurden.

FitzGerald führte, nachdem er sich von der etablierten Richtung der Medizin abgewandt hatte, seine eigenen Forschungen und Entdeckungen zusammen mit interessierten Ärzten und Therapeuten weiter. Er stieß bei den Indianern Nord- und Mittelamerikas auf ähnliche Erfahrungen, wie sie ihm aus Europa ansatzweise bekannt waren, und machte in den Reservaten viele Beobachtungen, die seine Erkenntnisse untermauerten. In seinem Buch stehen etliche fast skurril anmutende Behandlungsberichte. So wird von einer Frau erzählt, dass sie durch intensives Ziehen an ihren Scheitelhaaren ihre starken Hämorrhoidenschmerzen loswurde. Bei einer anderen Frau sei die Geburt schmerzlos verlaufen, weil ein Arzt kräftig ihre Zungenspitze gedrückt hätte.

FitzGerald hatte als Pionier seiner Zeit mit seinen unkonventionellen Ideen und verstandesmäßig nicht nachvollziehbaren Erfolgen den Spott und die Ablehnung vieler Kollegen zu ertragen. Er wurde jedoch in Kreisen der Osteopathen und Naturopathen bald anerkannt und als Erfinder eines Zonenrasters respektiert, mit dem der Mensch in zehn überschaubare, gleichmäßig angeordnete Längsfelder eingeteilt werden kann, die vom Kopf bis zu den Füßen führen. Seine wesentliche Leistung war der Nachweis, dass ein Reiz an einer beliebigen Stelle innerhalb einer der zehn Längskörperzonen eine Verbesserung aller Beschwerden zustande brachte, die in dieser Körperzone vorlagen. Er wird zitiert, dass es 'zehn unsichtbare elektrische Ströme (currents) seien, die durch den ganzen Körper führen.'

Es ist nicht nachprüfbar, ob FitzGerald in Wien oder London mit der Akupunktur in Berührung kam. Manche Reflexology-Schulen nehmen allerdings an, dass die von ihm entwickelten zehn Längskörperzonen stilisierte Meridiane sind.

In seinem Buch finden sich auch Fotos von 'neumodischen' elektrischen Apparaten, mit denen teilweise durch Vibrationen oder durch feine Nadeln Reize vor allem an Händen und Füßen gesetzt wurden. Dass er mit Wäscheklammern, Metallkämmen und Gummiringen an Kopf, Fingern und Zehen seiner Patienten arbeitete, um akute und chronische Schmerzen zu lindern, wurde oft belächelt, aber die Ergebnisse waren überzeugend.

Einer meiner langjährigen Freunde hat sich, ohne dass er die FitzGeraldschen Erfindungen kannte, gummigepolsterte Metallzangen anfertigen lassen und behandelt damit vor allem die Zehenpartien seiner Patienten. Er war überrascht und erfreut, als ich ihm die Abbildungen in dessen Buch 'Zone Therapy' zeigte, und fand dadurch seinen Ausflug in die Technik auch von professioneller Seite bestätigt.

Zu diesen technischen Bereichen hatte ich wenig Zugang, weil mir Hilfsmittel dieser Art nicht liegen. Ich fand sie zwar interessant, aber ich blieb, meinen Möglichkeiten und Grenzen gemäß, beim 'Hand-Werk'. Außerdem waren in den frühen Sechziger Jahren die apparativen Behandlungen in vielen Praxen bereits deutlich im Vormarsch, so dass mir zunehmend wichtiger wurde, die einzigartigen Qualitäten der Hand im Bewusstsein der Therapierenden zu erhalten.

In diesen Jahren haben sich, vielleicht aus ähnlichen Gründen, eine Reihe von anderen manuellen Therapieformen etabliert, zum Beispiel Eutonie, Manuelle Lymphdrainage, Akupressur, Touch for Health oder Rolfing und andere körperorientierte Psychotherapien.

Obwohl FitzGerald an verschiedenen Körperstellen arbeitete, besonders auch am Kopf und an den Händen, gibt es in seinem Buch zwei bildhafte Darstellungen von Organzonen an den Füßen, allerdings nur an der Fuß*sohle*. Ich habe keine relevanten Hinweise gefunden, mit welchen Techniken er diese Zonen behandelt hat. Verschiedene Gelenkmanipulationen sind darin jedoch ausführlich und für die Praxis brauchbar beschrieben.

Die Entwicklung einer speziellen Technik für die Behandlung an den Füßen blieb Eunice Ingham vorbehalten. Das ist ihr großes Verdienst. Sie nutzte zwar den FitzGeraldschen Längsraster der zehn Körperzonen als generelle Orientierung, konzentrierte sich aber hauptsächlich auf die Behandlung der Füße. Die umfassende Bedeutung der Füße ist durch ihre konsequente, jahrzehntelange Arbeit wieder mehr ins Blickfeld der Menschen gerückt. Abgesehen von therapeutischen Möglichkeiten wird vielen bewusst, welch wichtige Rolle die Füße in unserem täglichen Leben spielen. Immerhin sind sie es, die uns durch unser ganzes Leben tragen und 'Bodenhaftung' geben, äußerlich und innerlich.

Als greifbares Resultat der Begegnung mit Eunice Ingham beschloss ich, meine neunjährigen Eigenerfahrungen mit der Behandlung von Kranken nicht wie in den USA an Laien, sondern an Interessierte aus therapeutischen Kreisen weiterzugeben. Ich nannte meine Behandlungsart viele Jahre lang "Reflexzonenarbeit am Fuß", denn ich wollte den Begriff Therapie vermeiden, damit ich nicht irgendwelchen gesetzlichen Bestimmungen ins Gehege kam.

Bereits acht Wochen nach meiner Rückkehr aus den USA kam der erste Kurs mit zwölf Interessierten zustande, den ich, im Gegensatz zu dem von Eunice Ingham, von eineinhalb auf zwei Tage verlängerte. Ich war zwar voller Begeisterung, hatte aber große Bedenken, ob das, was ich unter die Leute bringen wollte, auch gut ankommen würde.

Wir hatten nur eine Massageliege, die anderen arbeiteten auf Bodenmatten und Hockern. Es gab keine Skripten, die Grifftechnik war nicht so ausgefeilt wie heute, und viel Hintergrundwissen über Zusammenhänge besaß ich auch noch nicht. Das einzige, was ich überzeugend anbieten konnte, waren meine neun Jahre an praktischer Fuß-Erfahrung, und da fühlte ich mich sicher.

Ich hatte gewonnen, als ich gegen Mittag eine Akutbehandlung demonstrierte. Eine ältere Kollegin war mit starken Rückenschmerzen gekommen und konnte nach zwei Stunden kaum mehr sitzen. Sie war auch nicht fähig, auf die Liege zu klettern. So setzte ich mich auf den Boden und zog ihr vorsichtig Schuhe und Strümpfe aus. Alle schauten interessiert und zugleich skeptisch auf uns. Ich legte meinen ganzen Ehrgeiz in die Behandlung, denn ich wollte natürlich beweisen, wie gut ich war und wie gut die Methode wirkte.

Voller Anstrengung drückte ich die schmerzhaften Zonen, bis sie ihr Gesicht verzog. Ich hatte Glück: Sie war eine stabile Therapeutin, die auch eine Überdosierung verkraften konnte. Schon nach einer Viertelstunde waren ihre Beschwerden fast verschwunden. Als es dann später beim Aufstehen vom Stuhl in ihrer unteren Wirbelsäule hörbar knackte, war das Staunen groß über das, was die Füße, diese oft geringschätzig betrachteten Teile des Menschen, therapeutisch bieten konnten.

In diesem ersten Kurs habe ich erlebt, dass das Holprige und wenig Ausgefeilte des Versuchsstadiums durch Pioniergeist und den Charme des Neuen ausgeglichen werden kann, denn "jedem Anfang wohnt ein Zauber inne..."

Dass der nächste Kurs erst nach einer fast zweijährigen Pause stattfand, hing mit der privaten und beruflichen Auf- und Umbruchsituation zusammen, die sich bei Fritz bereits deutlich zeigte.

Auch wenn er jetzt noch weniger Wochenenden zu Hause verbrachte, war seine Beziehung zu den Kindern in der knappen Zeit, die er mit ihnen verbrachte, meist sehr spontan und liebevoll. So manchen Abend haben sie auf ihn gewartet, bis er müde von der Praxis kam und mit ihnen, selbst wie ein kleiner Bub, auf dem Wohnzimmerboden herumtollte oder sie auf dem schwarzen Ledersofa durchkitzelte. Er tat das, um sie durch Lachen, Kichern und Kreischen zum Ausatmen zu bewegen. Durch die täglichen Übungen aus der Atem- und Drüsenlehre der Mazdaznanbewegung wusste er, dass sich der Mensch durch die Pflege des Atems von körperlichen und seelischen Belastungen befreien kann. Tante 'Hellelene' meinte einmal: "Mit den Händen hält er euch fest, und mit den Füßen schiebt er euch fort."

Kapitel 3

Trotz aller Überlegungen, ob wir uns trennen sollten, gingen Fritz und ich auch in den kommenden Jahren immer wieder gemeinsam auf Bauplatzsuche, hauptsächlich der Kinder wegen.

Eines Tages bekam Fritz von einem langjährigen Patienten den Hinweis, dass es in der Nähe von Königsfeld gutes, nicht zu teures Bauland gebe. So machten wir uns an einem Sonntagvormittag im Mai 1969 aus dem Kreis Rottweil auf den Weg nach Süden in den Kreis Villingen, der uns, obwohl sehr nah, doch ganz unbekannt war. Etwas orientierungslos fuhren wir durch den heilklimatischen Kurort Königsfeld und die kleinen umliegenden Dörfer.

Von Erdmannsweiler kommend, zog ein sonnenbeschienener Hang meine Aufmerksamkeit auf sich, der zu der Ortschaft Burgberg gehörte. Dort gruppierten sich, zwischen Lärchen und Birken versteckt, bis zur Anhöhe hinauf kleine Einfamilienhäuser in die frühlingshaft grünen Wiesen. Im Hintergrund standen hohe Fichten.

Und ich sah mich wieder, wie als Kind schon oft in meinen Wachträumen, auf einer Wiese voller Frühlingsblumen sitzen, in der Nähe stand ein stattliches

Schloss, durch das Tal schlängelte sich ein Bach, und die ganze Idylle wurde von einem großen Wald beschützt. Ich konnte es kaum erwarten, bis wir die steile, enge Straße in den oberen Teil des Dorfes gefahren waren. Da sah ich wirklich 'meine' Wiese, da blühten Margariten, Glockenblumen und Federnelken in voller Pracht, der süß-herbe Duft des Waldes stieg in meine Nase und ich wusste, dass unten im Tal der Bach gemächlich durch die Felder floss. Mein Herz begann heftig zu klopfen und mir wurde ganz schwindelig. Das Schloss meiner Phantasie entpuppte sich als Ruinenrest der Burg des Ritters Hans von Burgberg, der im frühen Mittelalter von dem Hügel aus seinen Besitz überwacht hatte.

Fritz wollte mit den Kindern, während ich nach jemandem Ausschau hielt, den ich befragen konnte, lieber den Wald auskundschaften, der sie mehr interessierte als die Bauplatzsuche. Wir standen einen Augenblick zusammen unter einem jungen, frisch erblühten Kirschbaum. Da fasste Fritz ganz unerwartet meine Hand und meinte: "Ich wollte dir schon lang einmal sagen, dass ich weiß, dass ich kein einfacher Mensch bin."

Sofort war ich aufs Neue voller Nachsicht und Verständnis für ihn und seine Schwierigkeiten, und mir fielen unter dem Kirschbaum die blühenden Obstwiesen seiner Eltern wieder ein, an denen er sich lange Zeit nicht freuen konnte.

Ich machte mich allein auf den Weg und klingelte am nächstbesten Haus auf dem Däplisberg, dem Gewann im oberen Teil von Burgberg, zu dem 'meine' Wiese gehörte.

Die Frau, die ich beim Kochen des sonntäglichen Mittagessens gestört hatte, gab mir bereitwillig Auskunft über das Grundstück am Waldrand, das mich besonders angezogen hatte. "Ja, der Bauplatz hat schon vielen anderen gefallen, aber den hat ein Arzt aus Villingen gekauft, der nächstes Jahr in den Ruhestand geht und dann aufs Land ziehen möchte", meinte sie bedauernd. Ihr war, als sie meinen Namen hörte, eingefallen, dass ihr Mann als Vertreter einer naturheilkundlich ausgerichteten Arzneimittelfirma auch eine Praxis gleichen Namens in Schramberg routinemäßig besuchte. Wir fanden es erstaunlich, dass ich aufs Geratewohl in dem fremden Dorf dort um Auskunft gebeten hatte, wo sich die Männer bereits kannten.

Enttäuscht und ernüchtert ging ich meiner Familie entgegen, die angeregt und zufrieden auf dem Rückweg vom Waldspaziergang war. Ich schalt mich insgeheim, dass ich wieder einmal meiner Phantasie zu viel Raum gegeben hatte.

Eine Woche später rief mich die Frau vom Däplisberg an, dass der Villinger Arzt ihrem Mann gerade erzählt hätte, dass er wohl doch nicht nach Burgberg käme, da seine bedeutend jüngere Frau lieber nach Freiburg ziehen wollte.

Ich setzte mich sofort mit der Frau in Villingen in Verbindung. Sie war überrascht und meinte ausweichend, dass sie wohl irgendwann einmal an den Verkauf des Grundstückes denken würden, dass es jedoch keine Eile hätte. Sie fragte mich, wann wir denn bauen wollten. Ohne nachzudenken und selbst ein wenig erschrocken über die Endgültigkeit meiner Aussage, rief ich ins Telefon: "Jetzt oder nie!" Das muss sie so beeindruckt haben, dass sie bereit war, mich ein paar Tage später an einer verabredeten Stelle in Schwenningen zu treffen. Es war gerade die Zeit der jährlich stattfindenden Frühjahrsmesse 'Südwest stellt aus', und obwohl Hunderte von Menschen an mir vorüberschwirrten, erkannte ich die Frau sofort. Unser Gespräch war kurz und bündig, sie merkte gleich, wie wichtig mir gerade dieses Grundstück war.

So fügte es sich, dass bereits eine Woche später der Vertrag bei uns zu Hause am runden Tisch zustande kam. Der Notar war der Mann, der uns damals zur Bauplatzsuche in der Nähe von Königsfeld geraten hatte.

Obwohl ich mich heute nur selten in den Trubel der Frühjahrsmesse nach Schwenningen begebe, denke ich jedes Jahr an unsere Begegnung, wenn ich den bunten krähenden Messehahn auf Werbeplakaten sehe. Bei einem der ersten Besuche in Burgberg brachte ich der Nachbarin am Däplisberg einen Blumenstrauß.

Ein halbes Jahr später merkte ich, dass Fritz den Plänen einer Stadtpraxis in Stuttgart weiter nachging und kein Interesse daran hatte, mit uns aufs Land zu ziehen. Ich stand von heute auf morgen vor der Wahl, entweder mit den Kindern erneut mit einer Mietswohnung vorlieb zu nehmen oder mich doch endlich scheiden zu lassen. Zum ersten Mal in all den Jahren zögerte ich nicht und willigte sofort in die Scheidung ein.

Ab und zu habe ich mich gefragt, warum ich so lange mit der Ent-Scheidung gewartet hatte. Es war einerseits wieder einmal mein Bedürfnis, es allen recht zu machen und niemanden zu verletzen, andererseits wollte ich den Kindern die Trennung von ihrem Vater ersparen. Und unsere allererste Begegnung in Boppard war mir immer im Gedächtnis geblieben, bei der ich zu Fritz gesagt hatte: "Ich kenne Sie!"

Zu unserem dritten Hochzeitstag hatte ich einen Bausparvertrag abgeschlossen und ihn Fritz als Überraschung geschenkt. Er sollte ein Zeichen unserer Zusammengehörigkeit sein. Jeden Monat zahlte ich so viel ein, wie ich vom Geld, das meine kleine Massagepraxis abwarf, ermöglichen konnte. Das war zwar recht wenig, aber Tante Hedwig kam uns eines Tages zu Hilfe. Sie überwies mir und Traudi 'aus heiterem Himmel' ein paar Tausend Mark. Zu dem Zeitpunkt, als die Ablösungssumme des Bausparvertrages für das Burgberger Grundstück fällig war, hatten wir auf die Mark genau so viel auf dem Konto, wie der Arzt für den Bauplatz haben wollte.

Kurz nachdem die Scheidung vollzogen war, wies mich der Notar darauf hin, dass der Bausparvertrag in Wirklichkeit gar kein Geschenk war. Ich hatte ihn damals allein unterschrieben, und jetzt stand er mir ganz unerwartet zur Verfügung. So konnte ich, nachdem ich nun für alle finanziellen Entscheidungen allein verantwortlich war, zumindest den Bauplatz anzahlen.

Für den Hausbau hatte ich allerdings keine Reserven. Die Verwandtschaft konnte und wollte ich nicht fragen, denn beide Familien hatten selbst nicht viel und waren besorgt, ob das 'Abenteuer Burgberg' überhaupt realisierbar sei.

Da rief der Notar eines Tages an und fragte mich, wie ich die Finanzierung des Hauses gestalten wolle. Ich sagte ihm wahrheitsgetreu, dass ich das noch nicht wisse. Ich wäre aber trotzdem davon überzeugt, dass Burgberg unsere zukünftige Heimat sei.

Noch heute überlege ich manchmal, was den nüchtern denkenden Mann, der schon beinahe im Rentenalter war, dazu bewogen hat, für mich bei seiner Bank zu bürgen. Er hat mir später lediglich einmal gesagt, dass man ab und zu im Leben seinem Herzen einen Stoß geben müsse. Nach fünfundzwanzig Jahren habe ich ihm die letzte Rate zurückgezahlt. Gabriele fand für solche Situationen einen Spruch: "Wenn's stimmt, dann passt's."

Der Notar war neugierig und vermutlich auch besorgt, mit welchen therapeutischen Möglichkeiten ich mein Geld verdienen wollte und zog kurzerhand, als ich den Vertrag mit ihm unterzeichnet hatte, seine Schuhe und Strümpfe aus. Er meinte: "Etz gucket Se emol, ob Se findet, wo's mir fählt." Ich wusste bereits, dass die Reflexzonentherapie zwar Hinweise auf bestimmte Belastungen geben, jedoch sicher nicht als verlässliche Diagnose gelten konnte.

Gerade als ich ihm das erklären wollte, tastete meine Hand in seiner Magenzone eine Verhärtung. Bei genauerem Hinsehen entdeckte ich dort eine Narbe und äußerte die Vermutung, dass sein Magen ihm wohl öfters Beschwerden mache. Er war verblüfft, denn ich hatte ihn ja noch gar nicht behandelt. Er erinnerte sich erst nach einigem Nachdenken daran, dass er als Kind bei seinen Großeltern auf dem Land in eine Glasscherbe getreten war. Die Narbe entsprach, wie ich ihm anhand einer Abbildung zeigen konnte, genau der Stelle der Magenzone. Damals hatte man einfach ein Stück von einem alten Leintuch um den

Fuß gewickelt und alles andere der Natur überlassen. Allerdings wollte die Großmutter, dass er vor dem Anlegen des Verbandes über die Stelle pinkelte, damit die Wunde nicht eiterte. Zu einer Serie von Behandlungen konnte sich der alte Herr zu meinem Leidwesen nicht entscheiden, aber der präzise Befund am Fuß hat ihn sicher etwas ruhiger schlafen lassen. Ich hätte ihm zu gern bewiesen, dass sich durch eine Behandlungsserie auch lang andauernde Beschwerden verbessern lassen.

Die umfangreichen, noch gemeinsam mit Fritz begonnenen Baupläne musste ich deutlich schrumpfen lassen. Am Ende blieb ein etwa hundert Quadratmeter großes 'Pappendeckelhäusle' übrig. Es war ein Holzfertighaus einer schwedischen Firma und hat im zentralen Teil bis heute nur etwa sieben Zentimeter dicke Wände. Trotz seiner Dünne hat es uns jedoch all die Jahre wirklich warm gehalten.

Im April, am siebten Geburtstag von Elmer, kamen die Bagger für den Erdaushub. Da das Grundstück am Hang liegt, bot sich das nach Osten ebenerdige Kellergeschoss als zukünftiger Praxis- und Kursraum an. Damals bin ich oft die zehn Kilometer lange Strecke von Sulgen nach Burgberg mit dem Fahrrad gefahren, auf dem Gepäckträger Gartengerät und Beerenstauden, die ich in unsere neue Heimat mitnehmen wollte. Die Kinder verfolgten mit Staunen, wie das Fertighaus innerhalb weniger Tage auf die Kellerdecke gesetzt wurde und dass die einzelnen Zimmer bereits zu erkennen waren. Die ganze Bauzeit betrug dreieinhalb Monate, am 19. Juli 1970 sind wir eingezogen.

Ein Bekannter brachte uns, den Hausrat, die Betten und das Klavier mit seinem Kastenwagen an Ort und Stelle. Ein Teil des Klaviers stand auf Gabrieles Fuß, die Buben waren zwischen Kisten und Matratzen eingequetscht, und ich hielt alle schwankenden Teile irgendwie zusammen. Das Bild, das mir vom ganzen Umzug am deutlichsten in Erinnerung blieb, ist der große, leuchtende Vollmond, den wir bei der Abfahrt am östlichen Himmel aufsteigen sahen und der uns in Burgberg in voller Schönheit empfing. Auf diesen Sommervollmond freue ich mich jedes Jahr.

Wir behalfen uns anstelle einer Küche in den ersten zwei Jahren mit übereinander gestapelten Packkisten und einem Zweiplattenherd, den ich darauf stellte. Aber wir hatten jeder sein eigenes Bett, im Wohnzimmer standen das Klavier und der schöne runde Marmortisch mit den weißen Schalensesseln, deren Sitze rot überzogen waren. An dem Tisch hatten wir im Jahr zuvor die Verträge für das Burgberger Baugrundstück unterzeichnet.

In den unteren Räumen stand zunächst ziemlich verloren meine große breite Massagebank, bald jedoch in guter Gesellschaft mit vierundzwanzig blauen Hockern. Die waren in der gegenüberliegenden Pension untergestellt gewesen, denn ich hatte dort nach der Scheidung bereits einige Kurse abgehalten.

Frau Winter, unsere Nachbarin auf der anderen Straßenseite, hatte einige Jahre zuvor eine vegetarische Pension eröffnet. Das erinnerte mich an den Mut meiner Eltern, die in einem noch viel kleineren Dorf ihr Glück mit dem 'Bergheim Buck' versucht hatten. Frau Winter war eine resolute, eigenwillige Person, bei der man gut daran tat, es mit ihr nicht zu verderben. Sie hatte einen ähnlich ausgeprägten Rundrücken wie die Mutter von Fräulein Stoltze, meiner geliebten Volksschullehrerin. Meiner neuen Nachbarin gefiel die Idee, dass gegenüber jemand einzog, der auch für ihre Gäste von Nutzen sein konnte. Beim vierten Kurs in ihrer Pension im März 1970 zeigte ich auf mein Grundstück und erklärte den Teilnehmenden, dass wir dort drüben im Sommer einziehen würden. Das glaubte mir damals niemand so recht, und mir kamen bei dem Anblick der schneebedeckten Wiese auch leise Zweifel.

Es war besonders günstig, dass ich für die Kurse nicht viel Mobiliar und Geräte brauchte, denn das Wichtigste stand mir immer und überall zur Verfügung: Zwei Füße, etwas Fachwissen im Kopf und zwei Hände, die durch aufmerksame Berührung Wärme und Anteilnahme vermitteln konnten. Die blauen, mit Wollstoff überzogenen Hocker fand ich in einem Einrichtungshaus in Schwenningen. Ich legte mir die Hocker in zweierlei Größen zu. Die Behandelten saßen auf diese Weise, an die Wand gelehnt, etwas höher als die Therapierenden, ähnlich wie beim Anprobieren im Schuhgeschäft. Massagebänke konnte ich mir erst ein paar Jahre später zulegen.

Wir entdeckten bald, dass es in Burgberg zwei Wirtschaften, ein Rathaus, eine Schule, einen Friedhof, eine Poststelle und einen Tante-Emma-Laden gab. Der Ritter Hans von Burgberg hatte am Glasbach hinter der heutigen Wirtschaft 'Zum Kranz' in der Staufferzeit einen Wohnturm und auf unserem südlichen Nachbargrundstück eine Außenburg mit Wachtturm gebaut.

Der Rest der oberen Burg ist inzwischen denkmalgeschützt, nachdem die früheren Einwohner des Dorfes fast das ganze Mauerwerk zum Bau ihrer Hausfundamente abtransportiert hatten. Das Überbleibsel wird seit langem der 'Weiberzahn' genannt, weil er wie ein einsamer Zahn im Gebiss einer alten Frau aussieht. Aus dem Gewann 'Däplisberg' wurde etwa sieben Jahre später der Prof.-Domagk-Weg, denn dieser Arzt, der in den dreißiger Jahren die Sulfonamide entdeckt hatte, verbrachte seinen Lebensabend hier oben auf der Anhöhe.

Nach ein paar Wochen, als unsere Möbel ihren Platz gefunden hatten, lud ich die Kinder zur Feier des gelungenen Umzugs zum Essen in den 'Kranz' ein. Wir hatten noch nicht viele Erfahrungen im Auswärts-Essen und waren alle ein bisschen nervös, ob die Bedienung daran Anstoß nehmen würde, dass wir kein Fleisch aßen. Wir wurden jedoch ohne Aufhebens gut mit Salat, Bratkartoffeln und Gemüse versorgt. Die Augen der Kinder leuchteten, als sie zum Nachtisch eine Riesenportion Eis bekamen. Ich dagegen fühlte mich plötzlich sehr seltsam, denn mir wurde klar, dass ich nun zum ersten Mal nach zwölf Jahren allein und in der 'Öffentlichkeit' über den Inhalt meines Geldbeutels verfügen konnte. Die Entscheidung über die Höhe des Trinkgeldes machte mir zu schaffen, aber zum Glück bemerkte niemand meine Unsicherheit.

Der Auf- und Ausbau der Lehrstätte ging ganz 'organisch' vor sich. Jetzt gab es jede Woche Anfragen nach Kursen. Ich hatte zwar auch im 'Badebetrieb' inseriert, aber die meisten Anfragen kamen durch Weitersagen. Im ersten Jahr in Burgberg konnte ich schon fünf Kurse halten, mehr als ich erwartet hatte.

Allerdings gab es eine Schwierigkeit: Ich hatte viele Anfragen von Privatleuten und aus dem Bereich der Fußpflege und Kosmetik, denn Eunice Inghams Buch war bereits ins Deutsche übersetzt worden und erweckte den Eindruck, dass jeder jeden behandeln könne, wie es in den USA möglich war. Ich brachte es fast nicht übers Herz, all diesen wirklich interessierten Menschen abzusagen. Manche nahmen mir persönlich übel, dass ich nur medizinisch-therapeutische Fachpersonen in die Kurse nahm und warfen mir Arroganz vor. Zudem gab es in der Schweiz bereits Kurse für Laien, durch die das Unverständnis für meine Entscheidung noch verstärkt wurde. So manches Mal kam ich in Versuchung, ob ich nicht doch zusätzlich Laienkurse anbieten sollte, denn es war für mich auch eine Frage der finanziellen Existenz.

Heute bin ich froh, dass ich diesen Zwiespalt ausgehalten habe, denn dadurch konnte sich die Reflexzonentherapie am Fuß von vorn herein auf einer professionellen Ebene entwickeln.

Das Unterrichten ging von Kurs zu Kurs besser, und bei allem Unbehagen über die Schwächen meines Unterrichtens half mir die Begeisterung der Teilnehmenden, die mir durch gezielte Fragen oft das Stichwort für die Weiterführung des Themas boten. Ich hatte bald erkannt, dass es wichtig war, zwischen Theorie und Praxis abzuwechseln, um Ermüdungserscheinungen zu vermeiden. Mir fiel manches Mal das englische Sprichwort ein: "A change is as good as a rest."

Es gab ab und zu auch Kritiker, die versuchten, mich

aufs Glatteis zu führen, vor allem mit der Frage: "Können Sie denn nachweisen, wie das, was Sie unterrichten, wirkt?" Ich hatte in der Tat außer meinen jahrelangen Praxiserfahrungen keinen wissenschaftlichen Beweis, denn die Methode ist, wie viele andere, aus der Empirie, der Erfahrung, entstanden. Ich wusste nur, *dass* sie wirkt, aber nicht wie. Trotzdem machten mir solche Fragen große Mühe und verunsicherten mich. In einem Kurs kam mir dann unerwartet ein älterer Kollege zu Hilfe. Als in der Gruppe wieder einmal die Diskussion über die theoretische Beweiskraft begann, stand er auf, stellte sich neben mich und sagte: "Sie müssen sich in praxisorientierten Kursen entscheiden, ob Sie zum Diskutieren gekommen sind oder ob Sie die Wirkung der Methode an sich selbst erleben möchten. Das eine ist Kopfwissen, das andere sind persönliche Wahrnehmungen von Veränderungen im eigenen Körper." So klar hätte ich es damals nicht ausdrücken können, und die Formulierung des Kollegen hat mir viel Sicherheit gegeben. Ich beobachtete von da an: Je weniger ich mich von solchen Kopf-Fragen irritieren ließ, desto seltener wurden sie gestellt.

Da wir allein von den Kursen nicht leben konnten und die Rückzahlung der Schulden keinen Aufschub duldete, wurde es dringlich, dass ich mit einer Praxis begann. Bei aller Zuversicht, dass mir der Platz in Burgberg zur rechten Zeit 'vom Himmel gefallen' war, fiel mir die Entscheidung, eine eigene Praxis zu eröffnen, nicht leicht. Zwar lag der 'Schein' meiner Heilpraktikerprüfung seit Jahren in der Schublade, aber ich war bislang nur als Masseurin tätig gewesen, abgesehen von kurzen Krisenzeiten, in denen ich in der Praxis von

Fritz ausgeholfen hatte.

Immer wieder kam mir in früheren Jahren der Gedanke, ob es wohl der Mühe Wert gewesen war, die Ausbildung zu machen, aber jetzt zeigte sich, dass es seinen Sinn gehabt hatte. Ich war mit der Amtsarztprüfung nicht mehr auf Verordnungen der Ärzte angewiesen und konnte, zumindest theoretisch, selbstständig bestimmen, in welcher Sparte der Naturheilmethoden ich tätig sein wollte. Praktisch fiel die Entscheidung leicht, denn ich hatte nicht viel anderes als die Reflexzonenbehandlung der Füße zu bieten. Das war die Methode, auf die ich mich verlassen konnte, und in diesem Fach konnte mir keiner etwas vormachen.

Es hat mich gerührt, dass einige meiner Kassenpatienten von früher weiterhin kommen wollten, obwohl es weder eine Bus- noch eine Bahnverbindung nach Burgberg gab. Zudem hatte der neue Berufstitel 'Heilpraktikerin' einen Nachteil: Ab jetzt mussten die Patienten die Behandlungen aus eigener Tasche bezahlen. Meine Honorare haben sich jedoch in der ersten Zeit nicht allzu viel von den früheren Kassensätzen unterschieden.

Frau Müller hielt mir trotz des weiten Weges von über fünfzig Kilometern die Treue, denn sie hatte ein schweres Nierenleiden, das gut auf die Reflexzonentherapie am Fuß ansprach. Sie 'gebar' eines Tages nach einer Behandlung innerhalb von einer Stunde drei Nierensteine. Das Teesieb, das ich ihr mit auf die Toilette gab, damit sie die Steine abfangen konnte, habe ich ihr als Andenken geschenkt.

In ihrer Freude und Dankbarkeit organisierte Frau

Müller zweimal in der Woche ein Auto voll mit jeweils vier weiteren Patienten, die sie aus der Fabrik, in der sie arbeitete, rekrutierte. So kam es, dass ich am Dienstag und Freitag nach dem Fabrikfeierabend sicher sein konnte, dass die Praxis lief. Frau Müller war eine praktisch veranlagte Frau, die meine Kinder liebte. Als sie sah, dass ich Mühe hatte, Kinder, Praxis, Haushalt und Garten unter einen 'Hut' zu bringen, wies sie ihre Leute an, meinen Kindern bei den Schulaufgaben zu helfen, während sie auf die Behandlung warteten und doch nichts Besseres zu tun hatten.

Sie brachte Elmer schon bald einen Hasen und den dazu gehörenden Stall, den ihr Mann gebastelt hatte. Mucki war das erste Tier in unserer Familie, später folgten ihm verschiedene andere große und kleine.

Damals war das Bemalen von Steinen gerade in Mode. Frau Müller brachte eines Tages Farben und Pinsel. Schöne runde Wackersteine gab es im Garten genug. Elmer war im Malen besonders eifrig und phantasievoll. Zum Advent hatte er eine ganze Sammlung von Steinen mit Weihnachtsmotiven unter der Treppe aufgebaut, die er den Besuchern zum Verkauf anbot, um sein Taschengeld aufzubessern. Bei einem stand mit seiner Zweitklässler-Handschrift: "Jesu Geburd, halb lakirt, zweifuffzig."

Bislang hatte ich meine Tätigkeit zwar dem Gesundheitsamt in Villingen gemeldet, aber eine Anzeige im Königsfelder Mitteilungsblatt schaltete ich erst, als ich merkte, dass ich auch mit der Fußbehandlung allein eine Praxis aufbauen konnte. Die Erfahrungen mit den Patienten, die ich von meiner Kassenpraxis übernommen hatte, machten mir Mut.

Die erste Patientin aus der Gegend kam aus Erdmannsweiler. Es war eine alte Frau, die einen ziemlich dicken Hals hatte, der verhinderte, dass sie ihre Schwarzwälder Tracht bis oben zuknöpfen konnte. Sie wunderte sich, als ich sie bat, Schuhe und Strümpfe auszuziehen, denn sie wusste lediglich, dass drüben auf dem Burgberger Däplisberg eine 'Hemobadin' angefangen hatte. Da sie ihre Beschwerden doch viel weiter oben hatte, kam ihr die Fußbehandlung schon seltsam vor. Nach der Behandlung, bei der sie mir allerlei aus dem Dorf erzählte, schaute sie mich mit einem Lächeln an und meinte: "Zu Ihne ka mer komme, Sie könnet au schwätze wie mier." Dass es mehr mein Dialekt als meine spezielle Methode war, die ihr zusagte, konnte ich gut annehmen.

Bevor ich die nächste Behandlung begann, wollte sie mich wissen lassen, dass sie jetzt zumindest ausschließen konnte, was ich *nicht* war. Sie sagte mir: "Etz han i au verschtande, dass Ihr koi Kügeles-Doktere send." Bislang war sie wohl davon ausgegangen, dass Heilpraktikerin gleich bedeutend mit Homöopathie sei, und dass ich ihr 'Kügele' verordnen würde. Ihr Hals wurde zum Glück auch ohne Kügelchen zusehends dünner. Vor der sechsten Behandlung wollte sie, dass ich ihr Kleid anschaute und war verwundert, weil ich es nicht selbst gemerkt hatte, dass die meisten der vielen kleinen Knöpfe ihrer Tracht jetzt bis oben hin zugeknöpft waren.

Die liebenswerte alte Frau kam lange Zeit zur Fußbehandlung, wann immer ihr etwas fehlte. Zwei Jahre später, in denen ich überraschend guten Zulauf aus

Erdmannsweiler hatte, stellte sich heraus, dass sie die Großmutter einer Großfamilie war und nach ihren Erfahrungen mit mir kräftig die Werbetrommel gerührt hatte. Als ich sie darauf ansprach, meinte sie verschmitzt: "Wisset se, die hent halt denkt, an deam alte Weib ka mer nimme viel he' mache, drom hent se mi' z'erscht g'schickt."

Die Praxis lief so gut an, dass ich bereits nach ein paar Wochen einen gut gefüllten Terminkalender hatte. Die Befürchtung, dass die Leute mehr von mir wollten, als die Füße behandelt zu bekommen, war grundlos. Es war eher umgekehrt: Sie interessierten sich sehr für diese therapeutische Besonderheit, die es sonst nirgends gab.

Nachdem wir uns gut in unserer neuen Heimat eingelebt hatten, der Garten angepflanzt und das Grundstück eingezäunt waren, konnte ich endlich auch den großen Wunsch der Kinder nach eigenen Tieren erfüllen. Winfried bekam das Peterle, ein Pony, das unberechenbarer war als wir beim Kauf ahnten. Es biss Tante Hedwig sogar eines Tages heimtückisch in die Brust, als sie ihm ein paar frische gelbe Rüben aus dem Garten zustecken wollte. Der Kauf des Ponys war möglich geworden, weil ich schon in Sulgen begonnen hatte, Fünfzig-Pfennig-Stücke zu sammeln. Und als im lokalen Mitteilungsblatt ein kinderliebes Pony angeboten wurde, schlachteten wir das Sparschwein.

Elmer freundete sich nach seiner Stallhasenzeit mit Florian, einem scheuen Streifenhörnchen an, das sich immer wieder in den abgelegensten Winkeln des Hauses versteckte, und Gabriele bekam endlich ihren schwarzen kleinen Pudel Nicki, der sie bis ins Erwachsenenalter treu begleitete.

Jeden Tag nach dem Mittagessen, wir konnten es vom Küchenfenster aus sehen, kam ein alter Mann das Sträßchen herauf. Er ging bedächtig, mit beiden Händen auf dem Rücken, und blieb meist zum Verschnaufen an unserem Grundstück stehen. "Ihr send no net lang da", meinte er, als er uns vor dem Haus sah. "Ond en Ma' sieh i au net."

Ich erzählte ihm, dass ich geschieden sei und jetzt eine Praxis für Fußbehandlungen eröffnet hatte. "Ja, d' Füeß braucht mer allewiel", sagte er nachdenklich. "Ond wenn ihr emohl ebbes zum schaffe hend, könnet ihr's sage. Wenn ihr's net zahle könnet, hilf i euch au so." So kam es, dass 'Opa Schleich', wie ihn die Kinder bald nannten, oft ein wenig im Garten werkelte, Winfried zeigte, wie das 'Wiesle' zu mähen war und ihm half, dem Peterle das Zaumzeug anzulegen.

In den ersten Jahren kam es ab und zu vor, dass Ärzte aus der näheren Umgebung ihre Patienten vor meinen unwissenschaftlichen Methoden warnten oder die Reflexzonentherapie als nutzloses 'Fußgekitzel' lächerlich machen wollten. Eine Frau aus Villingen stellte ihren Hausarzt couragiert vor die Wahl, dass sie nicht mehr zu ihm kommen würde, wenn er weiterhin so geringschätzig über die Fußbehandlung sprechen würde. Sie erzählte mir aufgebracht: "I' han em g'sait, er söll sich doch selber emol seine krumme Fieß massiere lasse, vor er so en Käs üb'r ebbes schwätzt, des er gar net kennt."

Da mehr und mehr Patienten auch von auswärts

und von weit her kamen, wollte ich doch zu meiner bisher einzigen Behandlungsart ein paar ergänzende Methoden anbieten. Ich ließ einen Kneipp-Gieß-schlauch montieren, legte die Patienten bis zu fünf, sechs Stunden unter die sanft rieselnde, körperwarme Dauerbrause und verabreichte Wannenbäder mit aromatischen Zusätzen.

Auch die Bach-Blüten, die ich im Jahr zuvor aus Johannesburg mitgebracht hatte, kamen jetzt vermehrt zum Einsatz. Es hat mich in meinen Ansichten bestätigt, was Dr. Bach über die Krankheit geschrieben hat: "Der Sinn der Krankheit ist es, den Menschen zu seinem wirklichen Wesen zurückzuführen." Er hatte alle seine homöopathischen Mittel durch eigene Krankheiten gefunden, und das machte ihn mir besonders glaubwürdig.

Die Bach-Blüten waren zu Beginn der Siebziger Jahre bei uns noch kaum bekannt. Da mich die Homöopathie und ihr dahinter stehendes, großartiges Gedankengebäude zwar immer schon interessiert hatte, ich jedoch die Zeit nicht fand, mich mit ihr gebührend zu befassen, lagen mir die Bach-Blüten in ihrer Überschaubarkeit näher. Zudem fühlte ich mich mit ihnen gefühlsmäßig verbunden, denn die Anzahl der neununddreißig Fläschchen entsprach der Nummer, die mir meine Mutter 1946 beim Eintritt in die große weite Welt der Klosterschule in Lenzfried in alle persönlichen Kleidungsstücke genäht hatte.

Meine Kinder, die die Trennung der Eltern, das neue Zuhause und die unbekannten Schulkameraden zu verkraften hatten, bekamen in dieser Zeit öfters morgens ein paar Tropfen des passenden Mittels mit auf den Schulweg. Lange Jahre haben nicht nur sie, sondern alle, die in Büro, Haus und Garten arbeiteten, die Notfalltropfen Nr. 39 mit sich herumgetragen und in prekären Situationen als echte Hilfe empfunden.

Bei einer Englandreise habe ich aus dem Garten von Dr. Bach von zwei alten Damen, die seine Mitarbeiterinnen gewesen waren, ein paar Blumenzwiebeln vom Schockmittel 'Star of Bethlehem' geschenkt bekommen. Der 'Doldige Milchstern' fühlt sich seither auch in meinem Burgberger Garten wohl.

Die Homöopathie kam später doch noch etwas zu Ehren, denn Gabriele und ich besuchten zwei Semester lang Homöopathie-Vorlesungen in Wolfsburg. Seither behandelt sie ihre Kinder und Freunde gern auf diese Weise.

Nach einiger Zeit baute ich eine Sauna in eine Hausnische. In den ersten Jahren war die Sauna für die Kinder der 'Renner', vor allem im Winter, wenn sie aus der Hitze in den weichen Schnee hüpften und, auf dem Rücken liegend, mit ihren ausgebreiteten Armen Adlerfiguren in die weiße Pracht drückten. Vor dem Ausgang zum Garten ließ ich eine große, tiefe Wanne in die Erde eingraben, von einem Holzgeflecht als Sichtschutz eingezäunt, damit sich die Saunierenden, wie es sich gehört, an der frischen Luft und im Wasserbecken abkühlen konnten. Die kleine 'Tauchstation' habe ich jahrelang morgens direkt nach dem Aufstehen als Morgenbad benützt, so lange es die Witterung zuließ. Für diese Erfrischung hat mich später Jehuda Livne, der Freund aus Israel, heimlich für ein bisschen 'meschugge' gehalten, mehr noch, nachdem er selber eines Morgens kurz in der Wanne untertauchte.

An dieser Stelle am Nordostteil des Hauses wäre Jahre später beinahe ein Unglück passiert. Meine Kinder brachten als Halbwüchsige öfters Freunde zum Übernachten mit, die ich teilweise erst morgens beim Frühstück entdeckte. Einer davon muss unten im Dorf in der 'Linde' deutlich zu viel gebechert haben, denn als er nachts auf die Toilette wollte, verwechselte er das Nachttischchen mit einer Stufe und das Fenster mit der Tür. Er landete in freiem Fall vom ersten Stock am Rand des Holzsichtschutzes und ritzte sich dabei den Unterbauch bis in die Blase hinein auf. Das dumpfe Geräusch des Aufpralls und die sekundenlange unheimliche Stille danach waren für mich der größere Schock als das folgende Wehgeschrei des jungen Mannes. Der Notarztwagen brachte ihn in die nächste Klinik, wo er sofort operiert wurde. Zum Glück hatte er eine gute 'Kuddel', eine robuste Gesundheit, und trug keinen größeren Schaden davon. Er kam später in meine Praxis und ließ sich die Bauchnarbe neuraltherapeutisch versorgen. Natürlich nahm ich auch die Gelegenheit wahr, die Zone der Blase zu überprüfen, die erwartungsgemäß schmerzhaft war.

Heute ist aus dem kleinen Saunaraum eine Sitzecke für Kursteilnehmer geworden, die in den Gartenboden eingelassene 'Badewanne' ist zugeschüttet und der Zaun entfernt. Dort in der Nähe fließt jetzt Wasser aus einer schön geschwungenen Stele nacheinander in drei ovale, flache Becken, durch deren Form es die Bewegung einer Lemniskate, des Unendlichkeitszeichens, bekommt. Dieses alte Menschheitssymbol verwenden wir, wie die Anthroposophen, in verschiedenen Variationen auch in unserer Therapie. Im Gartenteich haben sich rotbauchige Molche und Salamander angesiedelt, deren Urahnen ich von meinem Patenkind in Dresden geschenkt bekommen habe.

Wo die Vorrichtung für die Dauerbrause stand, wird jetzt in den Unterrichtspausen Kräutertee zubereitet, im Sommer frisch gepflückt, im Winter in getrockneter Form. Etwa vierzig verschieden große Apothekerdosen bewahren das Jahr hindurch Blüten und Blätter auf, die dort gedeihen.

Tee trinken gehört zu den Gepflogenheiten in unseren Kursen. Wir wissen, dass ein guter Flüssigkeitsumsatz das Wohlbefinden der Kursteilnehmer unterstützt, nicht nur auf der körperlichen, sondern auch auf der gefühlsmäßigen Ebene. Nicht ohne Grund spricht man bei Flüssigkeiten auch von Lösungen. Bei Tränen, wie sie manchmal scheinbar grundlos in den Kursen fließen, ist es besonders offensichtlich, dass 'Lösungen' zugleich zu inneren Lösungen von angestauten emotionalen Belastungen führen können. Ich wusste bereits aus Bad Ragaz, dass man in der Schweiz in vielen Gegenden nicht wie bei uns vom Wasser *lassen*, sondern vom Wasser *lösen* spricht.

Der Garten hat sich ganz allmählich vom früheren Nutz- in einen Blumen- und Kräutergarten verändert, in dem sich die Kursteilnehmer im Wandel der Jahreszeiten in den Pausen erholen. Wenn der Winter nicht zu streng war, kann ich schon Mitte März mit den strahlend gelben Blüten des Huflattichs meine Kräutersammel-Saison einläuten. Eine ältere Frau aus dem Dorf leistet jedoch die Hauptarbeit und versorgt mit ihrem 'grünen Daumen' die Blumen und Kräuter vom

Frühjahr bis zum Spätherbst. Sie kümmert sich darum, dass der Garten so gepflegt ist, dass alles ursprünglich wachsen kann.

Viele Jahre lang habe ich im Frühsommer Wirsing- und Kohlsetzlinge gepflanzt. Das kleine Büchlein 'Von den wunderbaren Heilwirkungen des Kohlblattes' hatte mich auf die Idee gebracht. Wenn die krausen Köpfe groß genug waren, konnten meine Patienten nach der Behandlung in den Garten gehen und sich ein paar der dunkelgrün-saftigen, äußeren Blätter abschneiden. Das bot ich allen an, die Entzündungen in den Gelenken oder offene Beine hatten. Es war erstaunlich, wie viel Hitze diese mit dem Wellholz weich gewalkten Blätter aus dem Gewebe zogen. Manchmal waren die Blätter nach einer Stunde so trocken und braun gefärbt wie Tabakblätter, aber die Entzündungserscheinungen wurden deutlich weniger. Ich hatte das auch an mir selber erlebt, als ich plötzlich eines Morgens mit einem hochrot entzündeten Knie aufgewacht war. Nach vier Tagen konnte ich es wieder bewegen.

Nachdem ich von Jahr zu Jahr mehr an den Füßen arbeitete, schmerzten meine Daumen nach einem anstrengenden Praxistag manchmal so stark, dass ich nachts Salbenverbände anlegen musste. Ich war nahe daran, die ganze Sache aufzugeben. Teilweise ersetzte ich den von Mrs. Ingham entwickelten Daumendruck durch meine Fingerknöchel, aber das half auch nicht viel. Ein älterer Patient, der in seiner Fabrik in der Nähe von Freudenstadt Spritzgusswerkzeuge herstellte, bot mir an, einen abgerundeten Kunststoffstab zu entwickeln, der mir zumindest bei den meist derberen

Männerfüßen und am Fersengewebe die Arbeit erleichtern würde. Er fand als schwäbischer Tüftler seine Idee Erfolg versprechend, aber ich merkte bald, dass es dem Wesen der Hand-Arbeit widerspräche, wenn ich ein Gerät oder ein anderes Hilfsmittel einsetzen würde.

Das Thema des Lösens beschäftigte mich mit meiner verkrampften Arm- und Nackenmuskulatur und den belasteten Gelenken und so meldete ich mich zu einem Kurs bei Alice Schaarschuch an. Sie war eine der großen Frauen, die schon in den fünfziger Jahren neue Impulse in die therapeutischen Berufe brachte. Sie nannte ihre Arbeit 'Atem- und Lösungstherapie' und unterrichtete damals in Goslar im Harz.

Noch vor Kursbeginn ließ ich mir ihr Buch schicken, denn ich wollte mich auf die Woche bei ihr gründlich vorbereiten. Ich fand ihre Schrift so wenig interessant, dass ich, wenn ich mich nicht geniert hätte, meine Anmeldung wieder zurückgezogen hätte. Später merkte ich, dass sich ihre Arbeit so wenig wie meine eigene durch Lesen vermitteln ließ, denn es fehlte die persönliche, sinnliche Erfahrung. Die bekam ich erst in den Tagen in Goslar zu spüren, und die vorher toten Buchstaben füllten sich beim erneuten Lesen ihres Buches nach dem Kurs wirklich mit Leben.

In einer der ersten Übungsstunden beschäftigten wir uns, auf dem Boden liegend, fast ausschließlich mit der rechten Schulter und dem Arm. Wir gestalteten bewusst den Anfang und das Ende einer jeden kleinen Bewegung, bevor wir eine neue anfingen und ließen uns unendlich viel Zeit dazu. Mich von gewohnten Bewegungsmustern zu lösen, war viel schwerer als ich dachte. Das Gut-sein-wollen, meine Ungeduld und das Gedankenkarussell, das sich kaum abstellen ließ, waren mir im Weg. "Am Anfang sind Gewohnheiten Spinnenweben, schnell werden sie zu Drahtseilen."

Durch die Aufmerksamkeit, die wir konzentriert auf den Arm und die Schulter lenkten, war dieser Bereich so groß geworden, dass er in unserer Wahrnehmung fast das Doppelte seiner anatomischen Realität erreicht hatte. Danach schickte uns Frau Schaarschuch für drei Stunden in die Mittagspause. Ich stand irritiert vor der zierlichen Person und beklagte mich mit vorsichtigen Worten, dass ich jetzt völlig einseitig sei. Sie legte ihren von feinen, weißen Haaren umrahmten Kopf etwas auf die Seite, schaute mich an und meinte mit einem Zwinkern in ihren Augen: "Na und?"

Die gleichen Prinzipien fand ich, wenn auch mit etwas anderen Worten, als ich mich Jahrzehnte später intensiv mit der Feldenkrais-Arbeit beschäftigte. Auch hier sind Ruhe und Bewusstheit die wichtigsten Faktoren für ordnende Impulse des Nervensystems, um neue Bewegungsabläufe zu verinnerlichen.

Zu Hause versuchte ich in kleinen, mühsamen Schritten, den therapeutischen Griff vom mechanischen Druck auf dynamische Kraft umzustellen, aber ich kam auf keinen 'grünen Zweig'. Im folgenden Kurs, drei Monate später, sprach ich Frau Schaarschuch auf meine Arbeit und vor allem auf meine Beschwerden an. Sie schaute mir zu, wie ich an ihrem Fuß behandelte und fragte erstaunt: "Warum arbeiten Sie denn nur mit Ihrem Daumen? Geht das nicht auch mit den anderen Fingern?" Da erkannte ich blitzartig, dass ich mich all die Jahre immer noch genau nach den Anweisungen aus Eunice Inghams Broschüre von 1935 gerichtet hatte.

Ich wusste durch ihre Behandlung an meinen Füßen zwar, dass ihre Hände wesentlich kräftiger gebaut waren als meine, aber ich wäre von selbst nicht auf den Gedanken gekommen, dass nicht für 'jeden das Gleiche, sondern für jeden das Seine' gilt. Von diesem Tag an probierte ich aus, was *mir* gut tat. Ich erfand viele neue Griffe und setzte außer dem Daumen die Finger so oft wie möglich ein. Insgesamt vergingen Wochen, Monate und Jahre, bis die Griffe so ausgefeilt waren, dass sie sich in der täglichen Praxis bewährten. Somit können heute alle, die der abgewandelten Technik die nötige Aufmerksamkeit und Geduld schenken, diese Arbeit ohne einseitige Überlastung der Gelenke und Muskeln auch über lange Zeiträume ausführen.

Im Lauf der Jahre und Jahrzehnte waren die Menschen jedoch auch sensibilisierter und differenzierter geworden. Jetzt genügt oft schon ein Bruchteil der Intensität, mit der früher behandelt wurde, um eine Umstimmung im Gewebe zu erreichen. Eine ältere Kollegin, die mehr als vierzig Praxisjahre hinter sich hatte, sagte mir einmal: "Wenn sich solche Therapien nicht auf die jetzigen Menschen einstellen, gehören sie ins Antiquariat."

Inzwischen sind Alice Schaarschuchs Erfahrungen längst in dem schönen, praktisch ausgerichteten Buch 'Lagerungen in der Krankengymnastik' niedergelegt. Das, was ich bei ihr gelernt hatte, kam mir nicht nur im Beruf, sondern vor allem im täglichen Leben zugute.

Als nächstes interessierte ich mich, durch einen Ar-

tikel in einer Fachzeitschrift angeregt, für die Neuraltherapie, denn die Gebrüder Hunneke mit dem
durch Prokain-Injektionen ausgelösten 'Sekundenphä-
nomen' waren mir theoretisch durch die Heilpraktikerausbildung schon bekannt. Wie man Injektionen aus-
führt, hatte ich im Lister-Hospital gelernt, so dass mir
nur die spezielle Technik und Erfahrung fehlten. Ein
freundlicher und versierter Kollege aus der Nähe ließ
mich etliche Male über seine Schulter schauen, aber
die tiefen Injektionen in Nervenganglien und in die
Bauchhöhle traute ich mir nicht zu. Ich blieb bei der
'Kleinen Neuraltherapie', das heißt, beim Unterfluten
der Narben.

In diesen Monaten habe ich öfters ausprobiert, ob
sich die Wirkung der Behandlungen verstärkte, wenn
ich zusätzlich homöopathische Mittel in die Reflexzonen spritzte. Dazu eignet sich der Fuß*rücken* am ehe-
sten, denn Injektionen an der Fußsohle sind sehr
schmerzhaft. Dort habe ich nur in Ausnahmen gespritzt, zum Beispiel, wenn Narben bis in die Fußsohle
reichten und das bisherige Behandlungsresultat nicht
zufrieden stellend war.

Von E. Ingham waren nur wenige Zonen am Fuß-
rücken bekannt. Durch die Versuche mit den Spritzen
habe ich weitere Zonen gefunden und die vorhandenen präzisieren können. Am ergiebigsten zeigten sich
die Zonen von Blinddarm, Nieren und Gallenblase.

In die Blinddarmzone spritzte ich einmal bei einem
zehnjährigen Jungen, der wegen chronisch wiederkeh-
render Blinddarmreizungen kam, ein Lymphmittel. Ich
hatte vorher bereits acht Fußbehandlungen durchgeführt. Dadurch waren seine jahrelangen Bauch-

schmerzen zwar weniger geworden, aber sie kamen in abgeschwächter Form doch immer wieder. Ich besprach die Möglichkeit der Injektion mit den Eltern des Buben. Der war tapfer, wollte aber vorher die Größe der Nadel sehen und nahm mir das Versprechen ab, dass ich wirklich nur einen Millimeter unter die Haut stechen würde. Er schaute mir genau auf die Finger und war danach zu Recht stolz auf seinen Mut. Die Spritze durfte er mit nach Hause nehmen, zu seinem Bedauern ohne Nadel. In der folgenden Nacht bekam er Bauchkrämpfe und schied harte, dunkle Kotreste und viel Schleim aus. Wir hatten, abgesehen vom Fachwissen, auch Glück gehabt, dass die Regenerationskraft des Buben so schnell 'ansprang', denn mit der Injektion waren auch die verbliebenen Beschwerden dauerhaft verschwunden. Das nächste Mal kam sein kleiner Bruder mit, der auch so eine Spritze wollte, damit er im Kindergarten diejenigen nass spritzen konnte, die ihn ärgerten.

Beim Unterfluten der Narben habe ich oft festgestellt, dass die körperlichen Beschwerden, die durch Narben verursacht werden können, zwar erheblich sind, dass jedoch bei vielen Menschen die seelischen Verletzungen eine weitaus größere Belastung darstellen. Das Wort 'einschneidend' in seiner doppelten Bedeutung für die körperliche und emotionale Ebene hat mir die Zusammenhänge eröffnet und bestätigt. Zudem kam mir in den Sinn, ob sich dabei nicht auch das homöopathische Prinzip bewährt, dass sich 'Ähnliches mit Ähnlichem' behandeln lässt. Auch wenn der Einstich mit der Nadel eine wesentlich kleinere 'Wunde' als die Operation verursacht, entsteht doch jedes Mal eine Verletzung.

Eine Patientin hatte nach einer Kaiserschnitt-Entbindung starke Rückenbeschwerden, die auf die Behandlung der Fußzonen gut ansprachen. Die Schmerzen kamen jedoch nach jeder Menstruation wieder. So lag es nahe, dass ich auch ihr die Unterflutung der Kaiserschnittnarbe anbot. Als ich etwa die Hälfte der wulstigen Narbe gespritzt hatte, begann sie zu weinen. Ich unterbrach meine Arbeit und bot ihr meine Hand an, die sie krampfhaft festhielt. Sie erzählte von ihrem jahrelangen Kinderwunsch, der endlich in Erfüllung gegangen war, obwohl ihr Mann keine Kinder wollte und ihr die Schwangerschaft übel nahm. Ihr Liebes- und Sexualleben war starken Belastungen ausgesetzt, denn sie hatte bei aller Freude am Kind ein schlechtes Gewissen und spürte die unausgesprochenen Vorwürfe ihres Mannes.

Sie konnte sich nicht erklären, warum das gerade jetzt und für sie ganz unerwartet 'hochgekommen' sei. Ihre Wortwahl verwendend, sagte ich ihr, dass nur das 'hoch' kommen könne, was unerledigt 'unten' liege. Sie verstand so auch das Prinzip der natürlichen Therapiemethoden, die auf verdrängte und nicht bearbeitete Bereiche hinweisen und die Chance einer Veränderung bieten. Ich behandelte sie weiterhin einmal wöchentlich an den Füßen, und nach der nächsten Regelblutung waren die Rückenschmerzen verschwunden. Monate später, als ich sie zufällig beim Einkaufen traf, nahm sie mich auf die Seite und erzählte mir, dass sie inzwischen auch mit ihrem Mann hatte reden können und sie jetzt endlich eine kleine glückliche Familie waren.

Mich packte wieder einmal die therapeutische

Neugier und ich wollte wissen, ob das, was ich mit der Neuraltherapie bewirkt hatte, auch über die Füße möglich war. So suchte ich die zugeordneten Zonen der Narben. Sie waren häufig schmerzhaft, allerdings meist nicht in ihrer gesamten Länge, sondern nur in den Abschnitten, die nach der Operation oder dem Unfall Schmerzen oder eine schlechte Heilungstendenz gezeigt hatten.

Es war erstaunlich, mit welcher Deutlichkeit manche Patientinnen und Patienten die Narbe selber spürten, die ich als Zone am Fuß behandelte. Manchmal begannen sie, ohne dass sie es merkten, an der Narbe etwas zu kratzen oder empfanden dort plötzlich eine beruhigende Wärme, die trotz des Schmerzes, den ich durch die Fußbehandlung verursachte, unvermutet ein Lächeln auf ihr Gesicht zauberte. Der Satz: "Schmerz ist der Schrei des Gewebes nach flutender Energie" von Dr. Reinhold Voll, dem Begründer der Elektro-Akupunkturmessung, zeigte mir: Wo viel Schmerz ist, ist viel Lebenskraft. Sie ist allerdings nicht in der Lage, das zu tun, was sie ihrem Prinzip nach und unter gesunden Voraussetzungen tun muss, sie kann nicht fließen.

Ich versuchte zunächst, diese blockierte und gestaute Lebenskraft zu 'besänftigen', indem ich mit langsamen und behutsamen Griffen in das Zentrum der schmerzenden Zone eindrang und der Patientin, dem Patienten die Gelegenheit gab, diesen Schmerz als Teil der eigenen Person zu akzeptieren. Allein die respektvolle Zuwendung zum Schmerz des Anderen brachte manchmal schon eine Wende. Nicht nur die Zone wurde weniger empfindlich, sondern die Verän-

derung des Atems zeigte mir, dass sich auch in der seelischen Ebene etwas bewegt hatte.

Eine Zeitlang ließ ich bei meinem hilfsbereiten
Neuraltherapie-Kollegen durch Messungen an den
Narben 'vor Ort' prüfen, ob sie Störfelder waren oder
nicht. Er bestätigte mir, dass ich auch über die Reflexzonen der Füße die Möglichkeit hatte, Störfelder zu behandeln. Allerdings schüttelte er ungläubig den Kopf,
als ich ihm berichtete, dass ich durch die Narbenbe-
handlung in den Fußzonen auch psychische Blockaden
angesprochen und teilweise sogar aufgelöst hatte. Ich
beobachtete jetzt aber auch, dass die seelische Ebene
der Menschen nicht nur über Narbenzonen, sondern
von jeder Stelle am Fuß aus erreicht werden kann. Vor-
aussetzung dafür ist allerdings, dass der rechte Zeitpunkt, der Kairos, für das Eingreifen des 'Inneren Arztes' vorhanden ist.

Bei meinen Versuchen der ersten Jahre hat mich
zunächst sehr verunsichert, dass Zonen von Organen
schmerzhaft waren, obwohl die Organe längst opera-
tiv entfernt worden waren. Als ich einen Patienten,
dessen Blinddarmzone sehr schmerzhaft war, nach Beschwerden in diesem Gebiet befragte, meinte er nach-
sichtig lächelnd, dass es der Blinddarm wirklich nicht
sein könnte, da dieser ihm schon achtzehn Jahre zuvor
entfernt worden wäre. Die Überlegung, dass sich vielleicht die Operationsnarbe in der Reflexzone als Störfeld manifestieren würde, musste ich auch wieder ver-
werfen. Ich hatte zu oft gesehen, dass zum Beispiel eine Narbe nach einer Gallenblasenoperation nicht direkt über der Gallenblase lag und wusste daher, dass
die Zonen von Organ und Narbe oft nicht identisch

waren.

Erst die Kirlianfotografie, eine von russischen Forschern entwickelte Hochfrequenzfotografie, mit der man das Strahlungsfeld eines Menschen messen kann, gab mir Aufschluss. Auf einer dieser Fotografien sah ich, dass ein Zeigefinger, der amputiert worden war, eine schöne, gleichmäßige Korona aufwies. Dem Bild war nicht zu entnehmen, dass der Finger gar nicht mehr vorhanden war. Das zeigte mir, dass bei Operationen oder auch bei Zahnextraktionen lediglich der materielle Teil entfernt wird, dass das Strahlungsfeld jedoch weiterhin vorhanden ist. So verstand ich, dass ich trotzdem Zonen von operierten Organen aufspüren und behandeln konnte. Überzeugend war in dieser Richtung auch die praktische Erfahrung von Patienten mit Amputationen. Sie litten oft unter Phantomschmerzen mit schwersten Neuralgien und 'spürten' zum Beispiel ihre Zehen, obwohl sie längst nicht mehr vorhanden waren.

Diese und ähnliche Überlegungen bereiteten mir viel Kopfzerbrechen, die mich oft bis in den Feierabend hinein verfolgten.

Aber ich hatte auch andere, genau so wichtige Aufgaben. Es war nicht damit getan, dass die Kinder jeden Tag ihre Mahlzeiten bekamen. In der Schule lief nicht immer alles glatt, die Zeugnisse ließen teilweise zu wünschen übrig und es gab manche Tränen, wenn sich eine hoffnungsvoll begonnene Schulfreundschaft nach ein paar Monaten auflöste. Winfried und Gabriele setzten ihren Klavierunterricht, den sie schon in Sulgen begonnen hatten, fort und mussten, wie die meisten Kinder, zum Üben angehalten werden. Elmer versuchte sich eine Zeitlang auf der Blockflöte, gab die 'Pfeiferei' aber bald wieder auf. Ich wollte ihn mit meiner Begeisterung am Flötespielen anstecken und begleitete ihn mit meiner neu erstandenen Tenorblockflöte bei seinen einfachen Liedchen, aber es half nicht viel. Er fand jedoch später großen Gefallen am Schlagzeug. Zum Glück meldete sich in dieser turbulenten Zeit eine junge Frau, die mir im Gegenwert von Behandlungen einmal in der Woche die Wohnung aufräumte und die Wäsche versorgte.

Durch die Kinder, die jetzt jeden Tag in die Zinzendorf-Schulen gingen, kam mir der Nachbarort Königsfeld näher. Zu Beginn des neunzehnten Jahrhunderts hatten sich dort bereits die ersten 'Herrnhuter', eine Gruppierung evangelischer Christen aus Böhmen und Mähren, angesiedelt. König Friedrich von Württemberg entschied 1809, dass der Ort Königsfeld heißen sollte.

Auch heute noch sprechen die Schüler ihre Lehrer als 'Bruder' oder 'Schwester' an. Das hat meine Kinder zunächst befremdet, aber mir war die Anrede aus meiner Klosterschulzeit in Lenzfried vertraut.

In den ersten Jahren kamen ab und zu Patientinnen und Patienten in meine Praxis, die noch von Dr. Heisler behandelt worden waren. Er war bis 1953 Landarzt in Königsfeld und „hatte Freude an ausgefallenen Dingen wie Apfeldiät, Sauerkraut, Petersilie, Zwiebeln und Blutegeln". Durch die Erfindung der Kaffeekohle wurde er weltbekannt. Bis heute wird sie als „Carbo Königsfeld" verordnet und fand auch bei mir vielfache Anwendung, nicht nur bei Patienten mit Magen-Darmbeschwerden, sondern auch bei Halsentzündungen und schlecht heilenden Wunden.

In seinem Buch „Dennoch Landarzt" findet sich ein Gedankenaustausch über die gute Wirkung der Kaffeekohle bei zwei Patienten mit nässender Dermatitis: „Zunächst könnte bedauernd und achselzuckend eingewendet werden: „Ja, Herr Kollege, nur zwei Fälle!" Dem würde ich antworten: Lieber Herr Berufskamerad! Ich kenne erstens keine 'Fälle', sondern nur Beobachtungen an Kranken. Zweitens kommt es nicht auf die große Zahl an, sondern auf die Richtigkeit der Beurteilung. Die Qualität entscheidet, nicht die Quantität."

Albert Schweitzer hatte in der Inflationszeit in Königsfeld ein Grundstück gekauft und für seine Familie ein Haus bauen lassen, vor allem wegen der angeschlagenen Gesundheit seiner Frau, der das Höhenklima gut bekam.

Er liebte den Klang der Orgel im Kirchensaal der 'Brüdergemeine' und hat oft dort gespielt. Schwester Hilde Martin, die Organistin, sah seit 1933, als die Familie Deutschland verließ, im Schweitzerschen Haus und Garten nach dem Rechten. Sie kam, schon hochbetagt, später regelmäßig zur Fußbehandlung und brachte mir eines Tages eine Handvoll Schneeglöckchenzwiebeln aus dem Garten der Familie Schweitzer, die ich in das Beet vor der Haustür pflanzte.

Fünfundzwanzig Jahre später, in einer Zeit, in der mir die Arbeit in Lehrstätte, Büro und Lehrerverband für Reflexzonentherapie fast über den Kopf wuchs und ich nicht mehr viel Kraftreserven hatte, ließ ich während einer Kur in einer Klinik in der Rhön eine Kirlianfotografie machen. Dabei wird die energetische

Ausstrahlung der Finger- und Zehenkuppen gemessen, die bei Gesunden einen gleichmäßigen Strahlenkranz zeigt. Auf dem ausgedruckten Bild war die Korona um die Finger gut sichtbar, aber von meinen Zehen war nicht die geringste Spur einer Ausstrahlung zu sehen.

Zunächst dachte der Arzt an einen Fehler in seinem Messgerät und wiederholte die Aufnahme. Aber das Ergebnis war das gleiche: Ich, die ich seit Jahrzehnten aufs intensivste mit den Füßen verbunden war, hatte meine eigenen Füße verloren! Diese bildhafte Darstellung meines Zustandes war wie ein heilsamer Schock. Ich sah in aller Deutlichkeit, dass jetzt der Zeitpunkt gekommen war, an dem ich alles nur Mögliche an Arbeit und Verantwortung abgeben musste, um wieder auf 'meine Füße' zu kommen.

Damit ich nie wieder vergesse, wie wichtig es ist, dass ich mich mehr um mich selbst kümmere, trage ich seither, immer wieder aktualisiert, ein Foto von mir herum. Wenn sich Bekannte nach meinem Befinden erkundigen, kann es sein, dass ich mit einem Augenzwinkern erzähle, dass es mir viel besser geht, seit ich eine besondere Freundschaft pflege. Dann zeige ich mein eigenes Konterfei und kann mit ihnen lachen, wenn sie merken, wie ernst es mir damit ist.

Seither frage ich mich jeden Morgen beim Aufwachen, wie es mir geht und sinniere meinem Befinden ein bisschen nach, bevor ich aufstehe.

In den frühen Siebziger Jahren hörte ich in den Kursgruppen immer wieder von verschiedenen neuartigen Therapieformen und interessierte mich dafür, wie andere Schulen ihren Unterricht aufbauten. Ich meldete mich zu einem Kurs bei Willy Penzel an, der mit seiner Akupunktmassage bereits bekannt geworden war. Wir brauchten eine Weile, bis wir einander etwas näher kamen. Er schien nicht viel von anderen Methoden zu halten und zeigte an meiner Arbeit kein großes Interesse. Zunächst war auch ich nicht sonderlich von den seltsamen Strichführungen angetan, die wir gegenseitig im Verlauf der Meridiane ausprobierten. Es störte mich außerdem, dass diejenigen, die unbekleidet auf der Übungsbank lagen, nur sehr nachlässig zugedeckt wurden. Für mich gehörte es auch unter Kollegen zum selbstverständlichen zwischenmenschlichen Respekt, die Intimität des Menschen, der auf der Bank liegt, durch Zudecken zu schützen. Diese Art der Achtung vor dem Anderen hatte ich schon während der Massageausbildung kennen und schätzen gelernt.

Am zweiten Morgen des Kurses konnte Herr Penzel den Unterricht nicht selbst halten, denn es war ihm am Abend zuvor ein Backenzahn heraus operiert worden. Während der Nacht hatten sich starke Schmerzen entwickelt und die betroffene Gesichtshälfte war geschwollen und entzündet. Da sah ich meine Chance gekommen und bot ihm eine Fuß-Behandlung an. Auf guten Zuspruch seiner Frau und mehr aus Höflichkeit als aus Überzeugung willigte er ein. Die Situation war beinahe grotesk: Er hatte zu jeder Seite des Sofas einen 'Sekundanten' beordert, und ich hatte auch zwei Begleiter mitgebracht. Wir schauten uns etwas verblüfft und verlegen an, bis Willy Penzel mit einer ausholenden Gebärde die anderen wegschickte und meinte, dass wir zwei erwachsene Leute seien und keine Kindermädchen bräuchten.

Ich bot meine ganze Kunst auf und hoffte inständig, dass meine Bemühungen auch zu einem guten Ergebnis führen würden. Zum Glück ließen die Schmerzen bald nach und Herr Penzel schlief nach zwanzig Minuten entspannt ein. Da ich ihm zusätzlich zur Sedierung der Gesichtszonen auch die Darmzonen, die bei jeder Entzündung belastet sind, intensiv behandelt hatte, wurde er nach einer knappen Stunde von starkem Stuhldrang geweckt. Nach einer voluminösen und übel riechenden Darmentleerung fühlte er sich nicht nur vom Bauch, sondern vor allem vom Gesicht her deutlich erleichtert. Als Meridian-Fachmann war seine Reaktion für ihn gar nicht überraschend, denn er wusste, dass der Dickdarm-Meridian Teile des Gesichtes mit seiner Energie versorgt. Herr Penzel schüttelte mir mit seinen unglaublich langen Armen kräftig die Hand und meinte: "Nie mehr ein böses Wort gegen die Füße!"

In späteren Jahren, als ich mich intensiver mit Akupunktur beschäftigte, habe ich seinen 'Kleinen Energiekreislauf', durch den die in der Mitte des Rumpfes verlaufenden zentralen 'Gefäße' miteinander verbunden werden, auf die Füße übertragen und pflege auf diese Weise in unseren Kursen das Andenken an den Pionier der manuellen Meridianbehandlung.

Einen Satz, der uns von Penzel täglich 'eingebläut' wurde, habe ich mir besonders gut gemerkt: "Wir behandeln keine Krankheiten, sondern Energiefluss-Störungen." Durch diese elegante Formulierung fühlte ich mich bestätigt, dass wir, die wir neuartige Methoden unterrichteten, dem deutschen Gesetzgeber gegenüber genau auf die Definition unserer Arbeit achten mussten, damit wir nicht mit dem Heilpraktikergesetz in Konflikt kamen. Danach dürfen nur Ärzte und Heilpraktiker diagnostizieren. Da die Reflexzonentherapie am Fuß je nach Berufsbild und Auslegung auch als Hilfsdiagnose verwendet werden kann, legte ich nach der Erfahrung bei Willy Penzel im Unterricht noch größeren Wert darauf, dass wir uns auf das Erstellen von Befunden und auf das Therapieren beschränkten und den Begriff Diagnose so weit wie möglich vermieden.

Es ist heute, mehr als dreißig Jahre später, kaum vorstellbar, wie lange das Damokles-Schwert über der Reflexzonentherapie am Fuß hing, dass die Anwendung der Methode je nach Auslegung Ärzten und Heilpraktikern vorbehalten sein könnte. Für diejenigen, die sich nur oberflächlich oder theoretisch mit der Methode beschäftigten, lag der diagnostische Blickwinkel auch nahe: Man musste wohl nur auf bestimmte Punkte am Fuß drücken, in etwa wissen, welche Zone sie repräsentieren, und schon konnte man sich eine 'Diagnose' zimmern. Wenn die Entwicklung in diese Richtung gegangen wäre, könnte heute niemand mehr aus den therapeutischen und pflegenden Berufen mit der Methode arbeiten. In jener Zeit gab es einige Prozesse, in denen ich klarstellen musste, dass wir nicht diagnostizieren, sondern therapieren. Erst 1993 wurde die Reflexzonentherapie am Fuß als eine Spezialmassage in das neue Ausbildungscurriculum für staatlich geprüfte Masseure vom Gesetzgeber aufgenommen, allerdings ohne Anspruch auf Vergütung durch die gesetzlichen Krankenkassen. Aber auch jetzt noch begegnen wir Patienten, denen die Grenze unserer Methode in Richtung Diagnose nicht bekannt ist.

Im Lauf der Jahre sind weitere 'Brücken' zu anderen Methoden entstanden. Wir unterrichten in den Auffrischungskursen den Einsatz von Balsamen, die als Träger von speziell zusammengestellten Mischungen ätherischer Öle die Wirkung der Reflexzonentherapie am Fuß unterstützen. Susanne Fischer-Rizzi war maßgeblich an dieser Entwicklung beteiligt. Sie meinte einmal: "Wenn du mit den Essenzen arbeitest, kannst du spüren, dass sich bei manchen Patienten essentiell etwas ändert." Mir ist dabei eingefallen, dass das Wort Essenz bedeutet, dass wir es mit etwas Wesentlichem zu tun haben.

Seit etwa acht Jahren besteht eine vertrauensvolle Zusammenarbeit mit Dr. Klaus Weber und seiner Frau, die Ortho-Bionomy unterrichten. Diese sanfte strukturelle Arbeit im Gewebe hat der Anglokanadier Arthur Pauls aus der Chiropraktik und Osteopathie entwickelt. Obwohl diese Methode bedeutend mehr therapeutische Möglichkeiten bietet, setzen wir sie vor allem ein, um die Beweglichkeit der einzelnen Zehengelenke zu normalisieren und erreichen damit gleichzeitig eine Verbesserung des Zustandes der Reflexzonen. Vorher hatte ich mich selber von der Wirkung der Ortho-Bionomy überzeugt, indem ich mich nach einem Sturz, bei dem das Hüft- und Kniegelenk betroffen waren, von Dr. Weber behandeln ließ.

Zu Beginn meiner therapeutischen Fuß-Versuche richtete ich mich nach den Hinweisen von FitzGerald und Ingham und übertrug die geschilderten Beschwerden der Patienten einfach an die vorgegebenen Stellen an den Füßen. Das entsprach mehr oder weniger einer Symptombehandlung, und das war früher, als die Menschen noch unkomplizierter krank waren, meist auch genug.

Eines Tages, kurz nachdem wir nach Burgberg gezogen waren, wurde eine Sängerin zu mir geschickt, weil sie stark erkältet und heiser war und am nächsten Abend ein Konzert geben sollte. Ich nahm mir zielstrebig die Zonen des Halses an den beiden Großzehen vor und war verunsichert, dass diese, entgegen meiner Erwartung, kaum auf meinen therapeutischen Reiz reagierten. Bislang hatte sich meist bestätigt, dass 'der Schmerz den Weg zur Therapie weist', denn weder ein funktionstüchtiges Organ noch eine gesunde Reflexzone haben Grund, mit Schmerzsignalen auf sich aufmerksam zu machen. Während ich mich gedanklich mit der Irritation herumschlug, erkundeten meine Hände, ohne dass ich es richtig merkte, andere Abschnitte der Füße und begannen, im Fersenbereich, der den Zonen des Beckens zugeordnet ist, zu arbeiten. Dort waren erstaunlich viele empfindliche Stellen, die ich mir gar nicht erklären konnte, denn die Sängerin kam nicht wegen Unterleibs-, sondern wegen Halsschmerzen.

Ich war zunächst verwundert, wohin mich meine Hände geführt hatten, aber sie wurden von den schmerzhaften Stellen direkt 'angezogen'. Deshalb arbeitete ich an beiden Fersen mit sanfteren und kräftigeren Griffen, bis die Beschwerden dort etwas nachließen. Synchron zur besseren Durchblutung des Fersengewebes räusperte sich die Sängerin und konnte zähen Schleim abhusten. Ich wiederholte die Behandlung am selben Abend und am nächsten Morgen. Obwohl ihre Stimme nicht ganz den samtenen Schmelz hatte wie sonst, musste sie das Konzert nicht absagen.

Bei der nächsten Behandlung erzählte sie mir, dass sie einige Wochen zuvor einen kleinen operativen Eingriff hatte, bei dem ein Polyp an der Unterleibsschleimhaut entfernt worden war. Mir fiel nun ein, dass zwischen allen Schleimhäuten im Menschen, unabhängig davon, an welcher Stelle sie sich befinden, Wechselwirkungen bestehen, da sie sich aus dem gleichen Keimblatt entwickeln.

Jetzt, zwanzig Jahre nach meiner Ausbildung als Krankenschwester, bekam ich die Erklärung, warum wir in der Klinik die Gewebeverdickung, die oft bei Frauen mit Unterleibserkrankungen um den siebten Halswirbel herum (dem Kehlkopf gegenüber) entsteht, im Volksmund 'widow's hump', also Witwenbuckel nannten. Eine ähnliche Bezeichnung findet sich auch in der deutschen Sprache als 'Hormonbuckel'.

Ich suchte lange nach passenden Formulierungen, mit denen ich verdeutlichen konnte, dass es in der heutigen Zeit oft nicht mehr genügte, nur die Zonen des Symptoms zu behandeln. Die vielschichtigen Zusammenhänge, durch die die Beschwerden entstanden, waren nach meinen Erfahrungen genau so wichtig, ja, manchmal bedeutsamer als das Symptom. Damit befand ich mich in guter Gesellschaft mit vielen ganzheitlich ausgerichteten Therapieformen aus der Naturheilkunde. Der Ausspruch, dass wir nicht Krankheiten und Symptome, sondern immer den ganzen Menschen mit seinen vielen Vernetzungen und funktionellen Verknüpfungen im Blickfeld haben sollten, war mir seit langem bekannt. In meinem ersten Buch nannte ich die Zonen des belasteten Milieus noch Kausalreflexzonen, weil sie nach meinem damaligen Verständnis meist ursächlich mit den bestehenden Beschwerden zusammen hingen. Später wurden daraus 'Hintergrundzonen'. Dieser Begriff schien mir passender, denn er bezog auch die Bereiche ein, die nicht direkt im kausalen Zusammenhang mit dem Symptom standen und doch zum Krankheitsbild des betreffenden Menschen gehörten.

In dieser Ebene konnte ich häufig in den Kursen überzeugende Beobachtungen machen, denn zu unserem 'Glück' waren selten ganz gesunde Menschen dabei. Es gab fast in jedem Kurs jemanden, bei dem sich die Verbindungen zwischen vordergründigem Symptom und seinem Hintergrund aufzeigen ließen.

Eine ältere Frau mit erheblichen Darmproblemen legte sich zur Demonstration der Zonen des Verdauungssystems auf die Liege, denn sie wollte wissen, ob sich das, was ich unterrichtete, auch bei ihr bewahrheitete. Zum Erstaunen aller waren ihre Darmzonen nicht in dem Maße empfindlich wie sie erwartet hatte. Ich erkundigte mich bei ihr, seit wann ihre Beschwerden bestanden. Sie meinte, dass sie bereits als Schulmädchen unter Verstopfung gelitten hatte. Auch jetzt, wo sie sich seit vielen Jahren ganz gesund ernährte, waren ihre Beschwerden unverändert. Da ich kurz zuvor vom Verlauf des Dickdarmmeridians gehört hatte, der vom Zeigefinger über den ganzen Arm bis zu den Nasenflügeln verläuft, fragte ich sie, ob sie in ihrer Schulzeit gegen Pocken geimpft worden wäre. "Und wie!" entgegnete sie und zeigte uns eine große Narbe am Oberarm. Sie erzählte, dass die Stelle lange entzündet gewesen war. Ich bot ihr die Möglichkeiten der Neuraltherapie an und spritzte abends ein Neuraltherapeutikum in die Narbe. Sie erwartete es am nächsten Morgen kaum, bis sie der Kursgruppe von ihrer fabelhaft ausgiebigen Darmentleerung erzählen konnte.

Die Kursteilnehmer wollten nun auch die Zone des Deltamuskels wissen, in dessen unmittelbarer Nähe sich die Pockenimpfnarbe befand. Als ich mit dem Finger an der Außenseite ihres Kleinzehengrundgelenkes entlang fuhr, also an der Zone des Oberarmes, schrie sie fast auf, denn das löste einen stechenden Schmerz aus. Sie hatte an der Stelle schon lange eine Hühneraugen ähnliche Verdickung, die sie sich bislang nicht hatte erklären können. Die Zusammenhänge zeigen sich nicht immer auf solch elegante Weise, aber es ist mir auch schon lange nicht mehr so wichtig wie früher zu 'beweisen', dass die Methode funktioniert.

Manche Anregungen für die Arbeit an den Füßen kamen von den Lehrkräften, manche durch Fragen und Beobachtungen von Kursteilnehmern. Am Ende eines Kurses stellte ein Teilnehmer, Walter Froneberg, der sich bereits mit verschiedenen manuellen Therapieformen beschäftigt hatte, die Frage: "Gibt es denn nur von Organen, Knochen und Muskeln Reflexzonen? Hat nicht auch das Nervensystem Zonen am Fuß?" Darauf wusste ich keine Antwort.

Nach dem Kurs beschäftigte er sich intensiv mit der Erforschung der Reflexzonen des Nervensystems und war bereits nach einigen Monaten dem 'Ei des Kolumbus' auf der Spur: Er hatte empirisch die Zonen des motorischen und später des vegetativen Nervensystems gefunden. Fortan unterrichtete er seine 'Spezialität' in eigenen Kursen. Die von ihm entwickelten Zonen bewährten sich bei Patienten mit Störungen im Bewegungsapparat genau so wie bei zentralen und peripheren Störungen des Nervensystems. Die Wirkung präzisierte sich, als er später die Reflexzonen der Hirnnerven, des Sympathicus und des Parasympathicus entdeckte. Seine Forschungen kommen bis heute vielen Patienten zugute.

In unserer Küche standen zwar immer noch die beiden alten Kochplatten auf den Umzugskisten, aber ich hielt trotzdem bereits im zweiten Jahr in Burgberg nach einem ganzheitlich arbeitenden Zahnarzt Ausschau. Jetzt, da ich eine eigene Praxis hatte, wollte ich, um meinen Patienten gegenüber glaubwürdig zu sein, fachmännisch abklären lassen, was bei meinen eigenen Zähnen nicht in Ordnung war.

In einer kleinen Nachbarstadt fand ich einen Zahnarzt, der sich zusätzlich zum üblichen Fachwissen auf energetische Messungen spezialisiert hatte. Er schaute meinen Zahnstatus kurz an und unterbreitete mir einen Kostenvoranschlag, der meine Möglichkeiten bei weitem übertraf. Als ich ihm meine finanzielle Situation schilderte, meinte er trocken: "Bei den Schulden kommt es auf diesen Betrag auch nicht mehr an." Ich war empört über so viel Geschäftstüchtigkeit und verließ seine Praxis mit der kurzen Bemerkung, dass ich ihn meinen Patienten sicher nicht empfehlen würde. Kurz danach fand ich einen anderen guten Fachmann, der mein Gebiss für ein Drittel des Preises sanierte.

Nach der energetischen Untersuchung stellte dieser fest, dass ein Weisheitszahn, der wegen seiner Größe die anderen Zähne bedrängte, ein Störfeld war, obwohl er mir noch nie Schmerzen bereitet hatte.

Schon eine Stunde nach der Extraktion ließen die ziehenden Beschwerden nach, die ich immer wieder im Iliosakralgelenk, einem Gelenk zwischen Kreuz- und Darmbein, spürte. Die Zone dieses Zahnes war mir zwar schon oft bei der Eigenbehandlung aufgefallen, weil sie schmerzte, aber ich hatte bislang keinen Zusammenhang erkannt. Dass der gesunde Zahn, nur weil er unüblich groß war, solche Fernwirkungen auslösen konnte, bestärkte mich in meiner Entscheidung, ab jetzt den Zähnen meiner Patienten mehr Aufmerksamkeit zu schenken.

Der Zahnarzt empfahl mir Literatur, die mir den Meridian-Hintergrund der Störfeldmessungen verständlich machte. Mir war jedoch besonders wichtig, dass ich jetzt eine Tabelle zur Verfügung hatte, von der ich die Wechselwirkungen zwischen den Zähnen und dem übrigen Organismus ablesen konnte.

Ich überlegte mir: Wenn es wirklich stimmt, dass der ganze Mensch in seinen Füßen repräsentiert ist, müsste ich nicht nur wie bisher die Zahnzonen, sondern auch deren Meridianverbindungen zum Organismus auf die Füße übertragen können. In den nächsten zwei Jahren suchte ich mir Patienten mit Gelenk- oder Organerkrankungen heraus, bei denen ich gezielt die Zahnbeziehungen nachprüfte. Bei etwa fünfzehn Patienten konnte ich einen eindeutigen Zusammenhang zwischen ihren Beschwerden und dem Zustand ihrer

Zähne erkennen.

Da der Zahnarzt, der mich auf diese 'Fährte' gebracht hatte, inzwischen wöchentlich wegen seiner
Schulterbeschwerden zur Behandlung kam, wusste er
von meinen Fuß-Ausflügen in sein Fachgebiet und
war selber neugierig, ob sich meine Befunde mit seinen energetischen Messungen deckten. Acht Patienten aus der näheren Umgebung konnte ich schließlich zu einer Überprüfung überreden. Als nach einem
Vierteljahr alle getestet waren – immerhin war das
für jeden von uns eine zusätzliche abendliche 'Frei-
zeitbeschäftigung' – war das Ergebnis klar: Seine Messungen waren zwar detaillierter und genauer als
meine Befunde, aber er bestätigte, dass ich auch mit
der relativ einfachen Möglichkeit über die Reflexzonen auf Störfeldsuche gehen konnte. Auf diese Weise
konnte ich zumindest 'vorsortieren', welchen Patienten ich zu einer spezifischeren Überprüfung des
Zahnstatus raten musste. Der Zahnarzt und ich blieben in Kontakt, bis er sich aus seinem Beruf zurückzog. Er schickte mir öfters Patienten zur Nachbehand-
lung, bei denen er einen operativen Eingriff hatte
machen müssen.

Da das Thema Zähne so aktuell war, bat ich alle jungen Mütter, die in die Praxis kamen, ihre Säuglinge zur
nächsten Behandlung mitzubringen. Ich wusste, dass
fast alle Kinder mit dem Zahnen Mühe hatten und
fand es spannend, dass ich auch an diesen winzigen
Zehen die Schmerzpunkte genau ertasten konnte.
Mehr noch war ich erstaunt und erleichtert, wie geduldig sich die Kinder die Behandlung gefallen ließen.

Den geplagten Frauen zeigte ich einfache Griffe,

mit denen sie ihre Kinder ein paar Mal am Tag kurz behandeln sollten. Das Zähnchen schob sich meist schon in den nächsten Tagen ohne große Schmerzen durch.

In den Kursen werden wir oft gefragt, ob man denn so kleine Kinderfüße mit so großen Erwachsenenhänden überhaupt behandeln könne. Dann lasse ich jemand mit besonders großen Händen in Millimeterschritten an meiner Daumenbeere arbeiten und kann mir weitere Erklärungen sparen. Ab und zu kommen auch Mütter in die Kurse, die ihre Säuglinge während des Unterrichts in der Obhut einer Begleitperson lassen. Meist willigen sie ein, dass wir eine kleine Demonstrationsbehandlung machen, und alle sind verwundert, wie deutlich die Signale sind, die ein Kind gibt, wenn es sich überfordert fühlt. Selten schreit es, sondern zieht einfach den Fuß zurück, um ihn nach kurzer Zeit wieder willig zurück in die Therapeutenhand zu geben. Manchmal können die Umstehenden hören und riechen, wie spontan sich durch die kurze Behandlung der Darm entleert.

Obwohl meine Mutter und Tante Hedwig inzwischen über siebzig waren, kamen sie nach unserem Umzug nach Burgberg häufiger als früher und blieben immer ein paar Wochen lang. Dass sie selten zur gleichen Zeit kamen, war mir recht, denn es bestand von je her eine leise Eifersucht und Rivalität zwischen ihnen. Sie waren in ihrem Wesen sehr unterschiedlich. Schon in der Hofwirtschaft in Buchau wurde Tante Hedwig gelobt, weil sie so gut kochte, meine Mutter dagegen, weil sie so schöne Feldblumensträuße zusammenstellte. Die eine strahlte, wenn sie am Altennachmittag vierzig Liter Kaffee ausgeschenkt und selbst gebackenen Kuchen unter die Leute gebracht hatte, die andere war glücklich, wenn sie in aller Herrgottsfrühe einige Kilometer radeln und im Atlesee ungestört und unbekleidet ihre Bahnen ziehen konnte.

Meine Mutter fühlte sich im Garten wohl und sah dort nach dem Rechten. Sie rückte der Schneckeninvasion im Frühjahr auf ihre Weise zu Leibe, indem sie die gefräßigen Tiere einfach mit dem Messer auseinander schnitt. Weinbergschnecken warf sie unerschrocken dem Nachbarn ins Gelände. Abends holte sie sich den vollen Flickkorb und setzte sich damit zu uns an den Küchentisch.

Tante Hedwig stellte ihre Kochkünste unter Beweis und war immer darauf aus, dass die Kinder ihre Aufläufe und Hefezöpfe lobten. Da sie selbst keine Kinder hatte, fiel es ihr nicht leicht, mit meinen Dreien umzugehen. Vor allem konnte sie sich nicht so recht daran gewöhnen, dass sie bei der Ankunft stürmisch umarmt und geküsst wurde. Sie neigte dann ihr Kinn zur Brust, so dass man meinen konnte, ein Ziegenbock mache sich zur Abwehr bereit. Aber wir liebten sie natürlich trotzdem. Die Kinder fragten sie meist schon bei der Ankunft, wann sie wieder gehen würde, denn sie wussten, dass sie am letzten Tag etwas in ihre Sparbüchsen bekommen würden.

Beide, die Mutter und die Tante, schätzten es sehr, dass ich sie während ihrer Besuche behandelte. So konnte ich ihnen meine Wertschätzung und Dankbarkeit für ihre Unterstützung zeigen. Meine Mutter hatte die Entwicklung der Reflexzonentherapie am Fuß immer mit großem Interesse verfolgt und freute sich je-

des Mal darauf, wenn ich bei ihr eine Demonstrationsbehandlung im Kurs machte. Nach einer überstande-
nen Lungenentzündung beobachtete ich, dass sich in
den Zonen der Lungen innerhalb von vier Tagen lange
Hautfetzen abziehen ließen. Darunter hatte sich eine
zarte, rosa durchblutete neue Hautschicht gebildet.
Dieses Phänomen haben alle Kursteilnehmer bewundert, und in den Augen meiner Mutter blitzte es vor
Stolz auf.

Tante Hedwig liebte meine Fuß- und Rückenbe-
handlungen, weil das eine der wenigen Zeiten war, in
denen sich jemand ganz um sie und nur um sie kümmerte. Sie konnte ihre Freude nur mit Mühe verbergen,
wenn ich ihre gute Figur und ihre jugendlich straffe
Haut bewunderte. Das tat ihr gut, denn üblicherweise
war sie es, die nach anderen Leuten schaute und ihnen
Hilfe anbot. Das gehörte zu ihrer christlichen Weltan-
schauung. Auf die Idee, sich den Luxus einer Massage
zu gönnen, wäre sie von sich aus nicht gekommen.

Nach drei Jahren in Burgberg leistete ich mir den
ersten Urlaub. In diesen Wochen kümmerten sich meine Mutter und Tante Hedwig abwechselnd um die
Kinder und den Haushalt. Ich fuhr nach Österreich in
ein kleines Kurheim. Meist konnte ich jedoch nur liegen, denn ich war sehr erschöpft, aber ein paar Mal
raffte ich mich auf und badete ich in einem der Seen,
die sich malerisch in der Voralpenlandschaft ausbrei-
teten. Nach zwei Wochen war ich wieder etwas bei
Kräften und flog kurz darauf nach Westberlin zu einem ersten Reflexzonenkurs.

Vor dem Einchecken zum Rückflug bekam ich plötzlich Lähmungserscheinungen im rechten Bein. Da ich kaum mehr gehen konnte, wollte mich das Flugzeugpersonal nicht mitnehmen. Eine Stewardess meinte: "Wenn Se nich loofen könn, könn Se ooch nich fliejen." Meine Empörung und mein Zorn, die sich meist nur dann melden, wenn ich mich ungerecht behandelt fühle, waren so groß, dass ich den Weg zu meinem Sitz mit letzter Kraft schaffte. Als wir in die Nähe von Stuttgart kamen, drang der heimatlich-würzige Geruch von abgeschnittenen Krautköpfen beruhigend bis in die Kabine, denn die Ernte des Filderkrautes hatte gerade begonnen.

Nachdem bei der klinischen Untersuchung kein Grund für meine Lähmung gefunden wurde, entließ ich mich auf eigene Verantwortung. Meine Kinder schoben mich ganz vorsichtig mit dem Rollstuhl an das kleine rote Auto, mit dem uns meine Mutter, die mit sechzig Jahren noch den Führerschein gemacht hatte, von der Klinik nach Burgberg chauffierte. Die Kinder schauten mich verstört an, weil ich mich vor Schmerzen kaum bewegen konnte und mein rechtes Bein ganz kraftlos war. Aber sie waren froh, dass ich wenigstens ganz normal mit ihnen reden konnte. Zur Lähmung des rechten Beines kamen eine Darmlähmung mit kalkig weißem Stuhlgang, Gallenkoliken, Kopfneuralgien und sehr schmerzhafte Kniegelenksschwellungen.

In meiner Not rief ich meine Kollegin Emmy Gaiser an, mit der ich vor langen Zeiten Atemkurse bei Volkmar Glaser in Freudenstadt gemacht hatte. Sie kam am nächsten Tag mit ihrem tragbaren BFD(Bioelektronische Funktions-Diagnostik)-Testgerät und brauchte etwa zwei Stunden, bis sie ihre achtzig oder hundert Ampullen an den Akupunktur-Mess-Stellen meiner Finger und Zehen durchgetestet hatte. Etwa zwölf Ampullen schienen auf meinen Zustand zu passen.

Sie fragte mich, ob ich in letzter Zeit in einem stehenden Gewässer gebadet hätte, denn das Testergebnis legte nahe, dass ich eine Abwasservergiftung erlitten hatte. Ich war ja in einem extrem reduzierten Gesundheitszustand in den Urlaub gefahren, und da mein Lymphsystem von jeher einer meiner Schwachpunkte ist, hatte ich mich wohl beim Baden im See infiziert. In diesen Jahren waren noch längst nicht alle Dörfer an eine Ringkanalisation angeschlossen, weder in Deutschland noch in Österreich.

Ich nahm die verordneten Arzneien brav ein, und die Kinder zogen mir eifrig die Nosoden (toxische Substanzen, die in homöopathischer Form nach dem Hahnemannschen Ähnlichkeitsprinzip meine Vergiftung außer Kraft setzen sollten) aus den Ampullen in die Spritzkolben. Ich hatte den Kindern früher schon an Orangen gezeigt, wie man Injektionen macht, und sie waren erleichtert, dass sie mir helfen konnten. In weniger als zwei Wochen war ich wieder auf den Beinen.

Die Kinder spannten unsere beiden Haflingerpferde ein, die inzwischen die Nachfolge des hinterlistigen Peterle angetreten hatten, und machten mit mir, nachdem sie die harten Bretter des Pritschenwagens mit Kissen und Decken ausgepolstert hatten, eine Kutschfahrt in den nahen Wald.

Seit dieser Vergiftung sind meine beiden Großzehennägel von einer Mykose befallen, die allen Behandlungsversuchen trotzt, gleich ob mit Eigenharn, Teebaumöl oder sonstigen Tinkturen. Ich konnte diesen Schönheitsfehler allmählich akzeptieren, denn ich kannte den Zusammenhang mit dem Leber- und Milz/Pankreas-Meridian, die an diesen beiden Nägeln beginnen. Manche Kursteilnehmer weisen ähnliche Belastungen an ihren Nägeln auf und sind erleichtert, dass es dafür so eine passende Erklärung gibt.

Auf einer Tagung für Naturheilkunde in Baden-Baden lernte ich 1973 Dr. Rauch kennen, der nach den Erkenntnissen von Dr. Franz Xaver Mayr Kuren zur Darmregeneration durchführte. Er lud mich zu einem Besuch in seiner Wiener Ordination ein, damit ich mehr Einblick in seine Arbeit bekäme, denn er war der Meinung, dass die Reflexzonentherapie am Fuß die Fastenkuren sinnvoll unterstützen könnte. Da ich bald darauf einen Kurs in Wien hielt, besuchte ich ihn am Tag zuvor. Gegen Mittag hatte er den Bauch seines letzten Patienten behandelt. Anstatt mir aber die Hand zu geben, hielt er sie hoch und meinte lachend: "Die geb ich Ihnen nicht, aber Sie dürfen daran riechen." Sie stank, als ob er damit direkt im vergorenen Darminhalt seines Patienten herum gerührt hätte. Am Ende des Tages behandelte ich seine Füße, und er revanchierte sich mit einer Bauchbehandlung, bei der ich fühlte, in welche Tiefen der Eingeweide sich seine prüfende Hand vortastete.

Einige Zeit später riet er mir, ein Buch über meine Arbeit zu schreiben. Zunächst wehrte ich ab, denn meine Erfahrungen mit der Reflexzonentherapie am Fuß schienen mir nicht umfassend genug, um sie schriftlich niederzulegen. Außerdem wusste ich nicht, wie man ein Buch schreibt. Aber er ließ nicht locker und versprach mir, während seines Sommerurlaubs täglich eine Stunde lang mit mir das Manuskript durchzuarbeiten. Er würde auch ein Vorwort schreiben. Ich fühlte mich zwar sehr bevorzugt, aber mir war rätselhaft, woher ich die Zeit zum Schreiben nehmen sollte.

Als es Sommer wurde, hatte ich dann doch etwa hundertfünfzig Seiten beieinander, die meist zu nachtschlafender Zeit entstanden waren. Mit bangen Gefühlen fuhr ich an den Wörther See, wo die Familie Rauch ihr Ferienhäuschen hatte. Ich hatte Tante Hedwig und Elmer mitgenommen. Tante Hedwig genoss bei langen Spaziergängen die Schönheit der Bergwelt und die Ruhe des Sees, und Elmer machte seinen Segelschein, für den er wegen seiner Jugend, er war erst gerade zehn Jahre alt, eine Sondergenehmigung brauchte, zu der ihm Dr. Rauchs Sohn verhalf.

Pünktlich um drei Uhr nachmittags saß ich zwei Wochen lang mit Dr. Rauch auf dem Bootssteg. Er hatte an jeder Seite, manchmal fast an jeder Zeile, etwas zu kritisieren. Meine mit viel Mühe getippten weißen Blätter sahen nach seiner strengen Korrektur wie nach einer Schlacht aus. Als ich einmal in Tränen ausbrach, tröstete er mich: "Ich will Sie doch nicht kränken, sondern Ihnen helfen, dass es ein gutes Buch wird."

Mit der überarbeiteten Fassung war er dann zufriedener, aber das Feilen und Verbessern an Text und Inhalt dauerten noch Monate. Als die 'Reflexzonenarbeit am Fuß' zwei Jahre später frisch gedruckt mit dem Vorwort von 'Medizinalrat Dr. med. Erich Rauch' vor mir lag, wusste ich, dass sich die Mühe gelohnt hatte.

Ein paar Jahre nach unserem Einzug in Burgberg

kam Hetta Falk zu mir in Behandlung. Sie war Anthroposophin und wohnte mit ihrem Mann in einem 'Hexenhäuschen' am Wald außerhalb von Fischbach. Ihre Füße waren von einer ganz speziellen robusten Zartheit und rustikalen Feingliedrigkeit. Die Skala der therapeutischen Reize konnte ich bei ihr ausweiten zwischen deftigem Hinlangen und gehauchter Berührung. Bei ihr sah ich zum ersten Mal, dass sich die Ausstrahlung einer ganzen Person wirklich in den Füßen als dem kleinen Abbild des Menschen wiederholte. Fast hätte ich, als sie während der Behandlung ihre Großzehen, die Kopfzonen, hin und her bewegte, meinen können, dass sie den Kopf schüttelt. Wie niemand vorher sagte sie mir mit großer Präzision, in welcher Zone ich gerade arbeitete, denn sie spürte es in ihrem Organismus. Sie reagierte erstaunt auf mein Erstaunen und meinte: "Wenn es wirklich so ist, dass sich der ganze Mensch in den Füßen spiegelt, dann ist es doch selbstverständlich, dass ich das merke!"

Vor dem Krieg hatte sie als Pianistin viele Konzertreisen unternommen. Da ihr Mann Halbjude war, konnte sie im 'Dritten Reich' nicht mehr öffentlich auftreten. Nach dem Krieg hätten sie jedes Jahr im Sommer mit einem klapprigen Motorrad alle Kunststätten Italiens und Griechenlands erkundet, erzählte sie mit honigdunkler Stimme, und ich sah sie als Sozia mit windzerzausten Haaren hinter ihrem hageren Mann sitzen. Ihre farbenfrohen Walle-Kleider nähte sie alle selber und ganz von Hand.

Sie erstellte mir mein erstes Horoskop im Format eines Schnittmusterbogens. Dazu kniete sie auf dem spreißeligen Holzfußboden in ihrem Wohnzimmer und zog meine Jahresringe in bunten Kreisen über die weiße, leere Papierfläche. Zu Hause fiel mir das Gedicht von Rilke ein: "Ich lebe mein Leben in wachsenden Ringen, die sich über die Dinge ziehn ..."

Hetta Falk gab mir mit dem Horoskop von dieser Seite her die Bestätigung, dass mit dem Jahr 1970, meinem Umzug nach Burgberg, eine neue Phase meines Lebens begonnen hatte. Das war mir wichtig, denn es gab von Verwandten und Freunden doch immer noch Zweifel, ob meine Pläne gelingen würden.

Drei Winter fuhr ich jeden Dienstagabend zu Hetta und erarbeitete mir mit ihrer Hilfe die Grundzüge der Anthroposophie. Es war eine unbefangene Annäherung, bei der ich mir meine inneren Freiräume erhalten konnte. Die Eigenständigkeit der Gedanken, denen ich bei Hetta begegnete, zeigte sich auch in der Sensibilität und Lebendigkeit ihrer Füße. Bei ihr sah ich besonders deutlich, dass sie weit mehr sind als Träger von Reflexzonen oder Meridianen, denn in den Füßen beginnt das Selber-Stehen, die Selbständigkeit und die Aufrichtung des ganzen Menschen.

Auf diese Weise stärkte die Anthroposophie mein Vertrauen in die unsichtbaren Qualitäten der Füße, mit dem ich mir selbst und so manchen anderen Menschen half, auf 'eigene Füße' zu kommen. Obwohl ich nie Anthroposophin wurde, bezog ich von nun an sehr viel aufmerksamer die inneren Qualitäten und Schicksalshintergründe der Menschen, die zu mir kamen, in die Behandlung ein.

Langsam wurde die Reflexzonentherapie nicht nur

in Massagepraxen, sondern auch in Kliniken akzeptiert. Es meldeten sich Zeitschriften, fachbezogene und Boulevardblätter, die etwas 'über die Füße' bringen wollten.

Eines Tages erschien ein Artikel in 'Frau mit Herz'. Die Flut der Anfragen nach ausgebildeten Therapeuten war unerwartet groß und sprengte fast den Rahmen unseres kleinen Büros. Ich hatte am Ende des Artikels angegeben, dass Briefmarken zur Deckung der Portokosten beigefügt werden sollten. Manche hielten sich daran, andere nicht. Meine Kinder halfen mir beim Öffnen und Aussortieren der Poststapel. Winfried leitete die Aktion.

Als ich nach einiger Zeit ins Büro zurückkehrte, hörte ich ein eifriges Gemurmel: "Frau mit Herz mit Geld, Frau mit Herz ohne Geld, Frau mit Herz, aber krank."

Die 'Quick' brachte einen Artikel, von dem ich gar nichts wusste. Wenige Tage nach dem Erscheinen bekam ich vom Vorsitzenden unseres Heilpraktikerverbandes eine schriftliche Androhung des Ausschlusses, wenn ich weiterhin auf diese Art für meine Kurse werben würde. Ich sollte beweisen, so schrieb er, dass ich nicht die Urheberin des Artikels war. In einem der folgenden Briefe teilte mir der Vorsitzende den Termin einer internen Verhandlung meines 'Falles' mit und fügte hinzu, dass 'seine Wenigkeit' ebenfalls anwesend sei. So adressierte ich die nächste Post an 'Seine Wenigkeit', den Vorsitzenden, und legte die Kündigung meiner Mitgliedschaft bei.

Eines Tages kam eine Gruppe aus Japan: ein Arzt, ein Therapeut, eine Übersetzerin und ein Fotograf. Mit asiatischer Freundlichkeit und Beharrlichkeit störten sie tagelang den Ablauf des Kurses. Der Fotograf nahm alles auf, was vor seine Linse kam. Nicht nur unsere praktischen Übungsphasen, sondern auch die Teedosen, die Büroräume und die Steine im Garten, auf denen die Teilnehmer in den Pausen saßen. Als er sich einmal unbeobachtet fühlte, kroch er sogar unter die Massageliegen, um auf seinem Bild festzuhalten, wie die Bretter mit Nuten und Federn befestigt waren.

Obwohl ich im voraus gegangenen Briefwechsel festgelegt hatte, dass diese Tage bei uns nicht Grundlage zum Aufbau einer eigenen Lehrstätte sein dürften, bekam ich schon ein halbes Jahr später eine japanische Übersetzung meines Buches mit einem seitenfüllenden Foto von mir, unter dem eine lobende Widmung stand, die auch in Deutsch übersetzt war. Später hörte ich, dass das Buch Grundlage in vielen Fußkursen war, die sich dort schnell entwickelt hatten.

Seit 1974 unterrichteten wir immer zu zweit, denn die Gruppen wurden größer. Ich erweiterte die Kurse auf zweieinhalb Tage und begann mit Aufbaukursen, da sich viele für weiterführende Informationen und die Möglichkeit des Erfahrungsaustausches interessierten. Als größte Berufsgruppe kamen zunächst die Masseurinnen und Masseure zum 'Fußreflexeln'. So nannten die Österreicher, die sich damals in großer Zahl mit der Arbeit vertraut machten, die Behandlung. Erst etwa fünfzehn Jahre später wagten sich mehr Fachleute aus der Krankengymnastik und Physiotherapie an die Füße.

In den Jahren zwischen 1975 und 1987 waren nicht

nur einige neue Lehrstätten entstanden, auch die Kurs- und Praxistätigkeit hatte deutlich zugenommen. Das Wesentliche dieser Jahre war jedoch die Freundschaft mit einem altersweisen, lebensklugen Patienten. Er kam wegen Herz- und Atembeschwerden in Behandlung. Ich erklärte ihm, wie immer, wenn jemand neu zur Behandlung kommt, warum ich an den Füßen arbeite. Er verstand das Prinzip des sitzenden Menschen in der Form des Fußes sofort und meinte: "Wenn die beiden Füße mich selbst darstellen, kann ich viel Wasser sparen. Da reicht es ja, wenn ich einmal in der Woche anstelle eines Vollbades ein Fußbad mache."

Nachdem sich sein Zustand gebessert hatte, wollte er weiterhin kommen und begründete seinen Wunsch: "Ihre Behandlungen tun meinen Füßen so wohl, dass sie mir vorkommen wie eine Pflanze, die jetzt endlich regelmäßig gegossen wird." Und ich erzählte ihm von dem Jungen, der von Wurzelpflege gesprochen hatte.

Lange Zeit war ich in Sorge, ob nicht doch etliches aus meiner schwierigen Ehe über die Berührung in den anderen Menschen fließen könnte. Der alte Mann aber sagte, ohne meinen persönlichen Hintergrund zu kennen: "Es tut mir gut, dass Sie während der Behandlung bei sich bleiben." Von da an kam er in kleineren und größeren Abständen viele Jahre lang in meine Praxis.

Eines Tages schenkte mir meine Freundin Margot Menzel ein Heft mit niedergeschriebenen Vorträgen von Herman Weidelener, der in Augsburg einen religionsphilosophischen Freundeskreis leitete. Sein lebenslanges Anliegen war es, Jesus als zentrale Figur des

Christentums von dogmatischen und zweckorientierten Festlegungen zu befreien. Ich zeigte das Heft meinem Patienten, mit dem ich allmählich vertrauter geworden war. Er kramte in seiner Mappe und zog ein gleich großes Format eines anderen Vortragsheftes von Weidelener heraus. Es wäre ihm heute eingefallen, dass er mir einmal solch ein Heft mitbringen könne, meinte er. Er war ein Studienfreund von Weidelener, gehörte zu den Mitbegründern des Augsburger Kreises und hatte einen ganzen Schrank voll mit diesen überarbeiteten Vorträgen.

In den folgenden zwölf Jahren tauchten wir gemeinsam tief in die Weidelenersche Gedankenwelt ein. Oft telefonierten wir abends oder tauschten uns bei der nächsten Behandlung aus. Ich trug ihm bei neuen Terminen schon bald die doppelte Zeit ein, so dass immer Raum für ein Gespräch blieb. Ich schätzte die Freiheit und Eigenständigkeit, mit denen Weidelener über das Johannesevangelium, die Liebe, das mythologische Geschehen in der Karwoche oder das 'Ergriffensein vom Geist Gottes' sprach. Zu Hause las ich fast jeden Tag in seinen Vorträgen, und mochte es schon weit nach Mitternacht sein. Auf alle Reisen nahm ich eines der gebundenen Hefte mit und machte fast auf jeder Seite meine Randnotizen. In dieser inneren Welt fühlte ich mich beheimatet und geborgen, ganz gleich, welche Turbulenzen die äußere mit sich brachte. Es war mir wie ein großes Geschenk, dass ich jetzt von einem Freund begleitet wurde, der 'gleichen Geistes' war. Für ihn schrieb ich meine Erlebnisse von einer Reise auf die kleine Mittelmeerinsel Gozo auf. Er interessierte sich für alle meine Unternehmungen und freute sich immer auf die Berichte. Auch er hatte, wie ich, eine besondere Beziehung zu Inseln, allerdings war sie mehr innerer Art, denn so weit ich weiß, ist er in seinem Leben nicht viel gereist.

Bericht für S.

Zufällig ist mein Reisetag der Gründonnerstag, seit der intensiven beruflichen Beschäftigung mit den Füßen mein persönlicher 'Feiertag' im Jahreszyklus. An diesem Tag, so weiß ich vom Religionsunterricht in Haslach, hat Jesus vor dem Abendmahl den Jüngern die Füße gewaschen.

Zu dem Bericht hatte ich damals schon eine sehr lebendige Beziehung. Ich wunderte mich lediglich, dass der Pfarrer nur darüber gesprochen hat. Aber ein Kind denkt praktisch: Woher soll er die vielen Schüsseln nehmen, wenn alle Kinder im Religionsunterricht die Füße gewaschen haben wollen?

Weidelener: 'Die Gebärde der Fußwaschung ist die Brücke zur Ich-Werdung, vor allem, wenn sie ohne Verstand, aber wissend durchgeführt wird.' Vielleicht ist mir die Fuß-Arbeit aber auch deswegen so gemäß, weil ich im Tierkreiszeichen der Fische, das den Füßen zugeordnet ist, geboren bin.

Ich fahre in aller Herrgottsfrühe zum Stuttgarter Flughafen, im Westen hinter den noch nachtdüster aufragenden Schwarzwaldfichten steht ein runder, voller Mond, schon etwas bleich vom nahenden Tageslicht. Wir fliegen pünktlich ab, von den Alpen sehe ich wenig, aber die Weiß- und Grautöne der Wolken tun meinen Augen gut. Umsteigen in Mailand, zwanzig Minuten Flug nach Rom. Fast vier Stunden

Aufenthalt.

Mitten im Trubel der bunt gekleideten Menschen, mitten im babylonischen Sprachengewirr und Kindergeschrei schaffe ich mir eine stille Oase mit den Weidelener-Vorträgen, die ich mitgenommen habe. Diese drei Hefte sind neu für mich. Aber wie oft schon zuvor, bin ich auch jetzt ergriffen, mit hinein getragen in dieses Meer von kühner Innerlichkeit, vom ersten Satz an: 'Ein Leben, das kein ewiges Leben ist, ist kein Leben. Das Reich Gottes ist mit dem wirklichen Leben identisch.' Oder sinngemäß: 'Tischgebete verderben die Speise, sie tragen unser schlechtes Gewissen darüber hinein, dass wir nicht im wirklichen Leben sind.'

Aufs Neue erfüllt mich beim Lesen tiefe Freude und Ruhe, mitten im Flughafengetümmel von Rom.

Heute ist immer noch Gründonnerstag. Ich schlage die Erzählung vom Propheten Jona auf. Vor ein paar Jahren war ich auf der kleinen schottischen Insel Iona, deren Name vielleicht eine innere Brücke zu Jona zulässt. Dort habe ich in der 'Luft' noch etwas vom frühen Gründergeist irischer Mönche spüren können. 'Und Jona freute sich über den Eukalyptus.' Ich greife in meine Handtasche. Mein Herz schlägt schneller: Zu Hause habe ich mich bei der Wahl zwischen zehn, zwölf ätherischen Ölen für Eukalyptus entschieden.

Noch eine dreiviertel Stunde bis zum Weiterflug nach Malta, von dort aus soll mich dann gegen Abend die Fähre nach Gozo, meinem Urlaubsziel, bringen. Gemächlich gehe ich mit meiner Bordkarte zum Abflugschalter. Als ich an der Reihe bin, heißt es kurz und bündig: Der Flug ist überbucht. Wir werden zu siebt zur Halle acht bugsiert, domestic flight nach Catania. Wo, bitte, ist Catania? Auf Sizilien? Schlussendlich verstehe ich, dass es von dort aus vielleicht eine Möglichkeit gibt, an diesem Tag noch nach Malta zu kommen.

Meine Füße tun mir weh, sie sind jetzt ziemlich stark angeschwollen, die Knöchel kaum mehr sichtbar. Meine armen Füße, die immer so reagieren, wenn ich erschöpft bin. Die Versuchung ist groß, aus den Schuhen zu schlüpfen, aber nachher passe ich nicht mehr in sie hinein. Wann ist nachher? Eine Stunde später erst. Ich bleibe im Warteraum sitzen, in dem der Zigarettendunst allmählich das 'No smoking'-Zeichen ganz einhüllt. Jeder raucht inzwischen jeden an, und ich werde, zusammen mit allen anderen, einfach durchgeraucht, ob ich will oder nicht. Durch den Rauchnebel, in tiefen Innenschichten, weiß ich trotzdem: Heute ist Gründonnerstag, Fußwaschung, 'mein' Feiertag, von dem hier niemand etwas weiß außer mir.

Der kleine Inselhüpfer bringt uns nach einer weiteren Stunde nach Sizilien. Beim Anflug tauchen weiß blühende Obstbaumtupfer auf, sattes Grün leuchtet zwischen den karstigen Hügeln, der samtige Farbton erinnert mich an Irland. Der Ätna. Ich brauche nicht viel Fantasie, mir vorzustellen, wie der lauernde Bergdrachen Feuer und Schwefel und glühende Steine spuckt, wann immer es ihm danach zumute ist. Aussteigen, warten auf den Anschlussflug nach Malta, Luftlinie etwa hundert Kilometer, ein Katzensprung, so weit wie von Rottweil nach Stuttgart.

Ich trete vor die kleine Flughafenhalle in Richtung Rollfeld. Niemand schaut, wohin ich laufe. Es wird angenehm kühl. Leuchtend und majestätisch in ihrem Strahlenkranz geht die Sonne im Westen unter. Rund, geheimnisvoll klar und unnahbar beginnt der volle Mond im Osten seine Reise durch das Firmament. Beide sind für kurze Zeit gleich nah und gleich weit vom Horizont entfernt, so als ob Gott selbst sie in seiner himmlischen Waagschale halten würde. Ich stehe mit ausgebreiteten Armen für Sekunden im Erd- und All-umgreifenden Spannungsbogen dieser beiden Gestirne und bin hineingewoben in die vergängliche Ewigkeit des Augenblickes. In einem Handteller erlebe ich die Wärme der Sonne, im anderen die Kühle des Mondes, die Wirbelsäule hält sie im Gleichgewicht. Jetzt merke ich deutlich, warum sie Wirbel-Säule heißt und spüre das Wirbeln 'leibhaftig' bis unter das Schädeldach.

An diesem Abend habe ich den ersten Vollmond nach dem Frühlingsanfang erlebt, dem jedes Jahr am Sonntag darauf das Osterfest folgt. Es ist Gründonnerstag, und ich bin durch die Buchungsschlamperei am Flughafen in Rom für eine kurze Zeitspanne Teil des himmlisch-irdischen Schauspiels der Frühlings-Sonnenwende geworden. Die Zeit bis zum Abflug trödelt still vor sich hin, ich merke nicht viel davon, denn ich sitze in einer Ecke im Wartesaal und bin beschenkt wie das Sterntaler-Kind im Märchen.

Aus einem tiefen Sattsein taucht die Frage auf,

ob sich mein Reisekoffer vielleicht bereits in Malta auf dem Laufband schwindelig dreht, weil ihn niemand abholt.

Ich greife wieder zu meiner Reiselektüre. Da steht: 'Das Ungeheuer, das wir Schicksal nennen, kann durch widerspruchsloses Annehmen unseres Lebensauftrages umgewandelt werden in einen Boten Gottes – und der Sturm des Meeres wird zur Stille.' Meine Füße haben sich mit den Schuhen arrangiert, sie schmerzen weniger, vielleicht auch, weil ich sie etwas hochgelegt habe.

Flugscheinkontrolle. Der Himmel ist nachtblau und sternenklar, es wird empfindlich frisch. Immerhin ist es zehn Uhr abends. Während des kurzen Fluges noch einmal ein paar Seiten Weidelener: 'Das beste Heilmittel für den Hochmut des Arztes ist die fortwährende innere Gebärde der Fußwaschung.'

In Malta suche ich meinen Koffer. Ich werde von einem mürrischen Beamten in einen muffigen Raum geführt, in dem etwa vierzig Gepäckstücke auf ihre Besitzer warten, aber mein Koffer ist nicht dabei. Der Mann schaut mich strafend an, und ich komme mir vor wie im Hundeasyl, wo ich den Besitzer enttäusche, weil ich keines der armen, herrenlosen Tiere mitnehme.

Das Flughafenauto fährt mich in halsbrecherischem Tempo zum dreißig Kilometer entfernten Schiffsanlegeplatz, alles im Linksverkehr. Dort soll um Mitternacht noch eine Fähre nach Gozo übersetzen. Der Frühlingsmond ist schon weit himmelwärts gewandert, er begleitet uns getreulich, das tröstet mich. Aber die Fähre kommt heute Nacht nicht mehr. Der Mond wandert unerbittlich weiter, jetzt nicht mehr tröstlich. Er spiegelt sich, vieltausend Mal gebrochen, in unzähligen flüsternden Wellenkämmchen, als ob er sich mit mir einen Scherz erlauben will. So geht der Gründonnerstag in einem kleinen Hotel am Hafen zu Ende.

Nach kurzem, unruhigem Schlaf begrüßt mich ein klarer, frischer Morgen. Die Fähre dampft herein, ihren Riesenbauch voller Autos. Die bunte Blechschlange windet sich ein paar Minuten später ans Ufer, und wir können einsteigen. Schiffssirenen hupen. Abfahrt. Kurz darauf kann ich Gozo in der Ferne erkennen. Die Insel kommt näher, nein, wir kommen der Insel näher. Die maurisch gebauten, weiß und bunt gekalkten Häuser von Mgarr stapeln sich malerisch den Steilhang hinauf. Sie sind standfest zwischen üppigem Grün und grauem Fels verwurzelt. Das Hotelauto wartet schon. Wir fahren auf kleinen, gewundenen Sträßchen steil nach oben. Die Ortsnamen der Dörfer klingen arabisch, aber Landschaft, Gerüche und der Wind kommen mir seltsam vertraut vor. Zypern, Israel, Spanien, Italien. Laut Reiseführer liegt Malta im Mittelpunkt des Mittelmeeres, als Brücke zwischen Afrika und Europa, gleich weit entfernt von Gibraltar wie von Port Said und Istanbul.

Das Hotel Ta Cenc, Insel auf der Insel, ist 'in das Hochland von Gozo hinein komponiert', lese ich irgendwo. Es klingt wie 'kompostiert'. Gebäude und Natur, Stein und Pflanze, Farbe und Form bilden eine anmutige Synthese. Ich bin angekommen. Mein

Zimmer strahlt in Blau-Grün und dunklem Holz. Unzählige, eidottergelbe Mimosen leuchten durchs Fenster, dahinter durchzittern kleine Windwellen fast unmerklich die stumpf-grünen Blätter eines alten Johannisbrotbaumes. Der Baum stand sicher schon lange vor dem Hotel an seinem Platz. Ich weiß seinen Namen, weiß er, dass mein Vorname ähnlich klingt?

Der Frühstückstee – ich schaue auf die Uhr, es ist wirklich erst acht Uhr morgens! – schmeckt und riecht penetrant und undefinierbar. Auf der Insel muss vielfach Meerwasser aufbereitet werden, da die Süßwasserreserven begrenzt sind, höre ich später. Im Lauf der Woche gewöhnen wir uns etwas aneinander, der Tee und ich.

Es ist Karfreitag. Ich nehme dankbar ein Bad, und der kurze Schlaf danach erfrischt mich. In der Schublade liegt eine englische Bibel. Was schlage ich auf? Die Geschichte vom Propheten Jona. In der anderen Sprache wird sie neu, farbiger, lebensvoller.

Kein schrilles Läuten, nein, ein freundliches Brummeln im Telefon: Mein Koffer, mein 'Schicksalsungeheuer', ist angekommen. Dankbar, dass nichts verloren ging, packe ich aus. Danach erkunde ich die nahe Umgebung von Ta Cenc. Ich gehe ein bisschen, gucke ein bisschen, ruhe ein bisschen auf einer Steinbank am Haus. Samtgrüne Riesenaloen wachsen am steinigen Feldweg. In den schaftartigen, weit ausgebreiteten Blättern sehen die feinen Ziselierungen wie festgehaltene Wellenkräuselungen des Meeres aus. Das Mittagessen ist karg, aber schmackhaft, in südlichen Ländern gibt es die

Hauptmahlzeit abends.

Zufrieden blinzle ich auf meinem Bett vor mich hin. Die hoch stehende Sonne flimmert durch das Geäst des Johannisbrotbaumes. Ich höre die Blätter zart und melodisch im Wind flüstern. Die Augen schließen sich wie von selbst bis auf einen kleinen Spalt. Je mehr sich der Augen-Blick zurückzieht, desto machtvoller bricht eine überwältigende Fülle von Farbkaskaden auf. In einer grandiosen Ordnung gebären sich Bündel von vielfarbenem Licht aus Mitten, die sich ständig verändern und ausweiten. Fast übergangslos verblassen die Farben, die Formen bleiben gewaltig, die lebendige Bewegtheit zieht sich daraus zurück. Es entsteht grau-weiße, strenge Geometrie, die kristallförmig erstarrt. Plötzlich saugt eine dunkle Tiefe alles auf, auch das kleinste Licht erlischt.

Was war? Die Sonne schien am Karfreitag gegen drei Uhr nachmittags kurz durch ein paar Blätter eines alten Baumes. Danach verdunkelte sie eine vorüberziehende Wolke.

Von Tag zu Tag wächst die Insel mehr auf mich zu. Jeden Tag gehe ich zur Steilküste hinüber und schaue den Seevögeln zu, wie sie ihre eleganten Bögen ziehen. Unterwegs pflücke ich vorsichtig ein paar blausternige, sanft stachelige Borretschblüten und kaue sie bedächtig. Sie sind gut fürs Lymphsystem. Diese Blüten wenden sich nicht der Sonne zu, ihre Köpfchen zeigen erdwärts.

An der Küste habe ich 'meinen' Stein gefunden. Er bohrt sich wie ein Keil in eine schmale, tiefe Felsspalte und ist oben abgeflacht. Hier sitze ich immer wieder ein paar Minuten oder auch länger, manchmal öfters am Tag. Ich spüre, wie sich das 'Zwiespältige' der beiden Seiten der Spalte in meinen Knochen fortsetzen will. Wenn diese Kluft ganz aufreißen würde, müsste ich in Bruchteilen von Sekunden abspringen können und wissen wohin. Manchmal stehe ich auch nur neben dem Stein und richte mich auf in das Spannungsfeld zwischen Himmel und Erde.

Oft weht ein starker Wind, an dem ich meine Standfestigkeit erproben kann, seltsamer Weise kommt er aus allen Richtungen gleichzeitig. Einmal ist urplötzlich für ganz kurze Zeit völlige Windstille. Das absolute Nichts. Ich verliere in dieser Stille fast mein Gleichgewicht, nicht nur das äußere, und bin froh, dass ich mich am erneut aufkommenden Wind halten kann.

Am Karsamstagabend, der Ostermond hat noch viel Kraft, entsteht vom Meer her ein solch starker Sog, dass ich auf allen Vieren ein paar Meter landeinwärts kriechen muss. Es bleibt nicht einmal Zeit oder Raum für Angst. 'Nur im ganz Ausgeliefert-Sein kann die Erfahrung des Geborgen-Seins entstehen. Das Auf-den-Grund-gehen und zu Grunde gehen sind nah beieinander.' Weidelener.

Der felsige Boden, der vom Hotel zur Küste führt, weist Jahrtausende alte Spuren auf. Es sind tiefe, gleichmäßig wie hinein gefräste Rillen im harten Gestein, von parallel laufenden, schienenähnlichen Begrenzungen eingefasst. Sie waren vermutlich einmal wesentlich länger, denn jetzt enden sie abrupt an der Steilküste. Erich von Däniken kennt sie sicher.

In den grauen Felsen haben sich Erdkrumen ein-
genistet. An denen können sich kleine Pflanzenpol-
ster und Blumen festhalten und Wind und Wetter
trotzen. Erst ganz aus der Nähe sehe ich das. Es sind
viele sternförmige Blüten dabei, vor allem solche in
Weiß und zartem Lila. Weinraute, mit ihrem eigenartig herben Duft wächst hier wild und üppig und
blüht in hohen, gelben Dolden, jetzt im April schon.
Bei mir im Garten mickert sie schnell vor sich hin,
wenn ich ihr nicht genug Freiraum gebe neben den
anderen Pflanzen. Gegen Abend holt die Wärme
des Tages den würzigen Duft aus Bergthymiankis-
sen und Rosmarinstauden, und der zärtlich-aggres-
sive Wind trägt ihn in Schwaden weiter.

Ich lese jeden Tag mehrere Male in den 'Mysteri-
en der Auferstehung': 'An Sterbebetten findet man
meist wenig Liebe, aber viel Sentimentalität und
Reflektion.' Oder: 'Der Tod ist nicht ein Feind des
menschlichen Lebens, sondern er erwächst aus unserem Inneren als die gewaltige Macht der Korrektur, die wir an uns selbst vornehmen, bevor wir den
Raum der Gestalthaftigkeit verlassen und in den
Bereich schwingenden Lebens eindringen.'

Es gibt viele Ameisen auf der Insel. Ich denke an
meinen Hund Lumpi und die sonnenbeschienenen
Steinplatten vor der Haustür in Haslach. Auch hier
schleppen sie eifrig ihre kleinen Lasten, die meist
größer sind als sie. Gemaserte Eidechsen huschen
als grüngrau verkleidete kleine Erdkrokodile über
glatte Steinflächen und verschwinden wie der Blitz

in Ritzen und Zweigen. Wo ich hinschaue, liegen winzige, weiße, leere Schneckenhäuser. Einmal entdecke ich eine Heuschrecke, so groß wie ein kleiner Vogel. Sie sieht aus wie aus einem verwitterten, grünlichen Holz geschnitzt. Ich möchte gern sehen, wie weit sie springen kann und warte. Sie sitzt wie eine Statue und wartet wohl auch. Sie ist die Stärkere von uns beiden, denn sie bleibt so lange reglos sitzen, bis ich die Geduld verloren habe.

Wie gut, dass ich in diesen Tagen überhaupt nichts 'muss'. Es ergibt sich wie von selbst: Diese Zeit gehört mir ganz allein. Auch das Mundwerk kann ausruhen.

Das Hotel ist jetzt bis auf die letzte Kammer belegt, viele Familien mit Kindern sind da, und um das kleine Schwimmbecken herum sind weiße, baumwollene Sonnenschirme aufgespannt. Alles wirkt heiter. In vier, fünf Sprachen höre ich den ganzen Tag hindurch 'Frohe Ostern', und das Abendessen wird zum festlichen Dinner.

Ich habe mir schon bald in einer schattigen Ecke am Hotel meine Lieblingsbank gewählt. Sie ist trotz des Trubels selten besetzt. In ihrer Rücklehne ist ein Holzwurm an der Arbeit. Unglaublich, wie laut ich sein Scharren und Bohren hören kann, besonders wenn es rundum still ist. Nacheinander entstehen kleine, graugelbe Sägmehlhäufchen auf meinem weißen Frottiertuch. Eine spezielle Sorte kleiner Mücken tanzt so geordnet vor mir her, als ob sie an einem unsichtbaren Mobile hängen und einer gemeinsamen Anweisung gehorchen würden. Ab und zu kommt ein schwarzbrauner Brummer vorbei, der das ganze Kleinzeug übertönt und für Bruchteile von Sekunden eine leere Tonschneise hinterlässt, wenn er weiter geflogen ist.

Am letzten Abend führt mich mein Weg noch einmal zur Zeit des Sonnenunterganges an die Steilküste. Der blaue Borretsch blüht unermüdlich weiter. Ganz vorn in Richtung Meer, gestern noch nicht zu sehen, steht in einem kleinen, geordneten Halbkreis ganz unerwartet ein Krokus neben dem anderen. Wie zart-lila Pinseltupfer auf der grobkörnigen Leinwand der trockenen Erde. Ich bücke mich ein wenig zu ihnen und lasse sie mich anschauen. Noch einmal setze ich mich auf meinen Stein, das Gesicht der untergehenden Sonne zugewandt. Der Wind wird ganz sanft, so als ob er mich dieses Mal liebkosen will. Das Kräuseln der Wogen weit unten im Meer kommt mir vor wie ein freundliches, geschäftiges Abschiedswinken. Die Kraft der langsam versinkenden Sonne verbindet sich mit feinsten, kreisenden Schwingungen in meinen Handinnenflächen. Im Brustbein ist durchsichtige Klarheit, zwischen den Augen weißgelb leuchtende Helligkeit, die sich bis an die inneren Kanten des Schädels fortsetzt. Das Ganze dauert wohl nur Sekunden. Erquickt gehe ich zurück zum Hotel und hebe im Vorübergehen eine dunkle Schote von 'meinem' Johannisbrotbaum auf. Von Paolo, dem Oberkellner, wünsche ich mir ein letztes Mal eine der köstlichen Endiviensuppen und behalte den angenehm bitteren Geschmack lange auf der Zunge.

Am nächsten Morgen um sechs Uhr steht das

Hoteltaxi bereit, die Fähre wartet schon hupend am Anlegeplatz und der Flug geht pünktlich und ohne Störung von Malta über Rom nach Stuttgart. Zu Hause sieht zunächst alles 'neu' und fast ein wenig fremd aus, aber ich fühle mich in allen Ebenen aufgeräumt und hüte das Kleinod der Inselwoche als einen Schatz in meinem Inneren.

Wenn es einen besonderen Grund zur Freude gab, eine Behandlung zum Beispiel, bei der beim Patienten 'unaufgeräumte' Erlebnisse ins Bewusstsein kamen und angesprochen werden konnten, nahm ich oft am Abend Farbstifte zur Hand und ließ ihnen auf einem leeren Blatt freien Lauf. Mehr noch griff ich darauf zurück, wenn ich merkte, dass mich die Schicksale der Menschen so beschäftigten, dass ich nicht von ihnen los kam. Mein Freund hatte mir dazu geraten. Er brachte schon seit Jahrzehnten fast täglich kleine 'Seelenbilder' zu Papier, um inneren Erlebnissen und Erkenntnissen einen Ausdruck zu geben.

Genau genommen kann ich überhaupt nicht zeichnen. Aber ich war erstaunt, wieviel an Klärung die Farbstifte zuwege brachten, wenn ich sie, ohne etwas Bestimmtes zu erwarten, mit dem Papier in Berührung brachte. Manchmal schaue ich mir die Mappe voller Bilder an und denke dabei an meinen alten Freund und Weggefährten.

Etwa ein Jahr vor seinem Tod ist mir das Gedankengut Krishnamurtis wieder begegnet. Dem Freund war ein Bericht über diesen 'philosophischen Weltbürger' und sein außergewöhnliches Leben in die Hände gekommen, und ich erinnerte mich sofort an die Zeit in

England und meine erste Liebe. Der Artikel war anläss-
lich von Krishnamurtis Tod geschrieben worden und
hatte die Überschrift. 'Wahrheit ist ein wegloses Land'.
Wir schauten uns an und wussten wortlos: Das
stimmt.

Ich erstand sofort einige der jetzt auch in deutsch
übersetzten Bücher Krishnamurtis. Der Freund war zu
der Zeit schon körperlich geschwächt und strich
manchmal nur einen Gedanken aus einem Buchab-
schnitt mit Bleistift an. Mit dem Satz: 'Wenn jemand
etwas mit Absicht tut, ist er weg von der Sicht' sind wir
einige Wochen umgegangen, jeder für sich, und doch
innerlich verbunden.

Eines Tages las ich ihm ein paar Zeilen aus dem
Buch 'Ideal und Wirklichkeit' vor: 'Askese, Verzicht, Ri-
ten oder Tugendübungen sind gewiss edle und schöne
Gepflogenheiten, aber sie sind von uns Menschen aus-
gedacht. Ihre Planung dient unweigerlich irgendeinem
Zweck oder Ziel. Der Verstand muss (bei der Meditation) ganz und bis zu seinem tiefsten Grund still werden, aber diese Stille ist weder durch Opfer noch durch
gewollte innere Erhebung oder Unterdrückung zu er-
langen. Die Stille kommt ganz von selbst, wenn der
Verstand nicht mehr sucht und nicht mehr nach dem
'Werden' trachtet.'

Mein Freund meinte zunächst resigniert, dass er
sich viel an Opfer, Kasteiung und Selbstvorwürfen
über seine vermeintliche Unvollkommenheit hätte ersparen können, wenn er diese Gedanken früher kennen gelernt hätte. Aber beim nächsten Besuch gab er
mir das Buch mit einem Lächeln zurück und meinte, er
wäre froh, dass er diese Irrtümer wenigstens jetzt noch

aufräumen könnte. Er sagte: "Und in der anderen Welt spielt das Früher oder Später keine Rolle mehr."

Ich begleitete ihn auch in den letzten Wochen seines Lebens. Wenn ich nachts im angrenzenden Zimmer schlief, merkte ich, dass ich oft in seinem Rhythmus atmete, einmal ruhiger, einmal stockender. Meist war ich schon an seinem Bett, wenn er die Augen öffnete und um einen Schluck Wasser bitten oder die Lage der Kissen verändert haben wollte.

Die Bürde der Pflege zuhause wurde allmählich fast zu groß, so dass sich seine Familie schweren Herzens entschloss, ihn noch ins Krankenhaus zu bringen. Da er in den letzten Tagen häufiger bewusstlos schien, besprachen sie die Einzelheiten mit dem gerufenen Arzt in seinem Zimmer. Eine Stunde bevor der Krankenwagen kommen sollte, nahm ich noch einmal seine Füße in die Hand. Er stupste mich mit der großen Zehe und gab mir mit den Augen ein Zeichen. Als ich näher trat, zwinkerte er fast schalkhaft und flüsterte: "Ich bleibe hier in meinem Bett." Zwanzig Minuten später tat er dann wie von selbst seinen letzten Atemzug.

Ende der Siebziger Jahre lernte ich Ruth Menne kennen. Sie war klein, agil und zäh und für alles Neue aufgeschlossen. Ihre Stimme war seltsam tief und reibeisenrau, und sie reagierte, wie ich, besonders empfindlich auf Ungerechtigkeiten. Wenn sie in Zorn geriet, schimpfte sie lauthals und klappte ihre Augendeckel dabei ganz dramatisch auf und zu. Als Krankengymnastin arbeitete sie viel mit schwangeren Frauen. Das Buch 'Der sanfte Weg ins Leben' von Leboyer stand damals hoch im Kurs, und sie führte im Villinger Krankenhaus, zunächst gegen den Widerstand mancher Hebammen und Ärzte, neue Wege der Geburtsvorbereitung und Entbindung ein. Sie hatte die Frauen schnell auf ihrer Seite, denn sie spürten, dass ihnen die Angebote der Spannungslösung und Achtsamkeit den Umgang mit sich und der Umwelt erleichterten. In ihren wöchentlichen Geburtsvorbereitungen begleitete sie später auch Gabriele durch ihre drei Schwangerschaften.

Wir ließen uns gegenseitig unsere therapeutischen Spezialitäten angedeihen: Ich behandelte ihre Füße, und sie zeigte mir eutonische Schulter- und Beingriffe, die sie bei Gerda Alexander gelernt hatte. Die Lösung von Verspannungen, die sie mit den einfachen Griffen erreichte, erinnerte mich an die Arbeit von Alice Schaarschuch. Ohne lange zu überlegen, entschlossen wir uns im nächsten Sommer, gemeinsam zu Gerda Alexander zu fahren, die jedes Jahr im Künstlerdorf Worpswede Kurse gab.

Es wurde in der großen Dorfhalle mucksmäuschenstill, wenn Gerda Alexander mit ihrer ganzen Präsenz und Behutsamkeit das Bein einer MS-Patientin anhob und wieder sinken ließ oder den Nacken und Kopf sanft in eine andere Lage brachte. Ihr Konzept war immer auf den einzelnen Menschen und seine jetzigen Bedürfnisse abgestimmt.

Das Beeindruckendste in diesen Wochen war Gerda Alexanders Behandlung von Querschnittsgelähmten. In unserem Kurs waren etwa sieben oder acht junge Rollstuhlfahrer, die durch Motorrad- oder Sportunfälle die Funktion ihrer Beine ganz oder teilweise eingebüßt hatten. Sie konnten nach diesen drei Wochen zwar ihre

Beine nur wenig besser oder genau so wenig bewegen wie vorher, aber sie hatten durch die aufmerksame und empathische Art der Berührung eine andere Wahrnehmung ihrer verletzten Gliedmaßen kennen gelernt und konnten guten Muts beginnen, ihre Behinderungen in ihr Leben zu integrieren.

Bald nach dem Kurs in Worpswede fügte ich ein paar der eutonischen Griffe in unsere Kurse ein, teils sanfte, teils herausfordernde. Ich beobachtete, dass sich einerseits Schmerzpunkte an den Füßen leichter ertragen ließen, wenn der Mensch vorher durch streichende Berührungen an den Armen und Beinen in eine ausgewogene Tonuslage kommt. Andererseits zeigte sich gerade beim zunächst schmerzhaften Griff unter der Schulter, wie schnell sich das Nervensystem dem Reiz anpassen kann. Und, Ähnliches erlebte ich fast täglich direkt am Fuß: Wenn ich an einer stark schmerzenden Zone ruhig verweilte, konnte sich der Patient dem Schmerz leichter stellen, und das Gewebe entspannte sich meist schon nach Sekunden.

Ruth und ich behandelten uns zwar jetzt in größeren Abständen, aber der Kontakt riss nie ab. Sie hatte ihr Leben lang eine große Angst: Sie wollte unter keinen Umständen im Alter bettlägerig und von anderen Menschen abhängig werden. So versprach ich ihr in einer unbeschwerten Stunde, dass sie mit mir rechnen könne, wenn 'es so weit' sei.

Eines Tages, mitten in einem Kurs, kam ein Anruf von ihrer Nachbarin. Sie bat mich, so schnell wie möglich nach Ruth zu schauen, sie sei umgefallen und nicht mehr bei Bewusstsein. Ich fuhr sofort nach Villingen und nahm, was hätte ich auch anderes tun können, ihre Füße in die Hand. Als ihre Tochter kam, setzte sie sich ans Kopfende des Bettes. Wir waren uns einig, dass wir in Ruths Sinn handelten, wenn wir keinen Arzt holten. Es war eine große Stille und Ruhe im Raum, und wir spürten, dass alles seine Richtigkeit hatte. Nach etwa einer Stunde kamen aus Ruths Brustkorb einige ganz tiefe Atemzüge und ihr Kopf sank zur Seite.

Auf der Heimfahrt fiel mir plötzlich mein Jahre zuvor gegebenes Versprechen ein und ich musste die nächste Haltebucht ansteuern, denn ich war nicht mehr fähig, mein Auto sicher zu lenken.

Unser 'Pappendeckelhäusle' dehnte und streckte sich allmählich nach verschiedenen Richtungen. In einem Frühjahr ließ ich den Kursraum vergrößern, so dass die Teilnehmer ab jetzt fast den Eindruck hatten, im Garten zu sitzen. Endlich war nun auch Platz für weitere Massagebänke. Ein Burgberger Schreiner fertigte sie nach meinen Wünschen in guter Handwerksmanier an. Die blauen Hocker, die wir teilweise immer noch in Gebrauch hatten, verstauten wir auf dem Dachboden, bis meine Kinder sie in ihren eigenen Familien gebrauchen konnten. Meine Mutter überschrieb mir, nachdem sie die Waerlandpension in Nesselwang aufgegeben hatte, schon zu Lebzeiten meinen Erbteil, und ich ließ davon am Südrand des Hauses eine Einliegerwohnung bauen. Auf deren Decke entstand später unser Wohnzimmer, von dem aus ich an hellen Tagen bis zur schwäbischen Alb sehen kann.

In der Einliegerwohnung meiner Mutter kam 1981

meine erste Enkelin, Johanna, zur Welt, und später wurden daraus die Büroräume der Lehrstätte.

Kurz vor der Geburt von Johanna 1981 haben wir unseren ersten 'Betriebs'-Ausflug gemacht. Eine der Bürodamen, die zum Teil seit einem Viertel Jahrhundert in aller Treue und Verlässlichkeit die Verbindung zur äußeren Fuß-Welt halten, hatte mich dazu angeregt, nachdem ein Handwerker die Lehrstätte als 'Betrieb' bezeichnet hatte. Seitdem gehören diese Ausflüge zum festen Jahresritual. Auf einer Einladung hatte ich den zweiten Teil des Wortes Aus-*flug* kursiv geschrieben, aber niemand kam mir auf die Schliche, bis wir in Friedrichshafen in ein kleines Flugzeug zu einem Rundflug entlang des Bodensees stiegen. Damals war Aaron, das zweite Kind von Gabriele, als Dreijähriger mit dabei und kann mit diesem 'Erstflug' alle meine Enkelkinder ausstechen.

Als ich eines Tages von einer Auslandsreise zurückkam, lag Nicki, der Pudel von Gabriele, als schwarzes, kleines Knäuel teilnahmslos in seinem Korb beim Tierarzt. Er hatte wohl im Dorf herum gestöbert und etwas Giftiges gefressen. Gabriele und mir rannen die Tränen herunter, und ich tat dem kleinen Hund innerlich Abbitte für so manche Unfreundlichkeit. Er war in der Familie oft der 'Prügelknabe', denn sobald etwas fehlte, verlegt oder zerbrochen war, sagten alle: "Das war der Nicki!" Ich nahm seine eiskalten Hinterpfoten in die Hand und der Hund zuckte ein bisschen, als ich anfing, die weichen Polster seiner Pfoten zu behandeln.

Nach ein paar Minuten strömte plötzlich ein unbeschreiblicher Gestank aus den Pfoten. Nicki gähnte herzhaft und streckte sich. Die Tierärztin beobachtete mich verdutzt bei der Arbeit und meinte: "Wenn der Hund noch so stinken kann, hat er vielleicht eine Überlebenschance." Wir nahmen ihn mit nach Hause, und ich behandelte ihn mehrere Male jeden Tag. Dazu bekam er homöopathische Mittel. Schon am nächsten Tag stieg er, zwar etwas steifer als sonst, aus seinem Korb und wedelte zum ersten Mal wieder mit seinem Stummelschwänzchen.

Beim nächsten Frisörbesuch sah ich, dass der Dackel, der sonst immer in der Nähe der Kasse lag, nicht mehr aufstehen konnte, denn er hatte die Dackellähme. So zeigte ich dem Besitzer mit frisch geföntem Haaren, wo und wie er behandeln sollte.

Ein Patient hatte von meinen Hundebehandlungen gehört und wollte am Telefon für seinen eigenen Terrier Rat, da dieser an Durchfall litt. Am nächsten Tag rief er an und fragte, ob er etwas falsch gemacht hätte, denn der Hund hätte erbrochen, aber 'das Gschiss' sei noch nicht besser. Er berichtete mir, dass er die Vorderpfoten behandelt hätte und vermutete darin den Grund, dass die 'Vorderseite' des Hundes reagiert hatte. Als er die Hinterpfoten in seine Behandlungen einbezog, ließ auch der Durchfall nach.

Ein paar Monate nach dem Kurs bei Gerda Alexander kam der erste Patient mit Querschnittslähmung in meine Behandlung. Herr Bessler war acht Jahre zuvor von einem Baugerüst gefallen und seither abwärts von der unteren Brustwirbelsäule gelähmt. Er wollte seine chronische Bronchitis loswerden, wusste jedoch nicht, ob ich ihn überhaupt behandeln würde, weil er ja kein Gefühl mehr in den Beinen und Füßen hatte. Da ich bislang nur Erfahrungen mit meiner Schwägerin Helene gemacht hatte, deren Beine durch die Kinderlähmung deutlich geschwächt waren, zögerte ich zunächst, sagte aber dann doch zu.

Die Muskeln von Herrn Besslers Beinen waren atrophiert, die Sprunggelenke fast steif, die Füße angeschwollen und eiskalt. An eine übliche Befunderhebung war nicht zu denken. So behandelte ich zunächst vorsichtig die Zonen von Darm, Harnwegen und Atemorganen. Der Patient, als früherer Maurer kräftiges Zupacken gewöhnt, ermunterte mich: "Sie könnet ruhig fescht na'lange, i schbür's ja net." Im Eifer, ihm Gutes zu tun, behandelte ich ihn nun deutlich kräftiger und fast eine Stunde lang. Seine Füße fühlten sich danach gut durchblutet an, und wir beide waren's zufrieden.

Am nächsten Morgen rief er schon um sieben Uhr an und berichtete mir von massiven Überreaktionen von Darm, Blase, Kreislauf und Bronchien. Er hatte sogar etwas Fieber bekommen. Die Heftigkeit seiner Reaktionen war mir arg und ich tat dem jungen Mann reumütig Abbitte.

Er kam trotz der schlechten Anfangserfahrungen fast drei Jahre lang zwei- bis dreimal im Monat.

Bei ihm habe ich gelernt, wie wichtig die vegetativen Zeichen als Gradmesser für die passende Dosierung sind. Er bemerkte sofort, wann sich sein Herzrhythmus oder sein Atem veränderten und wann seine Hände feucht oder sein Mund trocken wurden. So wusste ich, wann ein Ausgleichsgriff oder eine kleine Pause notwendig waren. Eines Tages schmiss er, fröhlich pfeifend, seine dünnen Beine auf die Liege und meinte: "So wie Sie meine magere Füeß anlanget, hat des no niemand g'macht. Des g'fällt dene." Ich war glücklich und bedankte mich im Geiste bei Gerda Alexander und Alice Schaarschuch. Seit der Erfahrung mit dem querschnittsgelähmten Patienten haben die Zeichen, die das Vegetativum bei Überforderung gibt, einen großen Stellenwert sowohl in den Kursen als auch bei Einzelbehandlungen.

Meine Kinder begannen, eines nach dem anderen, allmählich flügge zu werden. Es war nicht immer einfach für sie, mich zur Mutter zu haben, denn sie waren auf dem Weg, sich selber zu finden. So manches Mal hatten sie ihre Mühe damit, wenn andere in ihnen zuerst die Kinder der bekannten Mutter sahen.

Winfried leistete in der Nähe von Tuttlingen seinen Zivildienst in einem Heim für Diabetikerkinder ab und kam nur an den Wochenenden nach Hause. Gabriele hatte ihr Abitur hinter sich und arbeitete in verschiedenen Kurbetrieben von Königsfeld, um etwas Geld zu verdienen, denn sie wollte mit einer Freundin in eine Wohngemeinschaft ziehen, und Elmer stand nach eineinhalb Jahren, die er bei seinem Vater zugebracht hatte, eines Tages mit fünf gelben Rosen in der Hand vor der Tür und meinte: "Ich weiß jetzt, wo ich hingehöre."

Wir hatten inzwischen die beiden Haflingerpferde und den Pritschenwagen wieder verkauft. Der Mann, der sie uns vermittelt hatte, war lange Zeit Patient und wurde durch die Reflexzonentherapie am Fuß seine Angina pectoris-Anfälle los. Allerdings gab er auch das

Rauchen auf und schränkte seinen Alkoholkonsum drastisch ein. Dazu verhalf ihm jedoch weniger seine Einsicht, sondern ein schwerer Unfall. Seine Frau klingelte mich eines Nachts aus dem Schlaf. Sie hatte ihren betrunkenen Mann im Auto und bat mich angsterfüllt um Hilfe. Er wollte unter keinen Umständen ins Krankenhaus, denn er hatte berechtigte Sorge, dass die näheren Umstände seines Unfalles bekannt würden und er seinen Führerschein verlieren würde.

Die Schnittwunden an Kopf und Armen konnte ich gut versorgen, aber mir kamen bei näherer Untersuchung große Bedenken, ob er sich nicht eine Wirbelsäulenverletzung zugezogen hatte. Ich ließ ihn die Bach-Blüten Schocktropfen nicht nur einnehmen, sondern träufelte sie auch an die Reflexzonen seiner Verletzungen und nahm selbst auch ein paar Tropfen, bevor ich mit einem mulmigen Gefühl im Bauch die Notfallbehandlung über die Füße begann. Die Zonen der unteren Wirbelsäule waren äußerst schmerzhaft, mehr noch die der seitlichen Bauchmuskulatur, die zum Funktionskreis dieses Teiles der Wirbelsäule gehören. Die Schmerzen ließen zum Glück nach etwa zehn Minuten nicht nur in den Zonen, sondern auch am Rücken deutlich nach, so dass ich davon ausgehen konnte, dass er keinen bleibenden Schaden davongetragen hatte. Nach diesem Erlebnis war er von seiner Alkoholsucht geheilt und schickte mir aus Dankbarkeit noch viele Jahre Patienten.

Um 1980 herum schrieb ein Schweizer Arzt, ein fundamentalistischer Christ, ein Buch über verschiedene Komplementärmethoden und warnte seine Mitchristen eindringlich davor. Homöopathische Mittel waren für ihn heidnische Geister in Flaschen, mit der Akupunktur holte man sich seiner Meinung nach östliche Dämonen in den Körper und Reflexzonentherapie am Fuß war in seinen Augen okkultes Handauflegen. An diese drei Methoden erinnere ich mich, obwohl er auch andere unter die Lupe nahm. Da ich namentlich genannt wurde, fühlte ich mich persönlich angegriffen und bot ihm zur Klärung ein Treffen an, aber ich bekam nie eine Antwort.

Das Ganze hätte mich wohl nicht so unmittelbar betroffen, wenn nicht eines meiner Kinder auf der Suche nach innerer Orientierung in genau diese fundamentalistisch-christlichen Kreise geraten wäre. Plötzlich gab es ernsthafte Zweifel an der Integrität der Mutter und an der Seriosität ihrer Arbeit. Das führte mit diesem meiner Kinder zu einer jahrelangen inneren Entfremdung, die sehr schmerzlich war. Wir sprachen nur noch das Nötigste miteinander, an gegenseitige Besuche war nicht mehr zu denken.

Mich hat diese Situation an mein eigenes Verhalten in meiner Lenzfrieder Klosterzeit erinnert, als ich 'meinen' Gott gegenüber einer Sektenangehörigen verteidigte.

1984 besuchte uns meine Mutter in Burgberg. Sie fühlte sich schwach und müde, da sie kurz zuvor beim Schneeschaufeln ausgerutscht war und ihren linken Arm gebrochen hatte. Ich höre noch ihre erstaunten Bemerkungen, als ich nicht nur die Füße, sondern im Sinne der konsensuellen Therapie auch ihr linkes Bein und den rechten Arm behandelte. Trotz der Schmerzen sah ich ihr an, dass sie wieder einmal stolz auf ihre Tochter war, die so interessante Zusammenhänge kannte. Sie fragte mich, ob das nicht auch etwas sei, was ich im gerade laufenden Kurs zeigen könnte. Diese Demonstration in der Gruppe hat sie noch einmal in vollen Zügen genossen.

Am Tag bevor sie wieder nach Nesselwang zurückfahren wollte, bekam sie einen kleinen Schlaganfall, dem ein zweiter, schwerer folgte, der sie dann ans Bett fesselte. Oft hielt ich einfach nur ihre Füße und spürte, wie viel über diese Berührungen zwischen uns hin und her floss.

Traudi löste mich teilweise bei der Pflege ab. Wir sahen, dass sich unsere Mutter, wie wir auch, schwer tat mit dem Abschiednehmen, obwohl sie bereits bewusstlos war. In der halben Stunde, in der ich meine Schwester zum Zug brachte, entschied sie sich zum Gehen, so als ob sie sagen wollte: Den Schmerz möchte ich euch ersparen. Vielleicht entsprach es aber auch einfach ihrer Lebenseinstellung, diesen letzten Schritt allein zu gehen.

Fünf Jahre später starb auch Tante Hedwig. Ohne krank zu sein, welkte sie einfach still vor sich hin. Als ich sie zwei Wochen vor ihrem Tod auf einer Fahrt nach Südtirol besuchte, lag sie schon stundenweise auch tagsüber auf ihrem Sofa, war aber ganz bei Sinnen und freute sich über eine kleine Fußbehandlung. Ich merkte, dass sie mir noch etwas Wichtiges anvertrauen wollte. "Weißt du", sagte sie und nahm meine Hand, "deine Mutter war das ganze Leben lang immer etwas hochmütig zu mir, das hat mir viel Kummer gemacht. Und jetzt hat mir der liebe Gott nach ihrem Tod

noch ein paar Jahre geschenkt. Das tut mir in der Seel'
gut." Als ich sie auf der Rückfahrt wieder besuchte, bot
ich ihr nochmals eine Behandlung an, aber sie schüttelte bedächtig ihren Kopf.

Hartl, der Mann meiner Schwester, ein passionier-
ter Sportler, kam wenig später bei einer Kajakfahrt
ums Leben. Die Stelle an der Vils, an der sich der tödli-
che Unfall ereignete, galt nicht als besonders gefährlich. Als Elmer und ich am Abend in Nesselwang ankamen, wurden gerade die Kühe von der nahen Weide
zurück gebracht. Die große Herde blieb im Hof stehen
und war nicht zu bewegen, in den Stall zu gehen. Die
Kühe schwenkten unentwegt ihre Köpfe hin und her
und gaben Klagelaute von sich, als ob sie dem Schmerz
Ausdruck geben wollten, dass ihr Bauer nicht mehr da
war.

Auf der Heimfahrt machte ich mit Elmer Station in
Haslach. Ich war zuletzt mit meinen Kindern dort, als
sie noch zur Schule gingen. Elmer sah das frühere
Bergheim Buck, die Schule und die Sennerei jetzt mit
anderen Augen. Und Haibels Willi, mein Schulkame-
rad, erzählte von seiner Großmutter, wie sie ihre eleganten Pirouetten auf dem Eis des nahen Weihers ge-
dreht hatte.

Da ich schon viele Jahre immer wieder daran gedacht hatte, mir in Haslach ein kleines Domizil zu
schaffen, fragte ich den Willi. Der hatte tags zuvor zufällig gehört, dass am Ortsende in einem Neubau eine
kleine Dachwohnung noch nicht vermietet war. Wir
gingen zu dem Haus und trafen, ebenfalls 'zufällig',
den Besitzer, der sofort einen Vertrag mit mir ab-

schloss. Mein Herz stolperte ein paar Mal kräftig, als ich einen Blick aus dem Westfenster des Zimmers warf und den Grünten in seiner ganzen Schutzmantelmadonna-Schönheit vor mir sah.

Jedes Mal wenn ich heute in Haslach bin, kann ich auch Heidi Ebentheur, die älteste Tochter von Traudi, besuchen, die seit 1991 die Lehrstätte Allgäu leitet. Sie hält ihre Kurse mit viel Begeisterung und Fröhlichkeit in der 'Wertacher Mühle', einer früheren Getreidemühle aus dem siebzehnten Jahrhundert, die an einem Bergbach liegt.

In die kleine Wohnung zog ich mich, neben häufigen Besuchen bei Traudi, oft zurück, als ich mein 'Praktisches Lehrbuch für Reflexzonentherapie am Fuß' zu schreiben begann, und sie diente mir als 'Ort der Kraft'. Aber sie wurde auch zu einem beliebten Ferienaufenthalt für meine Kinder und Enkelkinder, die, wie ich vor Jahrzehnten, gern in der schönen Bergwelt wandern und im Winter Schitouren machen.

Dieses zweite Buch war längst überfällig, denn die Reflexzonentherapie am Fuß hatte sich stetig weiter entwickelt. Im Lauf der Jahre war eine ganze Schachtel voll Notizzettel zusammen gekommen. Vor allem war es an der Zeit, die Griffe umfassender darzustellen, denn die Technik war inzwischen wesentlich ausgefeilter. Dass sich auch das Spektrum der Krankheitsbilder der Patienten deutlich erweitert hatte, war, abgesehen von meinen eigenen, vielfach auch den Erfahrungen der Lehrkräfte und Kursteilnehmer zu verdanken.

Bei der Art der Darstellung der einzelnen Zonen

verkleinerte ich die Organe, Gelenke und Drüsen so naturgetreu wie möglich vom Organismus auf die Füße, so dass in den Füßen die bildhafte Ähnlichkeit mit dem 'Original' offensichtlicher wurde. Ich war vor langer Zeit eines Morgens aufgewacht und hatte das Bild, dass ein aufgestellter Fuß einem sitzenden Menschen ähnlich sieht, ganz deutlich vor Augen. Jetzt konnte ich gezielter als bisher auf die lebendige Beziehung zwischen Makrokosmos Mensch und seinem Mikrokosmos im Fuß hinweisen, die ja schon bei FitzGerald und Ingham ansatzweise verwendet wurde.

Dazu regte mich das Buch 'Das menschliche Skelett, Form und Metamorphose' von F.C. Mees an, das ich aus dem Nachlass von Hetta Falk geerbt hatte. Rational kann ich den geistigen Hintergrund der Entstehung der Formen nur wenig erfassen, aber dass Formen Träger von Lebensin-form-ationen sind, die mit einem größeren Ganzen zusammen hängen und ihm greifbaren Ausdruck geben, war mir klar.

Damals bin ich so manches Mal verunsichert und zweifelnd gefragt worden, auch von denen, die bereits jahrelang unterrichtet hatten, wie ich zu solch differenzierten Unterscheidungen der Zonen gekommen war. Es waren in der Tat vielfach Praxiserfahrungen, aber es ging mir noch um etwas anderes: Nach meiner Ansicht werden in vielen Bereichen der Medizin die körperlichen Aspekte des Menschen wichtiger genommen als das geistige Prinzip, das hinter ihnen steht. Oft wird der Mensch, auch der kranke Mensch, so behandelt, als ob er ein Körper mit ein paar nebensächlichen anderen Qualitäten sei.

Deshalb habe ich durch die Betonung der Formenähnlichkeit zwischen Mensch und Fuß versucht, auf dieses 'offenbare Geheimnis' (Goethe) deutlicher hinzuweisen, damit der Mensch als Ganzes wieder mehr ins Blickfeld der Therapierenden rückt. Der Arzt Arthur Jores schreibt sinngemäß in seinem Buch 'Der Mensch und seine Krankheit', dass der Mensch aus – Mensch besteht. Ein anderes Wort für Mensch heißt Individuum, in-dividere, das Unteilbare. Und ein Heiliger aus dem Mittelalter sagt: 'Der Mensch ist ein geistiges Wesen, mit einem Leibe bekleidet.'

Heute kann ich sagen, was mir am Beginn meiner Arbeit noch nicht möglich gewesen wäre: Alle Darstellungen von Zonen am Fuß, von wem oder von wann auch immer, können gleich gültige Hinweise auf das Wesentliche sein, das nach den Aussagen des 'Kleinen Prinzen' für die Augen unsichtbar ist. Die Frage, die auch mich früher beschäftigt hat, wer nun mit seinen Zonendarstellungen 'Recht' hat, ist jetzt nebensächlich geworden.

Die Intention, mit der ich die Füße berühre, folgt also einer vorhandenen Spur, in der die Lebensintelligenz fließen kann. Oder auch: 'Die Energie folgt der Aufmerksamkeit des Behandelnden.' Bis zu einem gewissen Grad haben wir es so 'in der Hand', welche Ebene des Menschen wir über die Füße erreichen. Allerdings gehört dazu, dass wir unser Inneres öffnen, damit wir empfänglich werden für die Schicht, in der der andere Mensch Hilfe braucht. Wache Intuition, gepaart mit professionellem Wissen, sind brauchbare Instrumente dafür. Mein alter Freund hatte eines Abends nach einer Behandlung auf Michelangelos Darstellung von der Erschaffung Adams gezeigt und gemeint: "Solch ein Freiraum wie zwischen dem Zeigefinger von Gott Vater und Adam ist bei jeder Behandlung wichtig, damit auch das Unwägbare einen Platz findet."

Das neue Buch ging mir zwar inhaltlich leichter von der Hand, aber die Zeit des Schreibens war deutlich anstrengender als beim ersten. Die Verantwortung für die weitere Entwicklung der Methode, die Arbeit für unseren Verband der Lehrkräfte, die Vorbereitung unserer jährlichen Lehrertreffen, die täglich anfallende Büroarbeit und nicht zuletzt der Unterricht in den Kursen ließen mir wenig Zeit und zehrten an meine Kräften. Aber es war dann doch ein gutes Gefühl, als mir die Lektorin des Verlages mitteilte, dass das Buch fertig sei. Sie hatte mir, als ich einmal recht verzagt war, zehn weiße Lilien geschickt, deren Duft mich wochenlang tröstlich einhüllte. Ich fuhr eigens nach Stuttgart, um die ersten hundert Exemplare abzuholen. Inzwischen ist das Buch in sechs weitere Sprachen übersetzt.

Jochen Gleditsch hatte zu dem neuen Buch das Vorwort geschrieben. Wir waren uns Jahrzehnte zuvor bei einer Tagung das erste Mal begegnet, als Mikrosysteme und Reflexzonen noch kaum verwendete Begriffe in der Komplementärmedizin waren. Er hatte sich allerdings schon lange zuvor mit der Tatsache beschäftigt, dass der Mensch als Ganzes auch von verschiedenen Körperteilen aus wie Schädel, Ohr, Mundhöhle, Nase, Füße und Hände therapeutisch zu erfassen ist. Ich fand das Thema so aktuell und wichtig, dass ich ihn ermunterte, seine Erfahrungen zu veröffentlichen. So kam sein Buch 'Reflexzonen und Somatotopien' zustande, das späteren Entwicklungen in dieser Richtung den Weg ebnete. Er und seine Frau organisierten schon damals Tagungen für Ärzte und Therapeuten im Kloster Heiligkreuztal. Dort war ich mehrere Male Referentin und freute mich über die Nähe des Bussens, der 'hekschten Erhebung der oberschwäbischen Tiefebene', zu der ich inzwischen eine weitere persönliche Beziehung hatte. Ein Vetter meines Großvaters, der Heimatdichter Michel Buck, erwähnt den Bussenberg öfters in seinen Büchern und hegt die Vermutung, dass hier einmal ein vorchristliches Heiligtum gewesen sei.

Kurz nach der 'Wende' traf ich Jochen Gleditsch wieder, als der Chefarzt einer Klinik in Neubrandenburg verschiedene Fachleute aus Ost und West zu einer Tagung eingeladen hatte. Wir sollten an einundzwanzig Patienten, die nichts über ihre Erkrankungen sagen durften, unsere Methoden unter Beweis stellen und die Ergebnisse miteinander vergleichen.

Wir fünf 'Spezialisten' stellten übereinstimmend fest, dass vier aus der Gruppe keine nennenswerten Befunde aufwiesen. Diese vier, Angehörige von Patienten, hatte der Chefarzt absichtlich in die Testgruppe hineingeschmuggelt. Bei den anderen siebzehn handelte es sich um Teilnehmer an einer Migräne-Studie. Wir hatten jeweils über unseren speziellen methodischen Zugang Segmente, Zonen, Akupunkturpunkte und Wirbelsäulenblockaden in den Bereichen von Leber und Gallenblase gefunden. Ob das Wort 'Migräne' fiel, weiß ich nicht mehr, aber wir kamen alle zur gleichen Therapie-Empfehlung. Jochen Gleditsch meinte später: "Bei der Schulmedizin ist es heute umgekehrt: Zuerst kommt die perfekte Diagnose mit klangvollem Namen, und dann ein großes Fragezeichen – was tun?"

Meine Daumen schmerzten, denn auch ich hatte an diesem Wochenende alle Testpersonen überprüft, und einige davon waren gestandene Männer mit kräftigen Füßen, durch deren Muskeln ich mich nur mit Mühe durcharbeiten konnte.

Als ob es gestern gewesen wäre, höre ich Jochen über die Philosophie der Akupunktur sprechen. Er öffnete speziell mir die Augen über die vielfachen Wirkungen des Gallenblasen-Meridians, der die ganze Außenseite des Menschen mitsamt den fünf außen gelegenen Gelenken energetisch versorgt. Er verwendete die Begriffe Innen und Außen nicht nur anatomisch-räumlich, sondern ganzheitlich und auf den Menschen bezogen. Durch meine Hüfterkrankung als Kind war ich in diesem Bereich schon lange wach und kannte etliche Beschwerden, die mit dem Gallenblasen-Meridian und seinen vielschichtigen Funktionen zusammenhingen.

Ganz allmählich, fast schleichend, beobachtete ich bei mir im Lauf von fünf Jahren allergische Anzeichen, die sich vor allem an Haut, Schleimhäuten und Gelenken zeigten. Die Haut wurde trocken, ich musste mich immer wieder räuspern und hatte 'die Nase voll', obwohl ich nicht erkältet war, und die Knochen und Muskeln wurden unbeweglicher. Mir war schon lange klar, dass Allergien keine Krankheiten sind, sondern Zeichen einer dahinter liegenden Schwäche und Belastung verschiedener Systeme. Das hieß, dass sich das Lymph-, Abwehr- und Stoffwechselsystem nach dem Prinzip der Kette, die nur so stark ist wie ihr schwächstes Glied, wieder einmal warnend meldete.

Ich entschloss mich zu einer Mayr-Fastenkur bei Dr.

Rauch. Als ich nach zehntägigem Fasten langsam wieder harte Brötchen so lange kaute, bis sie im Mund zu einem flüssigen Brei wurden, schwollen meine Füße, Hände und mein Gesicht über Nacht fast um das Doppelte an. Dr. Rauch erkannte die Situation sofort und setzte sowohl Brötchen als auch Milch ab und ließ mich Kartoffeln kauen und Gemüsebrühe schlürfen. Das wirkte so gut, dass alle Schwellungen bis zum nächsten Morgen verschwunden waren. Mir blieb nichts anderes übrig, als endlich zu akzeptieren, dass ich eine Allergie auf Weizen und Milchprodukte hatte. Das irritierte mich sehr, denn wir hatten doch in all den Jahren recht gesund gelebt. Ich hatte unser eigenes Brot gebacken, gesundes Gemüse im Garten angebaut, und die Kinder hatten abends frische Milch von glücklichen Kühen des nahen Bauernhofes geholt.

Auch die Kursteilnehmer waren von unserer vollwertigen Lebensführung nicht verschont geblieben. Einmal in jedem Kurs gab es viele Jahre lang in Anlehnung an unsere nachbarliche Burgruine die 'Weiberzahnbrötchen'. Das waren Rosinenbrötchen aus frisch gemahlenem Dinkel, geschmacklich abgerundet mit Honig und Koriander. Das Backrezept brachte meine Mutter aus der Waerlandpension mit, die sie 1970 aufgelöst hatte. Sie und Frau Meier, die liebenswerte Posthalterin vergangener Tage, waren jeweils etliche Stunden eifrig zu Gange, damit die Brötchen, gut gebuttert, zur Teepause fertig wurden. Dazu gab es Kakaoschalentee mit frischer Sahne, ein köstlicher Durstlöscher und Nierenanreger. Das war der einzige Tee, der nicht aus dem eigenen Garten kam, obwohl manche die gemahlenen, braunen Schalen der Kakaobohnen mit zerkleinerten Tannenzapfen verglichen. Meine Mutter hat es sehr genossen, wenn sie von den Kursteilnehmern um das Rezept der Brötchen gebeten wurde, und die Kinder hatten in den Schulpausen neugierige Abnehmer der Überbleibsel vom Tag zuvor gefunden.

Ich entdeckte jetzt bei etlichen meiner Patientinnen und Patienten ähnliche Grundbelastungen wie bei mir, obwohl sich ihre Symptome zum Teil ganz anders zeigten. Sie kamen vordergründig wegen eines instabilen Kreislaufs, wegen Migräne, Rheuma, eines zu niedrigen oder zu hohen Blutdrucks oder wegen Hämorrhoiden. Aber es stellte sich heraus, dass bei gar nicht wenigen die Beschwerden schneller und anhaltender nachließen, wenn sie zusätzlich zur Reflexzonenbehandlung Getreide und Milchprodukte deutlich einschränkten oder ganz vermieden. Mir selbst machte es allerdings große Mühe, die Regeln meiner bisherigen Lebensführung, die ich über fünfzig Jahre lang getreulich befolgt hatte, auf den Kopf zu stellen.

Einige Monate später hörte ich von Milly Schaub aus Zürich. Sie hatte eine Kostform entwickelt, bei der jede Form von Getreide und alle laktosehaltigen Frischmilchprodukte vermieden wurden, jedoch täglich Fleisch auf dem Speiseplan stand. Ich konnte mich als überzeugte Vegetarierin nicht damit anfreunden, dass so viel Fleisch gesund sein sollte, von meiner ethischen Überzeugung ganz zu schweigen, und probierte etwa zwei Jahre auf eigene Faust aus, was mir bekam und was nicht. Zunächst mied ich Weizen, dann aß ich nur Salate und Obst, später versuchte ich es mit der Trennung von verschiedenen Nahrungsmitteln und anderen Vorschlägen. So wie jeder Organismus auf einen Wechsel von Gewohnheiten zunächst mit Erholung reagiert, ging es auch mir. Nur, die viel versprechenden Ergebnisse hielten nie sehr lange an.

Ich entschloss mich zu einer Radikalkur und ließ mich, zwar immer noch im inneren Widerstreit, zwei Wochen in einem Ernährungskurs in die Schaubkost einführen.

Der Kursort war in einem Hotel auf dem Flumser Berg, wo ich fast ein Vierteljahrhundert vorher die alpine Blumenwelt und die herrlichen Arnikahänge kennen gelernt hatte und meinen Erstgeborenen hungern lassen musste, weil Fritz nicht genug bekam vom Wandern.

Das schwierigste war die tägliche Portion Fleisch auf meinem Teller. Außer mir hatte scheinbar niemand moralische Skrupel, denn alle anderen aßen mit großem Appetit, was ihnen vorgesetzt wurde. Ich besaß die Unschuld und Unvoreingenommenheit längst nicht mehr, mit der ich als kleines Kind neugierig das Fleisch aus dem Fressnapf von Asta probiert hatte, denn ich 'wusste' doch seit Jahrzehnten genau, was richtig und gesund war.

Erst viel später konnte ich mir zugestehen, dass ich durch das Essen von Fleisch kein schlechterer Mensch geworden bin, zumal ich auch bei dieser Kostform bereits nach einigen Tagen gespürt hatte, dass meine Gelenkschmerzen weniger wurden und die lymphatischen Stauungen im Gesicht, an den Händen und an den Füßen deutlich nachließen.

So lebte ich beinahe zwei Jahre strikt nach den Vorgaben der Schaub-Kost. Allmählich fand ich jedoch mit immer weniger Mühe selbst heraus, was mir gut tat.

Ich war inzwischen in der Beobachtung so geübt, dass ich schon beim Anblick eines Honigglases wusste, ob mir heute ein Löffel Süßes bekommen würde oder nicht. Je nach dem wurde mein Mund trocken oder es lief mir die sprichwörtliche Spucke darin zusammen. Es zeigte sich aber auch, dass mein Körper recht 'streng' in der Auswahl der Lebensmittel wurde und mir viel schneller als früher signalisierte, was er brauchen konnte und was ihn belastete. Eine Freundin meinte zu meiner Beobachtung: "Du bist nicht emp*findlicher*, sondern empfind*samer* geworden."

Fünfzehn Jahre später, in denen ich nach und nach aus einem inneren Bedürfnis immer weniger Fleisch gegessen hatte, entschied ich mich eines Morgens beim Aufwachen, dass ich wieder ganz vegetarisch leben würde, jetzt aber mit weniger 'heiliger Verbissenheit' als früher.

Meine eigene Erfahrung mit den Belastungen des Lymphsystems und die therapeutische Neugierde lenkten mein Augenmerk vermehrt auch auf die Reflexzonen des Lymphsystems. Dieses System war durch die Pionierarbeit von Dr. Vodder als 'Manuelle Lymphdrainage' bekannt geworden. Ich experimentierte Monate und Jahre mit den bereits von Ingham und FitzGerald bekannten Zonen des Lymphsystems und entwickelte neue dazu. Allmählich entdeckte ich, dass sich das ganze Lymphsystem bis ins Detail am Fuß erfassen ließ.

Bislang hatte ich im verfügbaren Schrifttum über Reflexzonenbehandlung davon gelesen, dass nur relativ starke punktuelle Reize eine Umstimmung in Richtung Gesundheit zuwege bringen. Aber die Praxis zeigte mir, dass ich mit sanften, fließenden Streichungen das Gewebe sehr gut entstauen konnte.

Eine der ersten überzeugenden Erfahrungen machte ich bei einer Frau, die seit Jahren an einem schmerzhaften Lymphstau in den Brustdrüsen vor der monatlichen Regel litt. Bei ihr versuchte ich, anstelle der bisherigen Technik, mit fließenden Streichungen von der Brustzone auf die der Achselhöhle hin zu arbeiten, so wie die Lymphe in diesem Teil des Menschen fließt. Sie spürte bereits nach ein paar Minuten, dass die Schmerzen und der Druck in der Brust nachließen.

Da mir bekannt war, dass die Qualität der Lymphe von einem gut arbeitenden Verdauungssystem abhängt, tonisierte ich auch ihre Darmzonen kräftig. Vermutlich hatte ich in meiner Begeisterung wieder einmal zu intensiv gearbeitet, denn sie bekam als Reaktion nicht nur einen starken Durchfall, sondern einige Tage lang Ausfluss und einen heftigen Schnupfen. Sie konnte die Antworten ihres Organismus jedoch verstehen, als ich ihr erklärte, dass die weibliche Brust mit den Unterleibsorganen und diese durch den gleichen Schleimhautaufbau auch mit dem Nasen/Rachenraum zusammenhängen. Ihre Beschwerden waren nach acht Behandlungen, die sich über zwei Monatszyklen erstreckten, verschwunden.

Nun ging ich häufiger und mutiger zur Technik der Streichungen über, nicht nur bei offensichtlichen Lymphstauungen, sondern auch bei anderen Erkrankungen meiner Patientinnen und Patienten. Bevor ich es selber merkte, berichteten mir Eltern, die ihre Kinder wegen chronischen Erkältungen brachten, dass sich durch die Lymphbehandlungen am Fuß nicht nur die bestehenden Symptome verbesserten, sondern dass die Kinder in ihrem Wesen umgänglicher und ausgeglichener wurden. Eine Mutter sagte mir bei der siebten Behandlung ihrer beiden Buben, die sich zuvor vom Aufwachen bis zum Schlafengehen nur gestritten hatten: "Ich getraue mich gar nicht, es laut zu sagen: Seit über einer Woche spielen die beiden friedlich miteinander, das gab es noch nie!"

Diese Beobachtungen bestätigten, was ich vom Prinzip der Lymphe von den Anthroposophen bereits gelesen hatte: Alle Fließsysteme des Menschen hängen auch mit seiner Gefühlsebene zusammen. Goethe: 'Seele des Menschen, wie gleichst du dem Wasser...'

Während ich weiter nach einer umfassenden Behandlungsstruktur und lehrbaren Technik für das Lymphsystem suchte, stand mir Susan Callard oft zur Seite. Sie unterrichtet seit vielen Jahren in Burgberg und hat inzwischen eine Lehrstätte im Saarland aufgebaut. Wir probierten alle Streichungen gegenseitig in den Reflexzonen aus und merkten an uns selber, dass die Richtung, in der wir arbeiteten, entscheidend war. Sobald ich der Fließrichtung in den Zonen des Lymphsystems entgegen arbeitete, bekam Susan feuchte Hände oder mir blieb 'die Spucke' weg. Wo es sich ergab, probierten wir das Prinzip des stetigen fließenden Arbeitens auch an unseren Patienten aus.

Es zeigten sich aber noch weitere Vorteile der Lymphbehandlung: Sie stellt nicht nur eine wirksame Spezialisierung innerhalb der Reflexzonentherapie dar, sondern mit ihr erreichen wir auch Menschen, die keinen Schmerz mehr ertragen können, ganz gleich aus welchem Grund. Und die Therapierenden lernen durch die sanfte Art der Behandlung, behutsam auch auf feine und feinste Veränderungen im Gewebe der Füße zu achten und 'leise' Zeichen der Überdosierung, wie Veränderungen im Atemrhythmus, mehr wahrzunehmen. Während der ganzen Entwicklungszeit dachte ich oft an Pfarrer Kneipp, der in seinen letzten Lebensjahren schrieb: 'Dreimal – ich gestehe es offen – sah ich mich veranlasst, mein Wasserverfahren zu ändern, die Saiten abzuspannen, von großer Strenge zur Milde, von großer Milde zu noch größerer herabzusteigen.'

Seit 1982 war Anna Maria Eichmann aus der Schweiz etwa zwölf Jahre lang Assistentin in vielen Kursen. Sie hatte von Robert St. John, einem sensitiv behandelnden Therapeuten, die 'Metamorphose und Pränatale Therapie' erlernt. Diese Methode stellt eine äußerst feine Behandlung an bestimmten Gebieten am Kopf, an den Händen und an den Füßen dar. Die Berührung an den Füßen geschieht im Längsgewölbe, etwa entlang unserer Wirbelsäulenzone. Der Bereich um die Zone des ersten Halswirbels ist dem Zeitpunkt der Empfängnis zugeordnet, die Zonen der Kleinbeckenorgane etwa dem Zeitpunkt der Geburt.

Robert St. John entdeckte, dass diese Areale Einblicke in die physische und mentale Individualgeschichte eines jeden Menschen vor der Geburt geben. Dem Behandelten 'wird so etwas wie eine innere Schau auf sein ursprüngliches Potential an Lebensenergie' gegeben. Er bekommt durch die Berührung 'den Impuls, seine innere Entwicklung an der Stelle fortzusetzen, an der sie bisher blockiert war'.

Anna Maria Eichmann widmet sich nun in ihrer eigenen Lehrstätte auch der Weiterbildung von Hebammen, denen die Reflexzonentherapie viele Impulse für ihre Arbeit gibt.

Für einige meiner Patientinnen und Patienten war es manchmal schwer, ein übliches Honorar zu zahlen. Sie brachten mir aber die schönsten Salatköpfe aus ihrem Garten, stopften die Socken der Kinder, zimmerten Regale, jäteten Unkraut oder räumten mir die Küche auf. Viele Sträucher und Bäume im Garten habe ich als Entgelt für Behandlungen bekommen. Wenn sehr starke oder unerwartete Reaktionen auftraten, konnten die Patienten auch im kleinen Gästezimmer übernachten.

Eine Frau erledigte mir als Honorar ein halbes Jahr lang meine Buchführung. Bei ihr waren etliche kleinere Gallensteine diagnostiziert worden, die ihr immer wieder Koliken bescherten. Ich behandelte die Zone der Gallenblase bewusst provokativ, denn ich sah darin eine Chance, dass sich die Steine zum Abgang bewegen ließen. Sie war mit dem Versuch einverstanden, denn sie wollte sich auf keinen Fall einer weiteren ärztlichen Untersuchung oder gar einer Operation unterziehen. Sie ertrug die Koliken, die ich auslöste, mit bewundernswerter Leidensbereitschaft. Mir war zwar gar nicht wohl dabei, aber ihre konsequente Haltung ließ mir keine andere Wahl.

Bei dieser Frau habe ich gelernt, wie hilfreich es ist, zusätzlich zur Arbeit am Fuß das segmental zugeordnete Gebiet um das rechte Schulterblatt kräftig zu massieren, und ich habe dankbar an die strengen Lehrer in der Bopparder Massageschule gedacht. Die Patientin beschrieb die Schmerzen während des Behandelns dort wie scharfe, kleine Messerstiche, die sich 'wohl-weh' anfühlten, und sie merkte, dass sich der ganze Oberbauch von seiner Verkrampfung löste.

Zur Erholung zwischen mehreren Behandlungen, die ich an diesem Tag bei ihr durchführte, verbrachte sie einige Stunden in unserer Badewanne und nutzte die Pausen zum Ruhen und Schlafen. Bis weit nach Mitternacht tauchten mehrere kleine Bauchkrämpfe wellenförmig auf und ebbten wieder ab, und gegen halb zwei Uhr konnten wir endlich ins Bett gehen. Ihre stärksten Reaktionen waren bilderbuchmäßig genau in der Zeit der Hoch-Phase des Gallenblasen-Meridians von 23 bis 1 Uhr. Ihr Mann holte sie am nächsten Vormittag ab. Sie hatte von dieser Zeit an nie mehr eine Kolik. Ich hätte gern gewusst, ob sich das Resultat auch auf dem Röntgenbild zeigt, aber da sie sich nicht mehr in ärztliche Behandlung begab, musste ich mich mit dem subjektiven Befund zufrieden geben.

Auch Erich Hauser, ein bekannter Stahlkünstler aus Rottweil, mit dem ich seit über vierzig Jahren befreundet bin, zahlte das Honorar nicht auf übliche Weise, sondern ließ mich, wenn eine bestimmte Summe zusammen gekommen war, immer eine kleine Stahlplastik aussuchen. Zwei davon geben meinem Garten seit langem eine besondere Note, eine steht in unserem Wohnzimmer.

Bei der ersten Behandlung war ich ganz überrascht

von der Qualität seiner Füße. Ich hätte gedacht, dass ein gestandener, kräftiger Mann, der riesige Edelstahlteile bewegt und zusammenschweißt, derbere Füße hat. Aber sie waren von ihrer Gewebebeschaffenheit äußerst fein strukturiert und reagierten sehr empfindsam auf jede Berührung.

Erich Hauser erzählte mir bei einem Hausbesuch, dass er bei einer Ausstellungseröffnung in Berlin mehrere Nächte sehr schlecht geschlafen hatte. Am nächsten Abend hatte er brav das empfohlene starke Schlafmittel eingenommen. "Des Rattegift schluck i nimme, des hat mich in dere Nacht um meine Träum betroge. Und wenn i net träum, bin i bloß e halber Mensch", meinte er aufgebracht. Er hat auch die Entwürfe zu meinem Logo, dem 'sitzenden Menschen im Fuß', begutachtet und der seit langem verwendeten Form den letzten Schliff gegeben.

In einem Sommer brachte ein älterer Mann seine krebskranke Frau und wollte von mir als 'Autorität' wissen, ob die Art, wie er ihre Füße behandelte, auch richtig sei. Er hatte sich Eunice Inghams Schrift 'Geschichten die die Füße erzählen' zugelegt und jeden zweiten Tag an seiner Frau gearbeitet. Sie erzählte mit leuchtenden Augen, wie gut ihr diese Behandlung tat. Ich wollte eine Weile zusehen, wie der Mann die Behandlung durchführte und schlug vor, dass er seine Frau so behandeln solle, wie er es immer getan hatte.

Mir stockte beinahe der Atem, als ich sah, mit welcher Vehemenz er ihre Füße durchknetete. Sie hielt es ohne Klage aus und feuerte ihn trotz starker Schmerzen an, manche Stellen noch kräftiger zu drücken.

Nach zwanzig anstrengenden Minuten wollten sie von mir wissen, ob der Mann die Massage 'richtig' durchgeführt hatte. Ich schaute auf die Frau, die mit einem glücklichen Lächeln erschöpft auf meiner Massagebank lag, und sagte den Beiden nach einem kurzen Zögern, dass es nichts gäbe, was sie verändern müssten. Ich spürte die Liebe und Zuwendung zwischen diesen beiden alten Menschen und wusste, dass dies ihr 'Heil-Mittel' war, das sie bis zum Ende begleiten würde.

Meine Kinder probierten, wie die meisten ihres Alters, natürlich auch das Rauchen aus. Dass ich als Mutter bei meinen eigenen Kindern nichts dagegen ausrichten konnte, war mir klar. Aber ich fragte mich bei manchen Patienten, ob ich sie nicht über die Füße unterstützen könnte, wenn sie das Rauchen aufgeben wollten.

Eine starke Raucherin erzählte mir, was sie schon alles erfolglos versucht habe, um ihr Laster los zu werden. Sie meinte resigniert, dass sie alle Versuche aufgegeben hätte, zumal es niemanden ernsthaft interessiere, ob sie weiter rauche oder nicht. Ich bot ihr mein ehrliches Interesse an. Wir vereinbarten, dass sie den Zeitpunkt bestimmen könne, wann sie ihre letzte Zigarette rauchen würde.

Bei der achten Behandlung berichtete sie, dass ihr Darm heftig reagiert habe und Unmengen von stinkendem Stuhlgang abgegangen seien. Sie schob mir die angebrochene Zigarettenschachtel in die Hand und meinte: "Jetzt ist es so weit." Ich zeigte ihr die Stelle in meiner Küche, wo diese Schachtel ab jetzt stehen

würde, so dass ich gar nicht anders konnte, als sie täglich mehrmals anzuschauen und an die Patientin zu
denken. Beim Abschied sagte sie: "Ich habe endlich ka-
piert, dass sich nichts ändert, solange *ich* mich nicht
ändere. Aber es tut gut, wenn jemand da ist, dem das
wichtig ist."

Zeitweilig hatte ich Zigarettenschachteln von fünf
verschiedenen Patienten in der Küche stehen. Die Kinder schlichen am Anfang um mich herum und tuschel-
ten, bis ich sie nach dem Grund fragte. Es stellte sich
heraus, dass sie darauf warteten, bis sie mich rauchen
sahen, und sie waren fast ein wenig enttäuscht, als ich
ihnen den Hintergrund der Dekoration auf dem
Küchenbuffet erklärte.

Ich war nun viel zu Kursen und Vorträgen unterwegs. Das Sprechen in kleinen Gruppen war ich aus
den Kursen gewohnt, aber das Publikum in großen
Sälen hatte es schwer mit mir, denn ich sprach viel zu
schnell.

In der französischsprachigen Schweiz sollte ich auf
einem Kongress über meine Arbeit berichten und begann meinen Vortrag mit dem üblichen Elan. Schon
nach ein paar Minuten sah ich die Simultanübersetze-
rin mit den Händen fuchteln. Ich hatte wieder viel zu
schnell gesprochen, und sie kam mit der Übersetzung
nicht nach. Auch beim zweiten Anlauf verging nur
kurze Zeit, bis ich bei allen im Saal, die Mikrofone auf
dem Kopf hatten, eine Unruhe bemerkte. Der dritte
Versuch gelang zwar etwas besser, aber das Echo auf
meinen Vortrag, den ich so gut vorbereitet hatte, war
sehr geteilt. Von da an hielt ich eine Zeitlang im Wohn-

zimmer Vorträge, bei denen die einzige Zuhörerin die Stoppuhr war.

Trotzdem genoss ich das Herumkommen in der Welt unter dem 'Dach der Füße', denn ich wollte immer schon wissen, wie es anderswo zugeht und aussieht.

Dr. Umoh, der als Arzt in Nigerias Hauptstadt Lagos arbeitete, hatte durch eine Kollegin aus Südafrika von unserer Methode gehört und kam in einem besonders kalten Winter nach Burgberg zum Kurs. Da er sommerlich leicht bekleidet angekommen war, lieh ich ihm warme Kleidung von Winfried. Er saß zusätzlich immer auf einer Wärmflasche. Kurz nach der Mittagspause wurde er auf seinem Stuhl unvermittelt kleiner und es tropfte unter ihm. Der 'kleine schwarze Mann' wurde durch die geplatzte Wärmflasche schnell zum heiteren und interessanten Mittelpunkt des ganzen Kurses.

Er lud mich im Jahr darauf nach Nigeria ein. Die dreißig Männer und Frauen, meist honigbraun-dunkel in ihrer Hautfarbe, strahlten eine große Würde und Anmut aus, vor allem diejenigen, die ihre farbenprächtigen Gewänder trugen. Alle waren eifrig bei der Sache und ließen sich die theoretischen und praktischen Grundlagen der Methode willig erklären.

Beim Einüben der Griffe fielen mir die dunklen Furchen ihrer hellen Handinnenflächen auf, die wie fremdartige, geheimnisvolle Batikmuster anmuteten. Ich beobachtete voller Staunen, dass ihre etwas ausgeprägtere Fersenform der ausladenderen Beckenform entsprach, und es blieb nicht aus, dass auch sie meine

Fersen und mein Gesäß ganz ausführlich miteinander verglichen.

Ich habe noch keinen Kurs erlebt, bei dem nach der ersten kleinen Schüchternheit so viel gelacht und gekichert wurde. Allerdings war die Aufmerksamkeit nur eine knappe Stunde lang zu halten, denn danach gingen auffallend viele auffallend oft zur Toilette. In den folgenden Tagen legte ich daher bedeutend mehr Gewicht auf die praktischen Übungen.

Auch die Intensität der Griffe musste ich verändern. Die Teilnehmenden signalisierten mir ihre Schmerzgrenze viel selbstverständlicher, als ich es von uns Europäern gewohnt war. Sobald sich ein Schmerzpunkt deutlicher zeigte, zogen sie ihren Fuß mit einer kleinen, schreckhaften Bewegung etwas zurück und legten schützend ihre Hände darüber. Mit einer behutsameren Dosierung aber ließen sie sich willig bis an ihre individuelle Schmerzgrenze führen, weil sie spürten, dass ich mich auf ihre Bedürfnisse einließ.

Die Frauen und Männer hatten wesentlich weniger deutlich ausgeprägte Längsgewölbe (das sind die Zonen der Wirbelsäule) als bei uns, also beinahe Plattfüße, und doch gab es kaum Klagen über Rückenschmerzen. Am meisten belastet waren dagegen die Zonen der Verdauungsorgane und Atemwege, vermutlich wegen der vielen parasitären Erkrankungen im ganzen afrikanischen Kontinent.

Keine Frage kam so oft, zunächst vorsichtig formuliert, später offen und mit viel Emotionen diskutiert, als die, wo und wie die Zonen zu behandeln wären, damit eine Frau schwanger würde.

Ich stieg in Ansehen und Glaubwürdigkeit, als ich

ihnen ein paar Fotos meiner Kinder und Enkelkinder zeigte, und sie wollten von jedem alle Vornamen wissen. Die Frauen fragten ungeniert auch nach meinem Mann, zeigten aber Verständnis für die Umstände, die dazu führen konnten, dass Frauen allein lebten. Und Dr. Umoh bestätigte ihnen stolz, dass bei uns wirklich so viel Schnee lag, wie auf der Winteraufnahme unseres Hauses zu sehen war.

Die Kursbescheinigungen füllte ich mit viel Sorgfalt aus und trug die unendlich langen Namen in meiner Schönschrift ein, die mir aus Klosterschultagen vertraut war. Es gab zu jedem Nachnamen meist zwei bis vier phantasievolle Vornamen, die kaum in eine Zeile passten. Ich stand mit den beschriebenen Blättern vor der Gruppe und bat Dr. Umoh, für mich die fast unaussprechlichen und fremd klingenden Namen vorzulesen. Er klärte mich leise auf, dass die Teilnehmenden es als Kränkung empfinden würden, wenn ich, ihre Lehrerin, das Austeilen der Bescheinigungen nicht übernehmen würde. Da stand ich nun wie ein Kind in der ersten Klasse und mühte mich ab. Sie ertrugen mein Stottern mit viel Verständnis und klatschten ausgiebig und fröhlich, sobald jemand sein Blatt in der Hand hatte. Wir legten nach der Hälfte der vorgelesenen Namen eine Verschnaufpause ein, nicht nur wegen mir, sondern auch denen zuliebe, die sich vom vielen Klatschen erholen mussten. Beim herzlichen Abschied waren sich alle einig, dass dies ein ganz besonderer Kurs gewesen war. Leider kam es nicht zu einer Fortsetzung der Arbeit, denn die politischen und wirtschaftlichen Veränderungen des Landes erlaubten keine weiterführenden Pläne.

Meine Kinder und Enkelkinder freuten sich aber

über die kleinen, meist in Handarbeit hergestellten Geschenke, die mir die Teilnehmer am letzten Tag eigens für sie mitgegeben hatten.

Bei Auswärts- oder Auslandskursen lernte ich allmählich, wie ich mit meinen Kräften haushalten musste, aber bei meinen Kindern und Patienten hatte ich oft Mühe, das rechte Maß zu finden. So manchen Abend kamen mir, müde von den Behandlungen, unvermittelt die Tränen, wenn die Kinder ihre Schulaufgaben wieder nicht gemacht hatten, oder ich verlor die Geduld, weil ihre Zimmer schon wieder nicht aufgeräumt waren.

Ich wusste, dass das Auf-sich-selber-Aufpassen auch andere betraf, denn das Thema ist in unseren Berufen stets aktuell. Einerseits haben wir die physischen, psychischen und spirituellen Gaben bekommen, damit wir sie weitergeben, andererseits sollte es nicht nur unseren Patienten, sondern auch uns während und nach den Behandlungen gut gehen.

Nach einem anstrengenden Kurstag besuchte ich eine krebskranke Frau, die Mutter eines Schulfreundes von Gabriele. Sie war nach einer schweren Operation in der ersten Serie ihrer Chemotherapie, erbrach sich häufig und hatte starke Bauchschmerzen. Ich setzte mich zu ihr ans Ende des Bettes, nahm ihre beiden Füße in die Hand und behandelte ein paar Minuten lang vorsichtig ihre Zonen von Herz, Nieren, Darm und Wirbelsäule. Meist lagen meine Hände aber einfach still auf ihren Füßen, während sie ein wenig von sich berichtete, so weit es ihre Kräfte zuließen.

Nach einer guten halben Stunde verabschiedete ich

mich. Vor der Haustür schon wurde mir so übel, dass ich es gerade noch bis zum nächsten Gebüsch schaffte, bevor ich mich übergeben musste. Im Auto sackte mein Kreislauf ab und ich kam irgendwie gerade noch nach Hause. Ich hatte die halbe Nacht starke Bauchkrämpfe. Am nächsten Morgen rief die Frau an und erzählte mir voller Freude, wie gut ihr meine Behandlung getan hätte. Sie fragte, ob ich nicht noch ein paar Mal kommen könne, bis sie das akuteste Stadium der Nebenwirkungen der Chemotherapie überstanden hätte.

Beim zweiten Besuch setzte ich mich nicht zu ihr aufs Bett, sondern auf einen Hocker. Ich nahm ihre Füße auch nicht mehr auf meine Oberschenkel, sondern beugte mich etwas zum Bettende vor. Und ich legte die Hände nicht mehr still auf ihre Füße, sondern hielt sie ständig in leichter Bewegung und blieb dabei in meinem eigenen Atemrhythmus. Ich hatte vor der Behandlung schon ein paar Gläser Wasser getrunken und wusch mir danach lange und gründlich die Hände, damit ich energetisch wieder neutralisiert war. Der Frau ging es nach der Behandlung genau so gut wie nach meinem ersten Besuch, und ich hatte gelernt, wie ich auf mich aufpassen konnte. Was stand auf dem Zettel, den mir die Matron am Ende meiner Ausbildung als Krankenschwester gegeben hatte? 'Die Krankheit gehört dem Patienten.'

Aber ich war eben auch gern ein 'guter Mensch'. Als eine erfahrene Kollegin sagte: "Ist Ihnen bewusst, dass wir nicht primär im Beruf sind, um Erfolge zu haben?" passte mir das zunächst gar nicht. Beim genauen Hinschauen beobachtete ich jedoch, dass mein Motiv zum

Helfen nicht immer 'sauber' war von Ehrgeiz, Erfolgs-
streben und dem Bedürfnis nach Zuwendung und An-
erkennung, auch wenn ich es mir nur heimlich und in
'homöopathischen' Dosen von den Patienten holte.
Außerdem hatte ich, ohne es zu merken, so manches
Mal meiner eigenen Betroffenheit mehr Raum gegeben, als dem Leid oder dem Schmerz des anderen.

Allmählich konnte ich erkennen und anerkennen,
dass echte Heilung immer von anderen Ebenen
kommt und zur körperlichen und seelischen vor allem
die spirituelle Ebene einbeziehen muss. Und ich wusste jetzt auch, dass ich nicht auf den Erfolg meiner Behandlung spekulieren durfte, denn Heilung kann nicht
'gemacht' werden, sie 'geschieht', wenn die Bedingungen stimmen. Auch die Patienten haben ihren Teil an
Verantwortung zu tragen, denn wenn sie nicht zu Veränderungen in ihrer Lebensweise bereit sind, zeigen
sie mir damit meine therapeutischen Grenzen.

Die im Menschen vorhandene Regenerationskraft,
das Wirken des 'Inneren Arztes' (Paracelsus) und die
Bereitschaft der Patienten zur Mitarbeit spielen eine
mindestens ebenso große Rolle wie mein therapeuti-
scher Einsatz. Im Schwäbischen heißt das: 'Aus einem
Spatzen kann man keinen Distelfink machen.' Ein alter
Kollege fügte einmal verschmitzt lächelnd hinzu:
"Aber aus eme kranke Spätzle e g'sunds."

Kapitel 4

Die Anzahl der autorisierten Lehrstätten hat sich seit Jahren bei fünfzehn eingependelt. Passt vielleicht der 'Zahlenschutzengel' meiner Kindheit immer noch auf mich auf? In jedem der 'Ableger' von Burgberg hat sich, bei aller Individualität der Lehrkräfte, das Grundgerüst des Unterrichtens seit den frühen Siebziger Jahren bewährt und erhalten: Wir stellen uns auf den ganzen Menschen ein und vermeiden symptom- und krankheitsbetontes Arbeiten.

Unser Haus nannte ich vom ersten Kurs an 'Lehr-Stätte'. Später las ich bei einem Philosophen aus dem Osten: 'Wissenschaft ist eine Wahrheit, die man weitergeben kann, ohne sie persönlich zu verwirklichen. Lehre ist eine Wahrheit, die man nur weitergeben kann, wenn man sie selbst erlebt hat.'

Eine Teilnehmerin schrieb nach einem Kurs: 'Ich stellte mir vor, dass ich eine neue Technik lernen würde. Die Technik ist zwar nicht zu kurz gekommen, aber sie hängt mir nicht isoliert im Kopf herum, sondern ist ein Mosaikstein unter vielen geworden. Der Kurs hat mich zwar auf die Füße gebracht, aber auch manches auf den Kopf gestellt. Zu meiner Verwunderung sind mir jetzt die Krankheit der Patienten und mein Erfolg nicht mehr das Wichtigste. Ich habe das Gefühl, dass es für sie und für mich genug ist, dass ich einfach wach ein Stück des Weges mit ihnen gehe. Bin mal gespannt, was meine Patienten davon halten!'

'Nichts ist so beständig wie der Wechsel', wurde, bei aller Stabilität der Grundidee, zum Motiv für viele Veränderungen. Manche Pläne konnte ich in die Tat umsetzen, manche Gedanken ließen sich nicht verwirklichen, aber sie regten andere zu neuen Ideen an. Ich unterrichtete weiterhin gern, zumal ich im Lauf der Jahre eine bessere Ausgewogenheit zwischen der Theorie und den Übungszeiten fand, so dass die Teilnehmenden nicht mehr so schnell ermüdeten.

Es war wohl der Sinn meines beruflichen Lebens, dieser Therapie methodisch und didaktisch 'auf die Füße' zu helfen. Nicht ohne Grund war ich zu diesem Grundstück gekommen, wo ich endlich sesshaft werden konnte. Eine Freundin sagte einmal: "So wie jede Blume eine passende Vase braucht, so bist du an dieses Fleckchen Erde geführt worden, damit du deine Arbeit tun kannst." Im Schwäbischen heißt es: 'Jedes Häfele braucht e Deckele.' In den Jahren mit Fritz waren wir fünfzehn Mal umgezogen, kleinere Orts- und Praxiswechsel einbezogen. Hier in Burgberg habe ich zum ersten Mal in meinem Leben wirklich 'Wurzeln geschlagen'.

Ich überlegte ein paar Monate lang, ob ich nicht auf dem Wiesengrundstück unterhalb der Lehrstätte ein großes Unterrichtszentrum errichten sollte. Ein Architekt, den ich in Behandlung hatte, bot mir an, einen Plan zu erstellen. Eine Zeitlang sah ich Bilder eines mehrstöckigen, imposanten Gebäudes auf der unteren Wiese stehen und malte mir schon aus, wie Scharen von Kursteilnehmern durch ein großes Portal in die Unterrichtsräume schritten. Inzwischen hatte ich mit mehreren Schulen Kontakt aufgenommen, in denen ebenfalls therapeutische 'Spezialitäten' angeboten wurden. Dort hatte sich die Zentrierung des Unterrichts auf einen Ort bewährt.

Aber mein von mir so genannter 'kleiner Schuss Phlegma' bewährte sich wieder einmal als gesunde Bremse. Nachdem ich inzwischen Kurse in Antlitzdiagnostik nach Huter besucht hatte, wusste ich, dass es weniger mein 'Phlegma', sondern die Veranlagung zum Ruhe- und Ernährungsnaturell war, die meine manchmal 'ins Kraut' schießenden Pläne wieder auf den Boden der Realität brachte. Es lastete wirklich auch so schon genug Verantwortung und Arbeit auf mir, zumal meine Stärken nicht im Geschäftlichen lagen. Dafür hatte ich mir bereits zu Beginn meiner Selbstständigkeit eine Fachperson geholt, die mir auch jetzt mit nüchternem Blick meine finanzielle Lage zeigte. Ich habe mir aber bis heute trotz allem offiziellen 'Unverstand' in geschäftlichen Dingen einen intuitiven 'Gleichgewichtssinn' erhalten, der mir hilft, in Geldangelegenheiten zurecht zu kommen.

Kurz darauf bekam ich dann Nachricht von der Gemeinde, dass die Wiese unterhalb des Hauses nicht bebaut werden dürfe, da sie an das Grundstück mit dem 'Weiberzahn' anschließt und damit ebenso unter Denkmalschutz steht. Gerüchteweise wussten auch meine Kinder, dass wohl schon seit dem Mittelalter eine unterirdische Verbindung vom 'Weiberzahn' zur

Ruine Waldau am anderen Ende des großen Waldes bestand. Sie haben sogar einmal auf der Wiese gegraben und einige kleine Mauerreste gefunden.

So kommen die Schafe weiterhin zur Sommerfrische auf die Wiese, und die Unterrichtsräume sind gemütlich und überschaubar geblieben.

Zum Atem hatte ich durch die Beschäftigung mit der Mazdaznanlehre eine besonders lebendige Beziehung. Seit der Zeit hilft mir die Aufmerksamkeit für diese 'Brücke zwischen Sichtbarem und Unsichtbaren', meine vielen, oft wild sprudelnden Ideen und Gedanken zu ordnen. Ich war inzwischen mit der Zen-Meditation vertraut, bei der der Atem die Leitschnur in die angestrebte innere Gelassenheit darstellt, und hatte bei Volkmar Glaser, einem befreundeten Arzt, der eine Schule für 'Psychotonik' gegründet hatte, etliche Lehrbehandlungen erlebt. Irmela Halstenbach hatte mich den 'Inneren Atem' spüren lassen und mich in die Welt der Träume eingeführt. Also, dachte ich, konnte ich auf dem Gebiet schon etwas mitreden.

In einem Spätsommer fuhr ich nach einem Atemkurs bei Hildegund Graubner östlich von München nach Hause in den Schwarzwald. Ich war damals neunundvierzig Jahre alt. Nach etwa einer Stunde hielt ich an einem Feldweg und schaute in die nahe Voralpenlandschaft. Auf der einen Seite des Weges erstreckte sich ein großes Hochmoor, das mit unzähligen weißen Tupfern von Wollgras übersät war, auf der anderen bildeten Moospolster eine heitere Hügellandschaft en miniature, die in allen Grün- und Brauntönen leuchtete. Es war ganz still. Ich sinnierte, noch erfüllt von den

Erfahrungen des Kurses, zufrieden vor mich hin. Plötzlich durchströmte mich eine mächtige Lebens- und Atemwelle, die von den Haarspitzen bis zu den Füßen drang und mein Inneres zum 'Klingen' brachte. Ich war wie in eine Lichtsäule gehüllt. Wie lange mich dieser vibrierende Bereich von Raum- und Zeitlosigkeit umfing, weiß ich nicht.

Als ich die Umgebung wieder wahrnahm, sah und hörte ich, wie etwa hundert Meter vor mir eine hohe Fichte krachend auf die Straße stürzte, obwohl es ein ruhiger, windstiller Abend war. In der folgenden Nacht, die ich in einem Hotel in Wörishofen zubrachte, stahl mir ein Einbrecher einen größeren Geldbetrag. Er kam unbemerkt durch ein gekipptes Fenster in mein Zimmer. Und am nächsten Morgen musste ein hilfsbereiter Autofahrer meinen Wagen zur nächsten Werkstatt abschleppen, denn es lag eine Störung in der Elektronik vor, die aber schnell behoben werden konnte. Die Synchronizität im Äußeren mit dem inneren 'Umbruch' zeigte sich auch ganz 'leibhaftig': Seither habe ich nie mehr, wie oft zu Zeiten meiner Ehe, einen Hexenschuss gehabt und kann auf eine ganz neue Weise in die Tiefe meines Bauchraumes atmen.

Nach etwa zehn Jahren wurde die Fußbehandlung als Therapeutikum allmählich anerkannt. Die Nachfrage von Fachkräften nahm zu, und in Laienkreisen hatte es sich herum gesprochen, dass in unseren Kursen nicht 'Do-it-yourself' vermittelt wird, sondern dass wir die Reflexzonentherapie als eine Spezialisierung innerhalb eines medizinisch-therapeutischen Berufes verstehen.

Die erste Lehrstätte kam durch Grethe Schmidt aus Dänemark, die auf der 'Puppenhaus'-Insel Langeland eine vegetarische Pension führte, zustande. Sie sprach gut deutsch und war 1967 eine der zwölf Teilnehmenden am allerersten Kurs in Schramberg. Uns verband von Anfang an die Gemeinsamkeit einer gesunden Lebensführung und das Interesse an allem, was auf dem Sektor der Naturheilkunde angeboten wurde.

Nachdem ich mit meinen Kindern nach Burgberg gezogen war, kam Grethe oft zu uns, zunächst in weiterführende Kurse, später als Assistentin. So wie sie es sich zutraute, sprach sie während der Kurse jeden Tag ein neues theoretisches Thema durch, von Symptom- und (damals noch) Kausalreflexzonen bis zu Indikationen und dem Aufbau der Behandlungen. Die Gruppe war so manches Mal erheitert über ihre kleinen Ausflüge ins Dänische oder Englische. Aber es fiel ihr schwer, die jeweils besprochene Zonengruppe auf die Folie des Tageslichtprojektors zu übertragen. Die Lampe leuchtete nicht auf die Leinwand, sondern an die Decke, die Farbstifte fielen zu Boden, und die zaghaften, etwas zittrigen Strichführungen wurden durch die Vergrößerung an der Wand zu riesigen Zick-Zack-Bahnen. Ich fühlte mich mit ihr verbunden, denn Gabriele sagte in ähnlichen Situationen zu mir: 'Technisch unbegabt, aber kreativ.' Grethe verbrachte die folgenden Abende allein im Kursraum und ließ nicht locker, bis sie eine gewisse Routine im Einzeichnen bekam und die technischen Widrigkeiten überwunden hatte.

Das Interesse an einer gut fundierten Ausbildung in Dänemark war recht groß. Ich fragte Grethe, ob sie sich das selbständige Unterrichten zutrauen würde. Nach einer Nacht Bedenkzeit sagte sie zu und begann bald darauf in ihrem stilvollen Gästehaus mit Kursen für dänische Therapeuten. Als mein erstes Buch 'Reflexzonenarbeit am Fuß' auf dem Markt war, übersetzte sie es.

Später hielt ich etwa acht Jahre lang Sommerkurse bei Grethe, in denen wir morgens unterrichteten und in der anderen Zeit die Insel erkunden oder einfach faulenzen konnten. 1982 lud ich meine Mutter, Gabriele und meine Enkelin Johanna ins Auto und nahm sie mit. Johanna war ein Jahr alt und verfolgte die Behandlungen, die ich an ihren Füßen zur Demonstration für die Gruppe zeigte, mit großer Aufmerksamkeit. Sie hatte eine Hüftluxation und trug eine Zeitlang eine Spreizhose aus Gips. Wenn es ihr zu viel oder zu schmerzhaft wurde, schaute sie mich mit ihren großen blauen Augen an, brabbelte ein wenig vor sich hin und machte mit der Hand eine kleine, abwehrende Bewegung. Ich legte dann ihre Hände, die bei Schmerzen schnell feucht wurden, in meine, und rubbelte sie, bevor ich behutsam weiterarbeitete, mit einem Tuch trocken. Aber sie nahm mir die Behandlungen nie übel, obwohl gerade die Hüftzonen sehr empfindlich waren.

Ohne dass ich es damals wusste, war Grethe Schmidt beispielhaft für die Gründung aller weiteren Lehrstätten. Immer wenn ein neuer 'Zweig' am 'Stamm' der Füße entstand, bildeten Vertrauen in die Person und die Überzeugung, dass wir uns gemeinsam einer Aufgabe unterstellten, die tragenden Säulen. Die Ausbildung der zukünftigen Lehrkräfte fand individuell und auf ähnlich praxisbezogene Weise wie bei Grethe statt.

Bei der Planung neuer Lehrstätten kam mir meist der Zufall zu Hilfe, von dem ich schon lange wusste, dass er auch das sein kann, was einem zur rechten Zeit zufällt. Wenn ich hörte, dass es in einer Gegend viel Interesse an der Methode gab, fand sich auch wirklich jedes Mal eine Therapeutin oder ein Therapeut, die bereit waren, in die Aufgabe hineinzuwachsen.

Die einzelnen Lehrkräfte kamen auch nachdem sie eigene Lehrstätten hatten, ein- bis zweimal im Jahr, um mit mir Kurse durchzuführen und Erfahrungen auszutauschen. Es waren richtige Pionierzeiten mit viel Arbeit, viel Schwung und Begeisterung. Alle, die die Reflexzonentherapie am Fuß unterrichten, sind auch nach Jahren, manche schon seit Jahrzehnten, mit ihrem Herzen dabei und bringen ihre ganze Person in die Arbeit ein. Ohne diese Menschen, die mit mir in großer Treue den 'Fuß-Weg' gegangen sind, hätte die Methode heute nicht die Wertschätzung, die sie allgemein erfährt.

1981 entstand die Lehrstätte von Edgar Rihs in der Nähe von Bern, die jetzt sein Sohn Roland übernommen hat. Edgar war nicht nur häufig Assistent in Burgberg, sondern half auch bei den großen Kursen in Belgien und bei Blindenkursen. Bei den Blinden merkten wir schnell, dass nicht nur sie von uns lernten, sondern wir mindestens so viel von ihnen.

Ich weiß noch, wie meine Kinder begeistert waren, als ich ihnen beim Essen, wie die Begleitpersonen den Blinden, die Kartoffeln auf 12 Uhr, den Salat auf 9 Uhr und das Gemüse auf 16 Uhr auf den 'Zifferblatt'-Teller legte. Sie zielten mit geschlossenen Augen auf ihren weit geöffneten Mund, und so manche Gabel voll Gemüse landete wieder auf dem Teller.

Vor einigen Jahren haben Ursula Xylander und Annemarie Oldach, die seit langem die ständigen Lehrkräfte in Burgberg im Unterricht unterstützen, drei Kurse für Blinde und stark Sehbehinderte im Bayrischen mit gestaltet. Der sonst übliche Tageslichtprojektor fiel natürlich weg. Auch der visuelle Hinweis auf Zonentafeln oder Skripten war nicht möglich. Stattdessen hatten wir jeweils für zwei Teilnehmende ein knöchernes Fußskelett dabei, an dem sie die anatomische Struktur abtasten konnten, bevor sie die Zonen an den Partnerfüßen suchten. Wir lernten, so zu sprechen, dass die Teilnehmenden das Gehörte ohne Mühe auf die Füße übertragen konnten. Mehr als einmal beobachteten wir uns, wie wir beim Sprechen selbst die Augen schlossen.

In Kursen mit Blinden wurde immer besonders viel gelacht, und nirgendwo anders habe ich so viele Witze gehört, auch über sich als Blinde, als an den Abenden im Bayrischen nach der Anstrengung des Kurstages.

Sigrun Burggraef begann 1983 in Lübeck mit einer eigenen Lehrstätte. Ihr erster Kurstag fiel auf meinen Geburtstag, ein gutes Omen, an das wir uns jedes Jahr gern erinnern. Ihrer sprachlichen und praktischen Überzeugungskraft konnten sich auch die Therapeuten von großen norddeutschen Kliniken nicht entziehen und sie hat alle unsere Lehrstätten mit speziellen Fußübungen bereichert, die auf entsprechende Zonengruppen abgestimmt sind.

Der erste Fuß-Kurs in Italien fand nach einem großen 'Congresso di Riflessoterapia al Piede' 1988 mit Christine Felici-Kluge statt, die bis heute die italienischen Therapeuten mit gleich bleibender Fürsorge und Treue unterrichtet. Wir waren im mittelalterlichen Schloss von Sermoneta untergebracht. Es blies ein für südliche Verhältnisse kalter Märzwind, und die Räume mit ihren meterdicken Wänden konnten nicht geheizt werden. Von zwei kleinen Radiatoren fiel bereits am ersten Abend einer aus, aber wir bekamen Wärmflaschen und wurden mit köstlichen Mahlzeiten versorgt, bei denen uns der süffige Wein aus der Gegend zusätzlich von innen einheizte.

Kurse in Italien sind insgesamt heiterer und unbeschwerter als bei uns in Deutschland. Der schwirrende, melodiöse Geräuschpegel der Gespräche während der Mahlzeiten, die allseits verteilten Umarmungen und Küsse, die Lockerheit im Umgang mit der Fußarbeit sind einfach die spezielle Würze dieser südländischen Kurse.

Die Wochen auf Ischia im Frühjahr waren immer vom landschaftlichen Liebreiz und Blumenzauber der Insel erfüllt. Nach dem morgendlichen Unterricht in einem hellen Raum direkt über dem Meer konnten wir nachmittags die Thermalbäder nutzen oder die Insel auskundschaften.

Zu einer solchen Reise lud ich vor einigen Jahren Winfrieds Familie ein, die nun auf vier Kinder angewachsen war. Susanne, die jüngste, war am Tag vor der Reise gestürzt, so dass sie an der Stirn genäht werden musste. Sie hatte als Folge ein Brillenhämatom, das sich allmählich von blau-lila über grün zu gelb verfärbte. Ich behandelte täglich ihre Schwimmhäute, um den Lymphabfluss vom Gesicht zu unterstützen. Die aufgequollenen und schmerzhaften Zwischenräume der Zehen entstauten und lockerten sich schnell. Susanne meinte bei der letzten Behandlung: "Etz gehts den Zehen so guet wie kloine Fifferling im Wald."

Als die Nachfrage nach Unterricht im nördlichen Bayern zunahm, war Anette Freyhardt, die zunächst in Burgberg mit unterrichtete, 1997 bereit für eine eigene Lehrstätte. Sie bietet inzwischen außer ihren Kursen regelmäßig praktische Arbeitsgruppen für diejenigen an, die die Ausbildung abgeschlossen haben, und motiviert sie mit viel Schwung, ihren Wissensstand zu ergänzen und aufzufrischen.

Das Wesen der Füße, merkte ich schon in den Siebziger Jahren, hat etwas mit Freiheit zu tun. Sie sind die 'ausführenden Organe', mit denen wir stehen bleiben, kommen oder gehen. Sie führen uns in jede gewählte Richtung, schneller oder bedächtiger, je nach Wunsch und Motivation. Wir sind mit ihnen nicht nur äußerlich unterwegs, sondern sie sind in einem großen Maße auch mit unserem Weg in die innere Freiheit verbunden. Alle 'Stolpersteine', denen wir auf unserem Schicksalsweg begegnen – heißen sie nun Krankheit, Sorge oder Problem – spiegeln sich in ihnen. Sobald wir uns der Füße als 'Arznei-Mittel' bedienen, können die Stolpersteine physischer und psychischer Art zu Stufen werden, die uns im Leben ein paar Schritte weiter führen.

Ein Patient fragte mich in den ersten Jahren nach

dem Sinn des Schmerzes, den ich durch den therapeutischen Reiz an seinen Füßen auslöste. Ich sagte ihm, dass der Schmerz 'Wegweiser-Funktion' für meine Behandlung hätte. Zur nächsten Behandlung kam er etwas nachdenklich und meinte: "Ich habe zu Hause überlegt, was wohl auf dem Wegweiser Schmerz zu lesen ist, und ich habe herausbuchstabiert, dass auf der einen Seite steht: 'Ändere etwas', und auf der anderen 'Ändere dich'. Wenn ich ehrlich bin, so genau wollte ich es gar nicht wissen, aber jetzt muss ich mir die Botschaft wohl näher anschauen!"

Auch unsere 'Mutter Sprache' ist voll von überzeugenden Beispielen, dass die Füße mit dem ganzen Menschen und seinem Lebens-Weg verbunden sind, vom Ver-stehen bis zum Be-treten sein und zum Ablauf des Lebens, von der Zu-kunft, der Ver-gangen-heit und dem jetzigen Zu-stand.

Ein schwer kranker Patient, den ich in seinen letzten Lebenswochen täglich besuchte, sagte mir: "Dass Sie meine Füße jeden Abend halten und ein bisschen durchkneten, gibt mir das Gefühl, dass ich den Weg von diesem ins andere Leben leichter gehen kann." Seine Frau griff den Gedanken auf und rieb seine Füße bei jedem Besuch im Krankenhaus mit Rosenöl ein. Das erleichterte auch ihr den Abschied.

Ich begann, regelmäßig zu meditieren. Etwa zwölf Jahre lang bot ich den Kursteilnehmern morgens um sieben Uhr eine 'Zeit der Stille' an, in der der eigene fließende Atem die einzige Richtschnur war. Zur Einstimmung auf die halbe Stunde wählte ich als äußeren Rahmen diesen Text:

An jedem neuen Tag
danke ich der Nacht für das,
was sie mir gebracht hat.
Meine Füße leuchten tief
in die Erde hinein, die mich trägt.
Mein Schädeldach formt
das Gewölbe des Himmels nach.
Dazwischen
erlebe ich die Aufrichtung
und Spannkraft meiner Wirbelsäule,
und der Atem bewegt mich.
Mit meinem inneren Licht begrüße ich
das Licht des neuen Tages.

Viele Jahre später bekam ich einen Neujahrsgruß von einer Kursteilnehmerin. Der Text auf der Karte gefiel mir. Ich habe mich aber erst beim Lesen wieder daran erinnert, dass es mein Spruch von damals war. Sie schrieb: 'Ich habe auch zu Hause diese Zeit der inneren Sammlung eingeführt und gemerkt, dass mir das hilft, mich den Anforderungen des Alltags zu stellen. Früher dachte ich, durch Meditation könnte ich meinen Schwierigkeiten entkommen, aber da meinte ich noch, es handle sich um ein bisschen den-Mund-halten und sanfte Musik hören.'

1991 kam am Morgen nach dem Ausbruch des Golfkrieges zu meiner Überraschung die ganze Kursgruppe um sieben Uhr zur Meditation. Zum Sitzen auf Kissen und Schemeln war nicht für alle Platz. Wir verteilten uns stehend im Raum, bis ich meinen Spruch aufgesagt hatte, und setzten uns danach einfach eine halbe Stunde lang still auf unsere Stühle. So konnten wir die folgenden Kurstage innerlich gut überstehen. Die politische Situation berührte mich damals besonders, denn sechs Wochen vorher war Elmer mit seinem VW, fast so alt wie er selber, nach Israel aufgebrochen. Er hatte mich auf meiner zweiten Reise nach Israel begleitet und war seither so von dem Land und seinen Menschen begeistert, dass er eineinhalb Jahre in einer Firma mit der Weiterentwicklung von Gleitschirmen zubrachte und sogar einen Flugrekord aufstellte.

Alle Welt verließ Israel per Schiff oder Flugzeug, und er machte sich, unbeirrt vom drohenden Golfkrieg, auf die Reise. Jehuda und seine Frau Gila nahmen ihn in dieser gefährlichen Zeit auf, und er lag viele Nächte lang, wie alle anderen, mit der Gasmaske neben sich im luftdicht abgeschotteten Haus.

Eine Reihe von Jahren habe ich mich mit der Zen-Philosophie beschäftigt, die den Füßen ebenfalls große Bedeutung zuschreibt. Bei Kursen und Tagungen in Rütte im Hochschwarzwald stellten wir uns mit wachen Sinnen auf unsere Füße und ließen den Atem bis in die Zehenspitzen strömen. Oder wir gestalteten im schweigenden Gehen jeden Schritt bewusst und erlebten, dass wir getragen sind. Durch den Widerstand der 'Mutter Erde' spürten wir die Freiheit der Aufrichtung.

Von Dürckheims Buch 'Der Alltag als Übung' war und blieb mir der Titel das Wichtigste. Ich bin eine Zeitlang mittags beim Abwasch den Bewegungen der Spülbürste nachgegangen, habe mir Zeit gelassen zu spüren, wie sich das Auftragen des Lippenstiftes anfühlt, und war überrascht, wie wohl ich mich fühle, wenn ich den Gegenständen des Alltags, den Büchern, der Wäsche oder den Schuhen, ihren Platz zuweise. Aufräumen heißt für mich seither Raum gewinnen, innerlich und äußerlich. Ich räume auch jetzt nicht mit Begeisterung auf, aber ich sehe den Sinn dahinter und weiß, dass es mir und den Dingen das Leben leichter macht.

Irgendjemandem war es einmal wichtig, dass Graf Dürkheim und ich uns kennen lernten. Er war damals schon ein alter Herr, der nicht mehr viel sehen konnte, und er kam in seinem Haus langsam, unsicher und gebeugt die Treppe herunter. Ich merkte, wie er sich mühte, mit mir ein Gespräch zu beginnen. Aus Rücksicht auf seinen geschwächten Zustand kürzte ich unsere Begegnung ab, zumal ich wusste, dass er nachmittags seinen wöchentlichen Vortrag halten würde, zu dem immer viele Menschen kamen. Die zum Vortragsraum ausgebaute große Scheune eines Bauernhauses war bis auf den letzten Platz gefüllt, und die jungen Menschen saßen mit erwartungsfrohen Gesichtern auf ihren Matten und Kissen. Als sich die Tür öffnete, war ich verblüfft, wie sich der alte, gebrechliche Mann von vor drei Stunden in Sekunden in einen aufrechten, würdevollen Herrn verwandelt hatte, der zielstrebig in den Raum schritt. Ich spürte direkt, wie die große Gruppe ihn auf einer Woge von Verehrung und Zuneigung trug. Er sprach fast zwei Stunden lang frei und mit klarer Stimme, hörte sich jede Frage aufmerksam an und gab tiefschürfend, bedächtig und humorvoll seine Antworten. Am Ende seines Vortrages verstand ich Graf Dürckheims 'Verwandlung' besser, denn mir war eingefallen, dass früher auf dem Land die kleinen Kinder oft zu den Großeltern gelegt wurden, damit die alten Leute neue Kräfte sammeln konnten.

Die Entstehung von drei Lehrstätten hat mich besonders geprägt. Es waren die in Israel, in der früheren DDR und in Armenien.

Gila Livne kam 1979 aus Israel nach Burgberg. Erst später erfuhr ich von ihr, wie schwierig für sie die Unterbringung bei einem älteren Ehepaar gewesen war. Sie hatte sich jeden Tag gefragt, ob diese alten Leute damals vielleicht auch an der Vertreibung der Juden und den Gräueln in den Konzentrationslagern beteiligt gewesen waren. Die ganze Woche ihres Aufenthaltes war davon belastet, ohne dass wir etwas ahnten. Ich sah lediglich, dass sie bedrückt war, und erst auf meine Frage gab sie zögerlich Antwort.

Zwei Jahre später war ich zum ersten Kurs in Israel, begleitet von Gabriele, die im vierten Monat mit Johanna schwanger war. Livnes wohnten nordöstlich von Haifa in Tivon. Als ich die kleine Stadt im Atlas suchte, war ich ganz überrascht, wie nahe sie an den Libanon grenzt.

Der Kurs fand im Kindergarten des Kibbuz' Hazorea statt, in dem Gila ihre Kindheit verbracht hatte. Er war in einer halben Stunde von Tivon aus zu erreichen. In dem einstöckigen Gebäude standen einfache, niedrige Betten und Hocker und der ganze Raum strahlte eine freundliche Ruhe aus. Gila hatte allen, die von auswärts kamen, eingebläut, dass sie pünktlich sein müssten, denn die Kursleiterin käme aus Deutschland. Natürlich ging ihre Rechnung nicht ganz auf und sie war besorgt, wie ich auf die Nachzügler reagieren würde. Als es Zeit für eine Vormittagspause war, erkundigte ich mich in der Gruppe, wie lange in Israel eine Viertelstunde dauern würde. Alle lachten, und damit war das 'Problem Zeit' gelöst.

Da die Sprache der Wissenschaften, auch die der Medizin, in Israel immer englisch ist, fiel es den meisten Teilnehmenden nicht schwer, dem Unterricht zu folgen. Als mir später Ann Lett half, die in London bereits eine Lehrstätte führte, fragte ich sie, ob sie den theoretischen Unterricht streckenweise übernehmen könnte, denn sie sprach ein viel vornehmeres Englisch als ich. Zunächst konnte ich die entstehende Unruhe in der Gruppe nicht deuten, bis mir Gila das hebräische Geflüster übersetzte. Den Frauen war das anspruchsvollere Englisch nicht geläufig und sie wollten wissen, ob Ann nicht auch so einfach sprechen könne, dass sie es verstünden.

Beim Erklären des therapeutischen Griffes fragte ich Gila, wie das Wort 'Schwung' auf Englisch heißt. Sie meinte, das wisse sie nicht, aber sie könnte es mir auf Iwrit (hebräisch) sagen. Da heiße es nämlich auch 'schwung'. Wann immer ich bei Unterhaltungen zugehört habe, war ich erstaunt, wie viele gut verständliche Wörter in dieser Sprache vorkommen, die sich wohl alle vom Jiddischen herleiten lassen.

Ich hielt in den folgenden Jahren viele Kurse in Tivon und in verschiedenen Kliniken und Fortbildungszentren in Haifa, Tel Aviv und Jerusalem, unterstützt von Gila und Ann.

Bei den ersten Kursen brachten mir die motivierten Therapeutinnen bis nachts um elf Uhr noch Patienten ins Hotel, damit ich sie behandle und berate. Jehuda und Gila ermutigten mich, meine Grenzen und die der anderen deutlicher zu signalisieren, und ich merkte erleichtert, dass mir niemand übel nahm, wenn ich nach Kursende zusätzliche Behandlungen ablehnte.

Einer der Patienten, die spät abends noch eine Behandlung von mir wollten, brachte mir als Dank am nächsten Tag zwei große Taschen voll mit frisch geernteten Avocados, die ich im Koffer, gut in Plastiktüten verpackt, mit nach Hause nahm. Beim Öffnen entströmte den Tüten ein süßlich-scharfer Geruch, der meine Haut einige Tage lang erblühen und anschwellen ließ.

In Jerusalem nahm einmal eine streng orthodoxe Hebamme an unserem Kurs teil. Sie beeindruckte uns mit ihrem strahlenden Gottvertrauen und zeigte anderen gegenüber überhaupt kein Bekehrungsbedürfnis. Sie wusste einfach, dass der gewählte Weg für sie der richtige war und dass Gott alles zum Rechten fügen würde. Sie sei bei der Betreuung von Schwangeren, wo zeitlich vieles nicht vorher berechenbar ist, noch nie mit den vielen Ge- und Verboten des orthodoxen Judentums in Konflikt geraten, erzählte sie uns.

Erst kürzlich hätte ihr am Sabbat, an dem sie selber kein Telefon abnehme, eine Nachbarin ausgerichtet, dass sie dringend zu einer hoch schwangeren Frau kommen müsse. Da sie an dem Tag auch nicht Auto fahren würde, hätte sie darauf vertraut, dass sich eine Transportmöglichkeit ergeben würde. Und wirklich sei ein paar Minuten später ein entfernter Verwandter durch das Tor gefahren und hätte sie zur rechten Zeit zu der Frau gebracht. Mancher von uns beneidete sie um dieses bedingungslose Vertrauen in die göttliche Führung.

Wir lernten beim ersten Besuch auch Gilas Eltern kennen, die seit dem Entstehen von Hazorea mit etwa fünfhundert anderen meist deutschstämmigen Juden dort wohnten. Als ich Gilas Mutter hebräisch sprechen hörte, fragte ich sie spontan, ob sie aus der Stuttgarter Gegend stamme, denn die schwäbische Tonfärbung schwang unüberhörbar mit. Sie gehörten zu den Pionieren, die diese Siedlung in unvorstellbar harter Hand-Arbeit aufgebaut hatten. Noch vor etwa fünf Jahrzehnten war das Areal, in dem jetzt viele Bäume Schatten spenden, eine unwirtliche, von Moskitos verseuchte Gegend. Um ein großes Gemeinschaftshaus, in dem Verwaltung, Speisesaal und Veranstaltungsraum untergebracht sind, gruppieren sich jetzt viele kleine, zweckmäßig eingerichtete Häuser, vor denen Blumen und Sträucher blühen.

Gila führte uns auch ins 'Kinderhaus', in dem sie, wie alle anderen Kinder, die meiste Zeit von Betreuerinnen versorgt worden war. "Wenn ich zu meinen Eltern ging", erzählte Gila, "freute ich mich immer, denn sie hatten dann wirklich Zeit und konnten sich ganz, ohne andere Verpflichtungen, mit mir und meinen Geschwistern beschäftigen. Oft besuchten wir Verwandte oder bekamen selber Besuch, und zu den Mahlzeiten gingen wir alle in den großen Gemeinschaftsraum." Abends sei sie immer gern wieder zum Schlafen zurückgekommen, denn im Kinderhaus war es unterhaltsamer als in dem kleinen Bungalow ihrer Eltern.

Gilas Vater, ein studierter Mann, ging jeden Morgen mit anderen Männern und Frauen in eine kibbuz-eigene Fabrik, in der verschiedene Arten von Folien hergestellt wurden. Das hat er bis ins hohe Alter von fast neunzig Jahren so gehalten.

Im Garten von Jehuda und Gila pflückten wir Orangen und Avocados von den Bäumen, die hinter dem Haus standen. Als wir am ersten Kurstag von Hazorea zurückkamen, schaute Lior, der fünfjährige Sohn von Gila und Jehuda, sein Bilderbuch an und blätterte die Seiten von hinten her um. Ich sagte zu Gabriele: "Schau mal, der Bub liest das Buch verkehrt herum." Jehuda erwiderte ruhig: "Nein nicht verkehrt, sondern anders." Daran denke ich oft, wenn ich merke, dass mein eigener Gesichtspunkt wieder einmal zu einseitig ist.

Bei jedem Besuch in Israel genoss ich die vielen frischen Früchte. Dort konnte ich Orangen essen, obwohl sich mir zu Hause alles zusammen zog, wenn ich nur an Orangen dachte. Ich vertrug sogar frisch gepressten Zitronensaft. Da ich immer im Frühjahr und Herbst dort war, ging es durch das milde Klima auch meinen Füßen und Beinen in der Zeit recht gut.

So oft ich konnte, nahm ich eines meiner Kinder und später auch einige Enkelkinder mit nach Israel. Jehuda und Gila zeigten uns Nazareth, das von Tivon aus nur etwa fünfundzwanzig Kilometer entfernt ist. Außer vielen hupenden Autos und Baustellen, ein paar ehrwürdigen Mauerresten und jede Menge christlicher Mitbringsel, die von Arabern verkauft wurden, ist mir vom Wohnort von Maria und Josef nicht viel in Erinnerung geblieben. Aber als wir schweigend am Ufer des Sees Genezareth standen und die sanfte Kräuselung des Wassers beobachteten, wurde die biblische Geschichte vom Fischfang auf wundersame Weise lebendig. Jehuda hatte mir in späteren Jahren das Buch von Saramago 'Das Evangelium nach Jesus Christus' empfohlen, in dem Jesus als 'Mensch unter Menschen' so lebensnah und greifbar beschrieben wird, dass ich meinte, ich hätte ihn gesehen, wie er im Haus von Maria Magdalena, der 'Sünderin', ein und aus gegangen war. Im Jordan badete ich einige Male meine Füße in der Nähe der Stelle, wo Johannes Jesus getauft hatte, und war ganz versunken in frühchristliche Zeiten.

Einmal fuhren wir frühmorgens von Jerusalem hinunter zum Toten Meer. Es war frühes Frühjahr und noch recht kalt. Auf einmal sah ich am steinigen grauen Straßenrand kleine rote Punkte. Die Bekannte, die uns chauffierte, hielt auf meine Bitte an. Da hatten sich mitten in der Steinwüste, so weit das Auge reichte, unzählige Wildtulpen aus dem kargen Boden heraus geschoben, jede nur ein paar Zentimeter hoch und noch geschlossen. In den nächsten Minuten übergossen die ersten Sonnenstrahlen die ganze Fläche, und Licht und Schatten brachen sich an den großen Steinbrocken. Fast unmerklich öffneten sich, je mehr die Sonne die Schatten aufsog, die Tulpenkelche ein wenig und zeigten ihr orange-gelb leuchtendes Inneres.

In Jerusalem hatten Johanna und ich einmal die besondere Ehre, im Mishkanot-Shaananim, dem Gästehaus der 'Freunde Israels', in dem sonst nur hohe Politiker, berühmte Künstler und andere Auserwählte wohnen durften, zu übernachten. Eine Physiotherapeutin, die bei Gila und mir ausgebildet worden war, hatte Teddy Kollek, den damaligen Bürgermeister der Stadt, als Fuß-Patienten und erzählte ihm von unserem Besuch. So wurden wir unversehens zu VIPs und genossen die Stille des angrenzenden Olivenhaines, obwohl das Haus mitten in der quirligen Stadt liegt. Wir besuchten auch die Klagemauer, und beobachteten die schwarz gekleideten Männer, denen lange Haarlocken von den Schläfen hingen und die sich beim Beten rhythmisch vor und zurück bewegten. Die rhythmischen Bewegungen habe ich zu Hause längere Zeit ausprobiert und gemerkt, dass sie tatsächlich die innere Sammlung erleichtern. Allerdings stellte sich die Ruhe bei mir immer erst nach etwa zehn Minuten ein, einer Zeitspanne, bei der ich anfangs schon fast die Geduld mit mir verloren hatte.

Mit Johanna war ich von Israel aus auch in der lange verschollenen Felsenstadt Petra in Jordanien, die im Süden des Landes in der Nähe des Toten Meeres liegt. Wir besichtigten die aus dem Felsen gehauenen Prachtgebäude in der tiefen Schlucht und bewunderten die stolzen Reiter, die in rasendem Galopp auf ihren edlen Pferden die schmalen Wege ins Tal hinunterjagten. Und der junge arabische Reiseführer wollte ganz ernsthaft die hübsche, damals fünfzehnjährige Johanna mit zu seiner Familie nehmen und so bald wie möglich heiraten.

Auf dem arabischen Markt in Jerusalem bin ich jedes Mal stundenlang und mit besonders wachen Sinnen herumgeschlendert. Die Gerüche und Düfte verlockten meine Nase und den Geldbeutel zum Kauf von Gewürzen. Und an den graziösen Bewegungen der Menschen in der Pracht der farbigen Gewänder konnte ich mich kaum satt sehen. Als der Markt in einem Herbst wegen einer politischen Kontroverse zwischen

Israelis und Palästinensern geschlossen war, kam mir nicht nur dieser Bereich, sondern ganz Jerusalem wie unter einer schweren Glocke von vibrierender Angst und Sorge vor.

Ein paar Jahre nach Gilas erstem Besuch begegnete ich Miriam Goldberg in einem Kurs für 'Atem- und Leibtherapie' bei Hildegund Graubner. Ich war nun öfters im 'Tannenhof', da Hildegund daran lag, dass ihre Ausbildungsgruppen für Atem- und Leibtherapie auch die Reflexzonentherapie am Fuß erlernten. Diese Arbeit war 'fassbarer' und bodenständiger als die differenzierte Beschäftigung mit dem Atem und stellte einen guten therapeutischen Ausgleich dar.

Miriam hielt inzwischen im Sommer regelmäßig einen ihrer herrlich unkonventionellen Kurse in 'Konzentrativer Bewegungstherapie', einer psychotherapeutisch orientierten Körperarbeit, die sie vor Jahrzehnten bei den Lindauer Psychotherapiewochen vorgestellt hatte. Als ich wissen wollte, wie sie ihre Kursgruppen unterweist, meinte sie: "Ich interessiere mich für das Nicht-Besondere und arbeite damit." Ihr einziges Prinzip war, keines zu haben. Sie konnte sagen: "Bring mir bitte ein Glas kaltes Wasser, aber heiß muss es sein!" Oder: "Menschen braucht man nicht zu verstehen, man kann sie auch genießen." Lange vor Beginn ihres Kurses saß sie dann im Schneidersitz im Raum, mit geschmeidig-aufrechtem Rücken und wachen Augen, aus denen es unvermutet schalkhaft blitzen konnte. Sie stichelte mit flinker Hand eine ihrer originellen Hosen oder Jacken ein Stück weiter zusammen, oft mit bunten Garnen, und ich erinnerte mich an Hetta Falk, die Anthroposophin, mit ihren individuellen Hängekleidern und Kitteln. Ich höre Miriam noch bei einer Übung sagen: "Wie ihr das gemacht habt, ist gut. Wenn ihr es anders gemacht hättet, wäre es auch gut gewesen."

Natürlich besuchten wir Miriam bei jeder Israelreise in En Ha'emek, einem kleinen, auf einem Hügel gelegenen Drusendorf in der Nähe von Hazorea. Sie hatte Freundschaft geschlossen mit etlichen der Familien und lernte ein paar Jahre lang arabisch, ihnen und sich selbst zuliebe. Manchmal waren wir dort mit ihr zu üppigen, stundenlangen Mahlzeiten eingeladen. Ich habe später erfahren, dass sie alle Zutaten vorher eingekauft oder, wenn das nicht möglich war, diskret ein Kuvert mit Geld auf der Kommode hinterlassen hatte.

Johanna, damals zehn oder elf Jahre alt, durfte sich, während ich Miriam beim Behandeln zuschaute, aus ihrem Arsenal an Schachteln, Tüten und Truhen alles nehmen, was sie zum Verkleiden brauchte, und war stundenlang mit dem Zusammenstellen von phantastisch eleganten Roben beschäftigt. Mit meinen Enkeln Anatol und Steffen saßen wir während einer anderen Reise in Miriams halb verwilderten Garten und ließen uns den Saft einer frisch gepflückten und von ihrer dicken Schale befreiten Pomela von den Mundwinkeln tropfen.

Natürlich behandelten wir uns auch gegenseitig. Ich höre noch Miriams unnachahmliche, spitze kleine Schreie, wenn ich auf eine empfindliche Zone traf, und ihr zufriedenes Brummen beim Nachlassen des Schmerzes. Wenn sie mit ihren wachen Händen meinen Rücken berührte, die Lage der Hüfte veränderte oder einen meiner Zehen ein wenig zupfte, spürte ich, dass wir 'Vögel gleichen Gefieders' waren.

Wir erzählten einander manches von unseren persönlichen Freuden, Mühen und Leiden und kamen überein, dass das Leben trotz allem schön sei. Sie brachte es, wie immer, mit einem treffenden Satz auf den Punkt: "Wenn du leben willst, musst du dich öffnen. Wenn du offen bist, bist du verletzlich. Und mit Verletzlichkeiten kann man umgehen lernen." „Nicht immer, aber manchmal", fügte sie mit einem Augenzwinkern hinzu.

Zur Nachfeier ihres siebzigsten Geburtstages lud ich sie und Irmela Halstenbach, die zu Miriams Kurs gekommen war, nach Offenburg zu einem Konzert mit Montserrat Caballé ein. Als die Sängerin eine ihrer Arien schmetterte, umschwirrte sie ein Nachtfalter und kam mehrmals ihrem weit geöffneten Mund gefährlich nahe. Er verschwand erst, als sie mit dem Singen aufhörte und in das schallende Gelächter im Saal einstimmte. Miriam hatte das Schauspiel mit vorgebeugtem Körper verfolgt und meinte: "Das war das schönste vom ganzen Konzert."

In einem Frühjahr traf es sich, dass ich nach Kursen in Tivon und Jerusalem eine Woche mit Miriam und ihrer Gruppe im Kibbuz En Gedi am Toten Meer verbrachte. Es war die Osterwoche. Ich war mir natürlich am Gründonnerstag 'meines' Feiertages bewusst. Als ich Miriam von der Bedeutung dieses Tages für mich erzählte, meinte sie: "Ich habe schon viel darüber reden hören, aber noch nie jemanden getroffen, der es wirklich tut!" Ich musste plötzlich an den Pfarrer in Haslach und meine kindlichen Vorstellungen denken, und ohne langes Zögern baten wir die Gruppe – sie bestand aus Deutschen, Israelis und Österreicherinnen – auf den Abend hin das Nötige zu besorgen. Eine brachte ein paar Stangen Brot, eine andere spendierte zwei Flaschen Wein, der einzige Mann in der Runde sammelte aus den Bungalow-Häuschen kleine Wannen und Handtücher, und ich nahm mein Fläschchen Wildrosenöl mit. Wir wuschen uns gegenseitig die Füße, trockneten sie ab und ölten sie ein. Danach aßen wir das Brot und tranken den Wein.

Wenn ich an Miriam denke, fällt mir ein, dass ich mit niemandem so gut schweigen konnte wie mit ihr.

1984 kam Jehuda mit Gila nach Deutschland. Es war das erste Mal, dass er in das Land zurückkehrte, das er mit vierzehn Jahren verlassen hatte. Erst nachdem er viele Jahre seine Sommerkurse bei uns gehalten hatte, war es ihm möglich, mit seiner Frau nach Berlin zu fahren und die Stätten seiner Kindheit zu besuchen.

Ich war inzwischen vertraut mit seiner Arbeit, die er, ursprünglich auf der Feldenkrais-Methode basierend, nach seinen Bedürfnissen und Ansprüchen verändert und weiterentwickelt hatte. In Israel war Jehuda seit langem mit seinen Kursen bekannt und geschätzt. Da ich von der Wirkung der gut durchdachten und natürlich-lebendigen Bewegungsabläufe überzeugt war, bot ich ihm an, in unseren Räumen Sommerkurse zu halten. Wir gaben ihnen spontan den Namen 'Bewegungsharmonie'.

Wir liebten seine leise Melancholie und humorvolle Treffsicherheit, mit der er passende Wörter erfand, weil ihm die 'richtigen' gerade nicht zur Verfügung standen. Wenn wir vom Liegen ins Sitzen kommen sollten, sagte er meist: "Und jetzt kommt bitte von der Liegung zur Sitzung." Zu neuen Übungen, von denen er wollte, dass wir sie ausprobieren, meinte er, wir sollten einfach eine 'Versuchung' machen. Da im Hebräischen die Wörter für Finger und Zehen gleich lauten, mussten wir immer aufpassen, ob er gerade von den oberen oder unteren 'Fingern' sprach.

In all diesen Jahren waren die Sommerkurse von Jehuda immer ein Maßstab für meine Befindlichkeit. Da konnte ich im Spannungsbogen von jeweils zwölf Monaten sehen, wie es mir ging, und wie ich immer schwerfälliger und weniger belastbar wurde.

Von einem Sommer zum anderen wurden seine Übungen mühsamer für mich. Nicht, weil er sie schwieriger machte, sondern weil ich unbeweglicher und 'mürber' wurde. Die Arbeit hatte weiterhin zugenommen, und ich wusste, dass es keinen Aufschub mit dem längst fälligen Buch und den neu zu gestaltenden Zonentafeln mehr gab.

Zunächst war ich irritiert, dass aus der Gruppe der Lehrkräfte – immerhin waren wir damals schon etwa achtzehn Personen – weder viel Interesse noch viel Hilfe kam. Es waren immer nur einzelne, die sich solchen Entwicklungen und Neuerungen spontan öffnen konnten. Diese Art von Aufgaben fiel wohl auch konsequenterweise mir und nicht den anderen zu. Das änderte zwar einiges an meiner Einstellung, aber nichts an der Menge der Arbeit.

Damals habe ich mir oft einen Menschen an meine Seite gewünscht, der mir einen Teil der Verantwortung abgenommen hätte und mit dem ich meine Ideen und Pläne und deren praktische Verwirklichung hätte besprechen können. Ich wusste zwar, dass 'jede Entwicklung Provokation braucht, von außen und von innen', aber mit etwas weniger Herausforderungen wäre ich auch zufrieden gewesen. Hetta Falk sagte mir einmal: "Dass du jetzt allein bist, gehört zu deinem Leben, es gibt Schlimmeres. In deiner Position müsstest du dir jemanden nach Maß backen, aber das Rezept für diesen Teig kann ich dir nicht geben." Wir lachten darüber, denn sie wusste, dass Backen nicht meine große Stärke war.

Als das Buch erschienen war, rechnete ich zwar damit, dass die Umstellung auf die zum Teil veränderte Lage der Zonen und der damit verbundene differenziertere Unterricht den Kursteilnehmern nicht ganz leicht fallen würden. Aber ich empfand es zunächst als harte 'Knochenarbeit', die Lehrkräfte überhaupt für das Neue, Ungewohnte zu gewinnen. Zudem stand mir wieder einmal meine Ungeduld im Wege, die alles Erkannte möglichst rasch umsetzen wollte. Ein durchaus verständliches Argument der Unterrichtenden war, warum sich die Lage mancher Zonen jetzt auf einmal verändern sollte, wo wir doch so viele Jahre die 'alten' mit Erfolg verwendet hatten. Ich war, wieder einmal, davon ausgegangen, wie *ich* mich verhalten würde und hatte in meinem Eifer außer acht gelassen, dass andere einen anderen Zugang zu dem Thema haben oder mehr Zeit brauchen, um sich auf Neues einzulassen. Theoretisch wusste ich, dass es immer schwierig ist, sich von Altem, Bewährtem zu lösen. Nur, dass dies auch die am meisten mit der Arbeit vertrauten Menschen, die Lehrkräfte, betraf, hatte ich nicht erwartet. Zudem stand mir manchmal einfach auch meine gründliche und umständliche Art im Weg, mit der ich alles ganz genau machen wollte.

In dieser Zeit gab es Phasen, wo ich nur noch die Mühen und Plagen meiner Arbeit sah und mein Schwung von früher verloren ging. Mir war sogar streckenweise mein Humor abhanden gekommen. Wenn ich dann aber meine Enkelkinder besuchte, ging es mir wieder gut, vor allem, wenn wir zusammen Pläne für die nächste Reise schmiedeten.

Inzwischen sind die damals 'neuen' Dinge schon lange selbstverständlich und lösen weder bei den Lehrkräften, noch bei den Kursteilnehmern Irritationen aus. Als die Zonen des Lymphsystems aufkamen, gab es keine Schwierigkeiten solcher Art, da konnten sich alle, unbelastet von Altem, gut auf neue Ideen und Vorschläge einlassen. Ein Lehrertreffen lang – es war in Israel – haben wir nur der praktischen Durchführung und dem theoretischen Hintergrund des Lymphsystems gewidmet. Diese Zeit am Strand des Mittelmeeres hat etwas später zur verbindlichen Einführung des dritten Kurses in unserer Ausbildung geführt, in dem die Reflexzonen des Lymphsystems im Mittelpunkt stehen.

1979 meldete sich Martina Ulrich aus Dresden bei mir. Sie hatte das Buch 'Geschichten die die Füße erzählen können' von West-Freunden geschenkt bekommen und auch schon von meiner Arbeit gehört. Sehr gern hätte sie an einem meiner Kurse teilgenommen, aber da sie keinen therapeutischen Beruf hatte, musste ich ihr absagen. Sie stellte aber den Kontakt zwischen Christian Zimmermann und mir her, einem Musiker, der noch mit fünfzig Jahren eine Umschulung in einen therapeutischen Beruf machte. Es war die Zeit, in der man für ein Telefongespräch nach Westdeutschland bis zu zwei Tage warten und ständig, auch nachts, auf der Lauer sein musste, damit man die Verbindung nicht verpasste. Reisegenehmigungen dauerten Wochen und sogar Monate.

Im Jahr darauf kam aber doch ein erster Kurs in Dresden zustande. Die Interessenten sollten sich am Vorabend um zwanzig Uhr in der privaten Wohnung des anthroposophischen Pfarrers treffen. Ich wunderte mich, weil wir uns schon kurz vor achtzehn Uhr auf den Weg machten, und erfuhr, dass große Vorsicht geboten war, damit nicht der Eindruck eines konspirativen Treffens erweckt wurde. Etwa jede halbe Stunde gingen zwei oder drei Leute auf das Haus zu, und die Gruppe war in der Tat zur vorgesehenen Zeit vollständig.

Christian Zimmermann hatte zuvor Heidrun Schmidt, eine Fachärztin für physikalische Therapie aus Ostberlin, bei einem Sommerurlaub an der Ostsee kennen gelernt und dort nach dem Buch von Ingham bereits ihre Füße behandelt. Das hatte ihr Interesse so stark geweckt, dass sie spontan seiner Einladung folgte und mit ihrer Physiotherapeutin zum Kurs der 'ersten Stunde' nach Dresden kam. An dem Abend hielt Christian eine kleine, leicht sächsisch gefärbte Rede, bei der ich mir an der ernsthaftesten Stelle das Lachen verkneifen musste. Er sprach darüber, dass in jedem Menschen gute Kräfte wirken, und das Wort 'Wirken' klang auf sächsisch fast wie 'Würgen'.

Selten zuvor hatte ich eine solch aufmerksame und ernsthafte Zuhörerschaft. Die Übenden nahmen im praktischen Teil die Füße der gegenüber sitzenden Person auf ihre Oberschenkel und probierten die Griffe aus. Das war zwar unbequem, aber wir erleichterten uns die Arbeit mit den Kissen des Sofas und der Sessel aus dem Wohnzimmer des Pfarrers, die er uns freundlicher Weise zur Verfügung stellte. Mir fiel nicht nur in diesem ersten, sondern auch bei allen späteren Kursen auf, wie höflich und diszipliniert die Teilnehmenden waren. Es wäre niemandem eingefallen, bei meinen Schilderungen von heiteren Praxiserlebnissen laut zu lachen oder gar das, was ich unterrichtete, in Zweifel zu ziehen. Ich merkte allerdings schnell durch die Qualität der Fragen, auf welch hohem Niveau die Ausbildung der Physiotherapeuten war. Damals schon hatte sich in der DDR der Beruf dem internationalen Standard angepasst, bedeutend früher als bei den westdeutschen Krankengymnasten.

Später erfuhr ich, dass meine Arbeit zu Beginn stark von der 'Stasi' observiert worden war, und dass sich schon in einem der ersten Kurse ein linientreuer Arzt als Beobachter eingeschlichen hatte. Wir waren aber nie Repressalien ausgesetzt. Vermutlich eigneten sich die Füße nicht zu politischen Spitzeldiensten. Ich nehme allerdings an, dass es eine Akte von mir bei der Gauck-Behörde gibt.

Schon wegen des vielen Gepäcks fuhr ich meistens mit dem Auto in die DDR. Die allererste Grenzkontrolle ein gutes Stück hinter Bayreuth werde ich nie vergessen. Zunächst musste ich Stunde um Stunde warten. Als ich endlich vorn an der langen Autoschlange angekommen war, winkte mich ein Grenzsoldat auf die Seite und befahl mir barsch, den ganzen Inhalt des Autos auf einen der bereitstehenden Tische auszuladen.

Das dauerte, denn ich hatte nicht nur Unterrichtsmaterial dabei, sondern auch Kleidung, Lebensmittel, Schokolade, Kosmetikartikel und Kinderspielsachen. Als der junge Mann in Uniform dann zur näheren Kontrolle des ausgebreiteten Inhaltes meines Autos kam, war er ganz verwirrt, als er mein Paar Knochenfüße auf den Kursunterlagen sah, die ich im Unterricht ja immer brauchte. Das konnte er wohl nirgends einordnen, und ich durfte ohne viel weitere Fragen meine Siebensachen wieder einladen.

Meist wohnte ich bei Ulrichs und erlebte auf diese Weise, wie der Alltag der Menschen aussah. Ich ging mit ihnen zum Einkaufen und zu Bekannten und es kam mir so vor, als ob alles weniger 'aufgeblasen' war als bei uns im Westen. Die Leuchtreklamen erschienen mir nicht so grell und aufdringlich, die Waren lagen 'bescheidener' in den Schaufenstern und die Kleidung, auch wenn man ins Konzert oder Theater ging, war einfacher. Die Sitzgarnituren sahen überall ähnlich aus, und zu meiner Überraschung standen in manchen Wohnzimmern noch Nierentische aus den Fünfziger Jahren, die bei uns schon fast als Antiquitäten gehandelt wurden. Viele Kleinmöbel, vor allem die Einrichtungen der Kinderzimmer, waren liebevoll in Eigenarbeit hergestellt. Das alles brachte mir die Zeit bei uns nach dem Zweiten Weltkrieg wieder ins Gedächtnis. Ulrichs zeigten mir die kulturellen Schätze Dresdens, die Gemäldegalerien, das 'Blaue Wunder', die

Semperoper, in der ich Richard Strauß' 'Salome' sah. Sie fuhren mit mir in die Sächsische Schweiz, die mich ans Donautal und Tante Hedwig erinnerte, die viele Jahre in Beuron in einem christlichen Haus der Küche vorstand. Dort habe ich sie, als ich in den Ferien ein paar Wochen bei ihr war, fast zu Tode geängstigt, als sie erfuhr, dass ich schon wieder heimlich zum Baden an der Donau gewesen war.

Ulrichs schickten ihre Kinder trotz des Widerstandes der Partei in die Waldorfschule und kauften Obst und Gemüse bei Bauern, die ihre Felder und Äcker ohne Kunstdünger und giftige Schädlingsbekämpfung bestellten. Nach der 'Wende' und nachdem ein Kind nach dem anderen ausgezogen war, bauten sie ihr Haus um und eröffneten eine Nichtraucherpension.

Von Martina und Siegfried Ulrich bekam ich schon bei einer der ersten Reisen ein Buch von Dschingis Aitmatov geschenkt. In seiner holzschnittartigen, eindringlichen Sprache erzählt er von dem kargen Land und den Menschen seiner kirgisischen Heimat. Nur ein einziges Mal in meinem Leben fuhr ich zu einer Autorenlesung, ihm zu Ehren. Die Hermann-Hesse-Stiftung in Calw hatte ihn eingeladen.

Im Vortragssaal war nur noch die erste Stuhlreihe unbesetzt. Da ich den Dichter ganz nahe erleben wollte, rückte ich vorsichtig vom äußersten Stuhl der ersten Reihe weiter zur Mitte und tauschte mit einer aparten Dame im schwarzen Abendkleid ein Lächeln aus. Wie sich herausstellte, war sie die russische Pianistin, die die Lesung musikalisch umrahmen sollte. Kurz vor Beginn kam der Oberbürgermeister mit seinem Gefolge durch den Mittelgang und begrüßte nicht nur

die Pianistin, sondern auch mich in gewähltem Schwä-
bisch-Englisch und wünschte uns einen schönen
Abend. Die Autogramme in seinen Büchern 'Der erste
Lehrer' und 'Dshamilja', die mir Aitmatov am Ende gab,
sehen aus wie zauberhafte Arabesken.

Wenn ich in Dresden war, ergab es sich immer wieder, dass ich abends eines der vier Kinder oder Mutter
und Vater Ulrich behandelte. Etwa fünf Monate nach
einer intensiven Kurszeit in Dresden rief mich Martina
mitten in der Nacht an, denn sie hatte tagsüber keine
Telefonverbindung bekommen. Sie fragte mich zö-
gernd, ob sie eine spezielle Bitte an mich richten dürfe.
Sie war direkt nach meiner Behandlung zum fünften
Mal schwanger geworden und bat mich, Taufpatin zu
werden.

Nicht lange danach hatte ich ein befreundetes
Zahnarzt-Ehepaar aus dem Bayrischen öfters zur Behandlung. Auch hier kam nach entsprechender Zeit
ein ähnlicher, vorsichtiger Anruf. Ich wusste auf Anhieb, um was es sich handelte und sagte zu, bevor die
Frau ihr Anliegen vorbringen konnte. Wie Martina war
sie ebenfalls direkt im Anschluss an die Behandlung
schwanger geworden, auch mit dem fünften Kind.
Seitdem behandle ich keine Ehepaare mehr am selben
Tag.

Mir fiel ein, wie im ersten Jahr in Burgberg eine
Frau Mitte dreißig in die Praxis kam und um ein Gespräch von Frau zu Frau bat. Sie wäre nun zwölf Jahre
verheiratet, aber ihr großer Wunsch nach Kindern hätte sich immer noch nicht erfüllt. "Könnet Se da au ebbes mache, giehts da an Punkt am Fueß, wo ma drucke

ka?" fragte sie voller Hoffnung. Ich verfügte in der Sparte über keine therapeutischen Erfahrungen und sagte ihr das ganz ehrlich. Allerdings hatte ich inzwischen selbst drei Kinder geboren und war mir sicher, dass die nicht durch Fußbehandlungen entstanden waren.

Die gute Frau kam nach unserem Gespräch aber trotzdem regelmäßig zur Reflexzonentherapie. Beim sechsten Mal strahlte sie und erzählte, dass ihre Regel ausgeblieben sei. Ich bremste sie etwas in ihren Erwartungen, aber auch zu den nächsten Terminen kam sie mit dem gleichen Leuchten in ihren Augen. Allmählich sah man ihr die Schwangerschaft an, und sie wurde von Verwandten und Bekannten darauf angesprochen. Treuherzig gab sie Auskunft: "Ha, i be zur Frau Marquardt uff de Däplisberg gange, die hat me d' Füeß massiert und drum bin i schwanger."

In Ostdeutschland waren zu der Zeit bereits einige Behandlungsmethoden bekannt, die in Westdeutschland teilweise noch in den Kinderschuhen steckten: Die Neuraltherapie, die Akupunktur und die Manualtherapie. Die Reflexzonentherapie wurde daher mit größerer Selbstverständlichkeit aufgegriffen als in Westdeutschland. Da in der DDR der Fachbereich 'Physikalische Therapie' seit etwa 1970 bereits eingeführt und geschätzt war, erleichterte mir auch dies den Einstieg mit meiner 'füßikalischen' Arbeit. Die Physiotherapeuten kamen meist mit ihren Ärzten gemeinsam in die Kurse, im Westen wäre das kaum denkbar gewesen.

In den folgenden Jahren hielt ich im Frühjahr und Herbst teils in Dresden, teils in Berlin Kurse. Die Unterrichtsorte wechselten oft, aber wir bekamen meist durch die guten Kontakte des Ehepaars Schmidt zur Diakonie die notwendigen Räume. Später liefen meine Einladungen sogar offiziell über das Diakonische Werk und mussten nicht mehr als Privatbesuche getarnt werden.

Zu einem Kurs waren wir in Berlin in der Kapelle einer großen Klinik untergebracht. Es war zwar kalt, aber geräumig. Da nur ein paar Tische zur Verfügung standen, legten wir die Teilnehmenden, an denen geübt wurde, auf die Altarebene und diejenigen, die üben sollten, knieten auf den Stufen davor. Mir fiel dabei wieder Gabrieles Ausspruch ein: 'Technisch unbegabt, aber kreativ.'

Unvermutet tauchte der Krankenhauspfarrer am zweiten Tag auf und war sehr verwundert über das, was er auf dem geweihten Terrain sah. Da lagen, eng nebeneinander wie die Heringe in der Büchse, Ärzte und Therapeuten, die er zum Teil aus dem Klinikbetrieb kannte, und ließen sich von der Schar der Knienden die nackten Füße behandeln. Er wusste nicht recht, was er tun oder sagen sollte, und ich auch nicht. Da flüsterte mir Christian Zimmermann das Stichwort 'Bibel, Fußwaschung' zu, und das war die Brücke, mit der ich eine Erklärung der Situation einleiten konnte.

Während der Kurse in Berlin ermöglichten mir Heidrun und Eckehard Schmidt jedes Mal ein intensives kulturelles 'Bad'. Fast jeden Abend waren wir im Konzert oder Theater, und die Müdigkeit nach der Anstrengung des Tages war sofort verflogen, wenn ich 'Landpomeranze' in die Vielfalt der Weltstadt eintauchen konnte.

Bei einer Reise, die ich über Dresden nach Berlin machen wollte, wurde ich frühmorgens durch Aquaplaning in einen schweren Autounfall vor Nürnberg verwickelt. Dank meines Volvos, zu dem mir mein alter Freund dringend geraten hatte, kam ich mit dem Leben davon und konnte nach einigen Stunden körperlich relativ unbeschadet mit einem Leihfahrzeug weiterfahren. Ich erzählte allen, denen ich begegnete, ohne Pause, dass die beiden Schachteln mit frischen Eiern heil und ganz geblieben seien. Vieles andere war aufgeplatzt, ausgelaufen und zerquetscht worden, aber die zerbrechlichen Gaben der freilaufenden Burgberger Hühner hatten den Unfall seltsamer Weise ohne Schaden überstanden. Zum Glück waren in meiner Handtasche, eigentlich als Geschenke gedacht, zwei Fläschchen mit Bachblüten-Schocktropfen, die ich fleißig einnahm und auf alle Schürfwunden tropfte.

Ich vertraute darauf, dass mich Christian Zimmermann in Dresden gut versorgen würde. Er fand mich zähneklappernd immer noch im Schock und behandelte mich mehrmals, nicht nur über die Füße, sondern auch am Kopf. Dazu benützte er einen Bergkristall und einen Amethysten, mit denen er bestimmte Meridianlinien und -punkte berührte. Wenn ich es nicht schon vorher gewusst hätte, wäre ich durch seine Behandlungen jetzt restlos überzeugt gewesen, dass er gut daran getan hatte, den Beruf zu wechseln. Martina Ulrich fragte mich abends besorgt, was ich mir zum Essen wünsche. Ich musste nicht lange überlegen, denn ich spürte, dass ich jetzt etliche der heil gebliebenen Eier brauchte, und das große Omelett tat mir bis in die Knochen gut.

Am nächsten Tag war ich wieder so weit hergestellt, dass die Weiterreise zusammen mit Christian Zimmermann nach Berlin möglich war. Dankenswerter Weise übernahm Siegfried Ulrich das Fahren. Außerdem hatten wir einige Massagebänke von Christian mitzunehmen, da der Kurs bei Heidrun Schmidt sehr groß war. In den folgenden Tagen übte ich das Prinzip der kleinen Schritte. Ich unterrichtete eine Stunde und legte mich dann während der praktischen Übungsphasen auf eine Liege. So 'wackelte' ich mitsamt Heidrun und Christian und der großen Gruppe in kleinen Zeiteinheiten durch die Tage.

Zu allen Erschwernissen hatte eine Ärztin eine akute Blinddarmentzündung, die wir mit sedierenden Griffen am Fuß und kalten Auflagen ruhig halten konnten. Wenn sie nicht selbst Ärztin gewesen wäre, hätte ich die Verantwortung nicht übernommen, aber sie war unter großen Mühen vom Erzgebirge angereist und wollte sich einfach diese Tage nicht entgehen lassen.

In der Mittagszeit und abends behandelte Heidrun meine schmerzhaften Muskelverspannungen und Wirbelsäulenblockaden mit einer für mich ganz neuen Art der Chirotherapie. Sie nahm mich sachte in die Arme, schob einen Wirbel hier ein paar Millimeter in eine Richtung, dort eine Muskelgruppe mit Hilfe meiner Atmung in die andere, und ich fühlte, wie sich der Schock mehr und mehr aus dem Gewebe löste. Auch in späteren Jahren habe ich noch öfters von dieser sanften manualtherapeutischen Arbeit profitiert. 'Therapie ist eben eine Kunst und keine Wissenschaft.'

Dieser Kurs ist uns allen im Gedächtnis geblieben, und noch heute erzählen Einzelne von dessen besonderer Atmosphäre.

Zufällig war wenige Tage vor dem Mauerfall wieder ein Kurs in Ostberlin. Abends mischten wir uns in den Straßen um den Prenzlauer Berg unter die Menschen und hörten den Reden vor der Gethsemanekirche zu. Es lag etwas Hoffnungs- und Würdevolles in der Luft, und jeder fühlte sich dem anderen nahe und verbunden.

Durch die jahrelange regelmäßige Arbeit in Dresden und Berlin waren Heidrun und Christian ganz von selber in die Arbeit hineingewachsen, so dass sie mit dem Fall der Mauer ihre eigenen Lehrstätten eröffnen konnten.

Christian Zimmermann ist leider wenige Jahre später gestorben, aber sein Geist und die Achtung und Verehrung seiner Kursteilnehmer ist heute noch in den Räumen in Radebeul zu spüren. In der Zeit von Christians Krankheit und Tod fuhren fünf oder sechs aus unserer Lehrergruppe nach Dresden und hielten dort Kurse. Dann konnte Gerd Duffe, der sich schon zuvor bei Sigrun Burggraef in den Unterricht eingearbeitet hatte, die Lehrstätte übernehmen.

Der bislang jüngste 'Lehrstätten-Ableger' hat sich seit 1997 entwickelt. Sigrid Klotzbach war in den Kursen bei Heidrun Schmidt und interessierte sich für die Gründung einer Lehrstätte in Tschechien, da sie einige Jahre in Prag gelebt hatte. Sie leistet bis heute mit viel persönlichem Einsatz ähnlich intensive Aufbauarbeit, wie ich sie in der früheren DDR angeboten hatte, und

unsere Methode findet in Prag in Kreisen der Physiotherapeuten großen Anklang.

Durch die Anfrage eines armenischen Therapeuten,
der in der Schweiz lebt, kam ich 1993 zu einem ersten
Kurs in dieses Land. Ich wusste bereits während des Te-
lefonates, dass es ein An-Ruf an mich war und sagte
spontan zu. Sechs Wochen später war ich mit Sabine
Zimmermann, die seitdem in einer großen Klinik in
Erivan klassische Homöopathie unterrichtet, in einer
alten russischen Tupolew auf dem Weg von Paris nach
Erivan.

Außer der Witzserie 'Im Prinzip ja, Radio Erivan'
kannte ich sehr wenig von diesem Land, ich wusste
nicht einmal genau, wo es liegt. Im Atlas fand ich es im
südlichen Kaukasus, mit Georgien, Aserbaidschan, der
Türkei und dem Iran als Anrainerstaaten.

Dann fiel mir aber ein, dass mir meine Mutter 1970
bei der Auflösung des Bergheim Buck einige Bücher
geschenkt hatte. Darunter war Franz Werfels 'Die vierzig Tage des Musa Dagh'. Er schildert darin am Beispiel
einer Familie das Schicksal der Armenier, die am Beginn des letzten Jahrhunderts einem Völkermord
durch die Türken ausgesetzt waren. Ich holte das Buch
sofort aus dem Regal und bereitete mich mit ihm innerlich auf die Reise vor.

Die Psychologin Anahit Tevosyan war meine Kon-
taktperson in Erivan. Sie hatte sich fast die Schuhsoh-
len abgelaufen, um Interessenten für den ersten Kurs
zu rekrutieren. Es gibt etwa achtzig Kliniken in der
Landeshauptstadt, und die Verkehrssituation war in
der jungen Demokratie (1991 hatte sich Armenien aus

der Sowjetunion gelöst) katastrophal. Die Menschen in Armenien litten und leiden noch immer persönlich und wirtschaftlich unter den Folgen des schweren Erdbebens von 1988, bei dem in Sekunden fünfundzwanzigtausend Menschen umgekommen und mehr als achtzigtausend verletzt worden waren.

Wir liefen etwa eine halbe Stunde durch die Stadt, die noch viel vom früheren Flair einer Weltstadt ahnen ließ, und trafen nachmittags auf die Gruppe von fünfzehn Ärzten und Therapeuten, die Anahit an den Eingang einer Klinik für Physiotherapie bestellt hatte. Nach einer reserviert herzlichen und erwartungsvollen Vorstellung mussten wir zunächst Verhandlungen mit der Klinikleitung führen, die von ihrem 'Glück' noch gar nichts wusste. Anahit und ich wurden ins Besprechungszimmer geführt, in das immer mehr Ärzte kamen, und ich hatte mein Vorhaben anzupreisen. Anahit, die durch ihren Aufenthalt in London gut englisch sprach, übersetzte wunderbar, und ich bin sicher, sie ergänzte meine Ausführungen an wichtigen Stellen, um sie den Zuhörern etwas schmackhafter zu machen. Ganz verständlich wurde ihnen die Methode dadurch wohl auch nicht, denn Anahit hatte selbst erst kurz zuvor von der Reflexzonentherapie am Fuß gehört und wusste auch nicht so recht, um was es sich dabei handelte.

Die Männer und Frauen saßen mit stoischen und verschlossenen Mienen zu beiden Seiten des langen Tisches, und ich fühlte mich wie der Sänger in der Ballade von Uhland: '... und gilt es jetzt zu rühren des Königs steinern Herz.' Nach etwa zwanzig Minuten gingen die ersten Ärzte wieder hinaus. Da fiel mir mein zweites Fachbuch ein, das gerade ein paar Monate zuvor erschienen war. Sobald ich das aus der Tasche zog, wurden die Gesichter lebendig, und es entstand eine fast entspannte Atmosphäre. Das Buch ging reihum, jeder blätterte ein wenig darin, und der letzte gab es mir mit einem Lächeln zurück. Ein älterer Arzt sprach mich jetzt auf Deutsch an, er war in der DDR als Soldat stationiert gewesen. Plötzlich war es gar keine Frage mehr, dass die Klinik ihre Hilfe anbot.

Als einziger Raum kam ein früherer Gymnastiksaal im obersten Stockwerk der Klinik in Betracht, der seit Jahren nicht mehr benutzt worden war. Viele Scheiben waren zerbrochen und durch zerrissene Stoffbahnen der einstmals gelben Vorhänge flogen aufgescheuchte Vögel. Ich erbat einen Eimer Wasser, damit wir etwas sauber machen konnten. Mit einem verlegenen Lächeln erklärte der Chefarzt: Wenn man Glück hatte, floss mitten in der Nacht einmal eine halbe Stunde Wasser. Das gesammelte von der vorigen Nacht war bereits zum Kochen und Waschen aufgebraucht worden.

Die Gruppe, die nun schon ein paar Stunden vor der Klinik geduldig gewartet hatte, besah sich das Angebot im Dachstock und war einverstanden, dass wir mit der Arbeit anfingen, denn alle waren durch meine kurzen Erklärungen neugierig geworden. Ich beschränkte mich zunächst auf theoretische Informationen zur Methode, da ich schnell merkte, wie verblüfft die Gruppe war, als sie hörte, dass sich Frauen und Männer gegenseitig und an nackten Füßen behandeln sollten. In anderen Kursen, so erfuhr ich später, wurde viel mehr geschrieben als praktisch gearbeitet. Ich sah dem nächsten Morgen mit etwas Sorge entgegen, aber alle waren wieder erschienen und zogen ihre Schuhe aus. Mit den Strümpfen und Socken zögerten sie noch etwas. Ein paar Frauen hatten sich sogar, als sie merkten, dass sie mit ihren überlangen Fingernägeln gar nicht würden arbeiten können, von ihren 'Schmuckstücken' getrennt. Eine Kinderärztin bestätigte mir in Zeichensprache das tags zuvor besprochene Prinzip 'Mensch im Fuß' an ihrem Längsgewölbe. Sie wies lachend mit der einen Hand an die Stelle am Fuß und hielt sich mit der anderen ihre scheinbar schmerzhafte Wirbelsäule. Der Raum war inzwischen frisch gekehrt worden, und jemand hatte uns drei altersschwache Holzpritschen und ein Dutzend Stühle hingestellt. In diesem Raum konnten wir die ersten Jahre bleiben.

Das Interesse an unserem therapeutischen Angebot wuchs, und bald schon hatten wir im Frühjahr und Herbst etwa dreißig Ärztinnen und Ärzte, die sich auf diese neue manuelle Behandlung einließen. Da auch in Armenien, wie in der DDR, die Physiotherapie ein hohes fachliches Niveau hat und hier sogar in das Medizinstudium integriert ist, hatten wir sehr anspruchsvolle Teilnehmer.

Die größte Hürde war zu Beginn, dass sie fast nicht glauben konnten, dass eine ernsthafte Therapie, zumindest in ihren Grundzügen, so einfach sein konnte.

Im ersten Aufbaukurs war auch in Erivan das Thema der Zahnzusammenhänge und Meridiane an der Reihe. Ich erwähnte, dass es außer Zahnspangen, die bei uns sehr in Mode gekommen waren, Möglichkeiten der Regulation der Zahnstellung mit einem kleinen Gerät gibt, und beschrieb es umständlich. Ein älterer Arzt meinte: "Sie sprechen sicher vom Bionator, den Prof. Balters aus Deutschland entwickelt hat."

Es gab in den Anfangsjahren nur dünnes Fladenbrot und selbst angebautes Obst und Gemüse. In den Mittagspausen waren wir Lehrkräfte immer zum gemeinsamen Essen eingeladen. Jeder der Teilnehmenden hatte eine Kleinigkeit in Gläsern, Schüsseln und Tüten mitgebracht. Alles stand in der Mitte von zwei Massageliegen, die uns als Esstische dienten. Ich hatte schon bei einer der ersten Reisen von Deutschland Wachstuch, unzerbrechliches Campinggeschirr und Besteck mitgebracht, so dass wir gut versorgt waren. Die Männer und Frauen teilten mit uns das Wenige, das sie hatten, und freuten sich an unserer Freude.

Mit dem Begriff Reflexzonentherapie gab es am Anfang einige Irritationen und falsche Erwartungen. Ich hatte nicht nur im Unterricht, sondern auch im Titel meines Fachbuches, das ich in Erivan unter schwierigen Umständen ins Russische übersetzen und drucken ließ, den Begriff 'Reflexotherapie der Füße' verwendet. Erst später erfuhr ich, dass 'Reflexotherapie' in den Ländern der früheren Sowjetunion für alle Arten von Akupunktur verwendet wird.

Ich blieb trotzdem bei der Bezeichnung, und sie ist inzwischen auch in anderen Sprachen für meine Arbeit gebräuchlich geworden. Aber wir erklären in unseren armenischen und russischen Informationsblättern jetzt deutlicher, dass es bei dieser Therapie um Hand-Arbeit und Füße geht.

In einem Kurs hatten wir Schüler der ersten Klasse einer Krankenpflegeschule. Es waren lauter junge

Frauen und Männer, die zunächst nur verlegen herumkicherten.

Sobald wir in einer Ecke des Raumes drei oder vier Frauen zum Ausziehen der Strumpfhosen oder Socken bewegt hatten, zogen sie sich in der anderen Ecke wieder an. Schließlich schickten wir die sieben Männer hinaus. Sie mussten warten, bis sich die Frauen auf die Pritschen gelegt und zugedeckt hatten. Es war aber auch dann nicht möglich, dass ein junger Mann an den Füßen einer Frau arbeitete. So entschieden wir vor der Mittagspause, dass nachmittags nur diejenigen wieder kommen sollten, die bereit waren, unsere Regeln zu akzeptieren. Dadurch halbierte sich die Gruppe, von den Männern kam keiner mehr, aber wir konnten dann mit den übrig gebliebenen gut arbeiten.

Nach drei Jahren zeichnete sich ab, dass wir eigene Räume in einer früheren Stadtwohnung, deren Besitzer ausgewandert war, einrichten konnten. Sie liegt zentral in der Mashdodz Avenue, die nach dem Begründer der armenischen Schrift, die sich seit 402 kaum verändert hat, benannt wurde. Sechs junge Frauen aus dem ersten Kurs halfen beim Putzen und Schrubben und strickten bunte Socken für die Lymphkurse, bei denen warme Füße ja besonders wichtig sind. Ich hatte von Deutschland Stoffe für Vorhänge und Massagetücher mitgebracht, die sie eifrig und mit großem Geschick nähten.

Ein führender Physiker Armeniens hatte die Bauleitung übernommen. Er reparierte die Löcher in den Mauern und flickte undichte Stellen, durch die Wasser vom Dach in die Wohnung tropfte. Mich beunruhigte aber am meisten, als ich zwei Tage vorher aus Deutschland ankam, dass noch keine Kloschüsseln installiert waren und auch keine Aussicht bestand, sie so schnell zu bekommen. Aber die Armenier lachten nur über meine Sorgen. Eine arbeitslose Oberärztin, die eine Familie zu ernähren hatte, putzte unsere Räume während der Kurswochen, und die jungen, fabelhaften Dolmetscherinnen wechselten sich ab, so dass alle ein paar Dollar nach Hause bringen konnten.

Sobald die Nachfrage größer wurde, konnte ich den Unterricht nicht mehr allein bewältigen, denn in den zwei Wochen unseres jeweiligen Aufenthaltes waren zum Teil drei Kurse vorgesehen, einer nach dem anderen. Es war vor allem Fons Veraart, der Leiter der Lehrstätte Rheinland und Benelux, der in den ersten Jahren etliche Male mitreiste und nicht nur unterrichtete, sondern auch bei der Einrichtung der Schule tatkräftig half.

Auf der Suche nach Lampenschirmen für die nackten Glühbirnen durchstöberten wir drei Tage lang die ganze Stadt und fanden nichts Passendes. Es gab nicht nur nichts Passendes, es gab meistens gar keine Lampenschirme oder nur einen in jedem Geschäft. Das nützte uns nichts, denn ich bildete mir ein, alle acht müssten gleich oder zumindest ähnlich aussehen. Schlussendlich, als wir gerade aufgeben wollten, entdeckten wir in einem Warenhaus einen Kunstglaslampenschirm, der uns mit seinem dezenten Muster ganz gut gefiel. Und, oh Wunder, es kamen weitere sieben zum Vorschein! Einen davon setzte ich mir wie einen Hut auf den Kopf und hüpfte vor lauter Freude und unter Klatschen der ganzen Belegschaft durch den Raum.

Auch Susan Callard und Montserrat Noguera, die Ärztin, die seit zwanzig Jahren die Lehrstätte in Barcelona führt, nahmen einige Male die abenteuerliche Reise auf sich. Ich sehe Susan noch mit Franz Werfels Buch auf einem sonnenbeschienenen Stein sitzen, während Alexander, unser Fahrer, wieder einmal das altersschwache Auto reparierte. Wir waren auf dem Weg in den Südwesten des Landes, wo wir in einer früheren Industriestadt einen Kurs halten wollten.

Von Montserrats Unterricht erzählen manche bis heute, denn sie sprach rasant und mit katalanischem Temperament. Ihre Dolmetscherin übersetzte nicht nur die Wörter, sondern gestikulierte dazu genau so impulsiv wie sie. Montserrat hatte in Spanien bereits einige klinische Studien über die Reflexzonen der Füße durchgeführt. Das wertete die Methode in den Augen der Teilnehmer sehr auf.

Sie behandelte an einem freien Tag, an dem wir zu einem nahen Kloster unterwegs waren, einen jungen Mann, der sich den Fuß verstaucht hatte. Sie setzte sich einfach zu ihm an den Wegrand und massierte zu seinem Erstaunen anstelle des schmerzenden Fußes sein Handgelenk. Er war nicht nur dankbar, sondern konnte es kaum glauben, dass die konsensuelle Therapie seine Schmerzen deutlich gelindert hatte, und versprach, die Behandlung einige Male am Tag selber weiter zu führen.

Die Unterrichtssprache war und ist bis heute meist Russisch, denn nicht alle Armenier sind nach den vielen Jahren unter der Regie des 'großen Bruders' Sowjetunion schon wieder mit ihrer Muttersprache ganz vertraut. Im Russischen sind viele Wörter aus dem Deutschen oder Französischen enthalten. Narbe heißt zum Beispiel Schramma, und das Bäderwesen, das früher auch in Armenien sehr entwickelt war, wird Kurortologia genannt. Die großen Kurhäuser, denen man auch im Zerfall noch ihre Schönheit ansieht, befinden sich meist an landschaftlich bezaubernd gelegenen Stellen und in der Nähe von Heilquellen.

Allmählich gab es, wenigsten stundenweise, mit einer gewissen Verlässlichkeit Strom, so dass wir auch den Tageslichtprojektor ab und zu verwenden konnten. Zur Wasserversorgung in den Stadtwohnungen wurden große Behälter in die Decken eingebaut, in denen nachts Wasser gespeichert werden kann. Aber bis heute kann es vorkommen, dass ein paar Tage lang überhaupt kein Wasser fließt. Vor allem, wenn die Winter so kalt sind, dass das Thermometer sogar in der Stadt auf minus fünfundzwanzig Grad sinkt.

Wir versuchten schon bald, jemanden zu finden, der für die spätere Übernahme der Schule in Frage kam, denn ich hatte das Ziel und die Hoffnung, dass sich mein kleines Projekt als Hilfe zur Selbsthilfe entwickeln würde. Nach verschiedenen missglückten Versuchen lernten wir Irina Grigorian, eine Ärztin Mitte dreißig, kennen. Sie arbeitete von da an in jedem Kurs mit. Ich verhalf ihr zwei Winter lang zu Deutschunterricht bei Frau Katharina, einer imposanten, strengen Lehrerin, die mit dem Verdienst ihre Kinder und Enkel unterstützen konnte. Irina wuchs, wie die Lehrkräfte der anderen Schulen, langsam in das Unterrichten hinein. Das Übersetzen der Skripten und Kursunterlagen ins Armenische und Russische hatte Anahit Badalian schon nach dem ersten Kurs übernommen, eine der vorzüglichen Dolmetscherinnen der 'ersten Stunde'. Sie hat in einem Herbst fast drei Monate bei mir gelebt und, da sie vor allem Englisch-Übersetzerin war, in dieser Zeit mein Fachbuch mit großem Eifer ins Englische übersetzt, so dass es vier Jahre später nur noch aktualisiert und sprachlich abgerundet werden musste.

Seit 1999 hat Irina offiziell die Leitung der Lehrstätte in Erivan übernommen. An dem Haus hat ihr Mann ein schönes, großes Schild angebracht, in dem auf Armenisch und Deutsch zu lesen ist, was unterrichtet wird. Nach einem Kurstag stand ich eines Abends vor dem Haus und beobachtete zwei Deutsche, die in einem Hilfsprojekt des Roten Kreuzes arbeiteten. Der eine sagte zum anderen: "Das ist ja verrückt, jetzt sind die Füße schon bis hierher gekommen! Meine Mutter hat vor Jahren einmal einen Kurs im Schwarzwald gemacht."

Als die ökonomische Situation etwas besser wurde, konnten wir bei jedem Aufenthalt einen oder zwei Tage frei nehmen, in denen wir das Land näher kennen lernten. Auf weiten Strecken begleitete uns der Heilige Berg Ararat, mit ewigem Eis und Schnee bedeckt, der, nur wenig von der Grenze entfernt, heute in der Türkei liegt. Die alten Kirchen mit ihren Oktagontürmen stehen meist in landschaftlich besonders ursprünglichen Gebieten, und bei den unzähligen Steinkreuzen mit ihren an keltische Einflüsse erinnernden Flechtmustern spannte ich gedanklich einen großen Bogen zu meiner 'Grünen Insel' Irland. Fast bei jeder Reise kamen später meine mitgebrachten Teekräutersäckchen zu Ehren, denn die Blätter und Blüten sind im gebirgigen Armenien besonders würzig. Schon Ende Mai sah ich in manchen Jahren an warmen Hängen die Blüten der Königskerzen leuchten, die meterhoch aufragten.

Nach ein paar Jahren habe ich mit Fotografieren begonnen und lege die Aufnahmen als Fotokarten in unseren Kursen aus. Durch den Verkauf kommt nicht nur eine kleine Unterstützung für mein Hilfsprojekt zustande, sondern ich kann die Schönheit und den großen kulturellen Reichtum eines Landes unter die Leute bringen, die fast alle genau so wenig über das kleine Land Armenien irgendwo am Ostzipfel Europas wissen, wie ich vor meiner ersten Reise.

Zwei Kurse haben mich auch in den Südosten Armeniens und nach Berg-Karabach gebracht. Die Kliniken sind dort noch leerer als in Erivan, denn es gibt noch weniger Untersuchungsgeräte, Strom oder Arzneimittel. Für Wäsche und Mahlzeiten müssen die Angehörigen sorgen, nicht nur in diesen entlegenen Kliniken, sondern in ganz Armenien. So ist verständlich, dass die Kranken unter diesen Umständen oft genau so gut oder schlecht zu Hause aufgehoben sind.

Bei einer Fahrt in ein abgelegenes mittelalterliches Kloster haben wir einen jungen Mann mitgenommen, der winkend am Straßenrand stand. Nach ein paar Kilometern auf der staubigen Piste, die hauptsächlich aus Schlaglöchern bestand, hielt unser Chauffeur an. Der junge Mann stieg behände aus, lief über ein Feld auf einen großen Baum zu und brachte uns mit einem Lachen, das seine kräftigen weißen Zähne aufblitzen ließ, ein paar frische Walnüsse. Die biss er behutsam auf, so dass wir sie gleich essen konnten.

Beim Kurs in Stepanakert, der Hauptstadt von Berg-Karabach, war ich wieder einmal froh, dass die Grundlagen zur Erlernung und Ausübung der Reflexzonentherapie immer und überall zur Verfügung stehen: Ein paar Hände, ein paar Füße und die Bereitschaft der Menschen zum Geben und zum Nehmen. Wir hielten den Kurs 1995, ein Jahr nach dem Waffenstillstand mit Aserbaidschan. Seither ist der schmale Korridor, der Armenien mit der Enklave Berg-Karabach wie mit einer Nabelschnur verbindet, mit Auslandsgeldern nicht nur notdürftig geflickt, sondern die Straße ist in ihrer ganzen Länge von etwa vierzig Kilometern sauber asphaltiert und sogar mit Randmarkierungen versehen. Wir kamen uns ohne die Erschütterungen, die die Schlamm- und Schlaglöcher sonst auf allen Straßen verursachten, ganz sonderbar vor.

Der Kurs fand am Rand der beinahe gänzlich zerstörten und zerschossenen Stadt in einer Art Baracke statt, die früher von Patienten einer chirurgischen Station belegt gewesen war, jetzt jedoch schon jahrelang leer stand. Wir fanden sogar einige Liegen vor, halb verrostete Metallgestelle, zwar ohne Matratzen, aber die Teilnehmer polsterten sie mit ihren Jacken und Mänteln aus, so dass wir die praktischen Übungen einigermaßen bequem durchführen konnten. So weit sie ins Auto passten, hatten wir Decken und ein paar Knierollen aus Erivan mitgebracht.

Auch hier wurden wir eingeladen, das Wenige an Essen mit den Therapeuten und Ärzten zu teilen. Da es Frühjahr war, hatten viele Frauen und Kinder für den

Markt Körbeweise Wildkräuter gesammelt, die wir, in dünnes Fladenbrot gewickelt, mit Genuss aßen. Die mitgebrachten Nylonstrümpfe, Socken und Kosmetika waren in Stepanakert noch willkommener als in den Kursen der Hauptstadt.

In Berg-Karabach bin ich das erste Mal seit meiner Kindheit wieder direkt mit den Folgen eines Krieges in Berührung gekommen. Abgesehen von den zerschossenen Gebäuden und von giftbesprühten riesigen Flächen verdorrter Weinstöcke, erschütterte mich ein Friedhof am meisten. Auf vielen neueren Gräbern standen große, graue Fotografien von jungen Männern, zum Teil fast noch kindergesichtig, und auf der ausgetrockneten Erde lagen vereinzelt frische Blumen. Ein alter Mann sagte zu uns, indem er mit weit ausgestrecktem Arm auf die Gräber zeigte: "Das sind unsere Helden." Eine verhärmte Frau, die zwei Söhne in diesem Krieg verloren hatte, schrie ihn an, sie wolle keine Helden, sondern ihre Söhne zurück haben. Als wir stumm zu unserem Auto gingen, zeigte unser Fahrer auf die nahe Grenze zu Aserbaidschan und meinte: "Da drüben sind die Friedhöfe der Aseris, die genau die gleichen Worte benützen."

Unsere Kurse sind kleiner geworden, und wir nehmen jetzt einen geringen Betrag als Gebühr. Aber ich freue mich, dass die Reflexzonentherapie am Fuß seit ein paar Jahren in das Institut für Komplementärmethoden eingegliedert ist, das zur Medizinischen Fakultät der Universität gehört. Die in der Lehrstätte in Erivan ausgebildeten Ärzte und Therapeuten können ihre Patienten, Angehörige und Freunde jederzeit behandeln, denn sie haben auch ohne Arznei und medizinisches Gerät mit der Fußbehandlung viele Möglichkeiten. Diese Eigenständigkeit ist ein gutes Mittel gegen die Hoffnungslosigkeit und schleichende Lethargie, die die Menschen dort jetzt schneller befällt als in den Anfangsjahren. Auslöser war ein Attentat in den Regierungsgebäuden im Jahr 1999, bei dem neun ranghohe Politiker ums Leben kamen.

Viele kommen seither in die jährlichen Auffrischungskurse nicht nur wegen des Fachwissens, sondern um die Gemeinschaft zu erleben und innerlich aufzutanken.

Bei der letzten Reise wollte ich auf dem Markt ein Mitbringsel für meine Kinder erstehen. Eine beleibte, rotbackige Frau schaute mich kurz an und rief dann den Umstehenden zu, indem sie auf mich zeigte: "Das ist ja die deutsche Frau mit den Füßen", und lachend zu mir gewandt: "Wir haben dich gestern Abend im Fernsehen gesehen!"

Mein äußeres Leben war weiterhin voll von Aktivitäten, Pflichten, Arbeit und Mühe, und ich gestand es mir kaum selber ein, dass meine Füße und Beine immer unbeweglicher und schwerer wurden. Ich dachte insgeheim oft an Herrn Bessler, der mit seinen gelähmten Beinen Frieden geschlossen hatte. Auch innerlich fühlte ich mich mehr und mehr in die Enge getrieben, aber ich konnte beides ganz gut vor der Außenwelt kaschieren.

Jehuda hatte in all den Jahren versucht, mich zu mehr Bewegung zu motivieren. Er hatte mir sogar spezielle Übungen auf Tonbandkassetten gesprochen. Natürlich bemühte ich mich und wollte mich mit Willensanstrengung zum Üben überlisten. Aber es war mir von vorn herein klar, dass ich meiner verfahrenen Situation mit dem Willen nicht beikommen würde. Ich hatte, auch um mich vor mir selbst zu rechtfertigen, verschiedene östliche und westliche, körperliche und geistige Trainingsmethoden ausprobiert und wieder damit aufgehört, bevor ich richtig begonnen hatte. Auch da wusste ich, dass sie keine wirkliche Veränderung bringen würden. Gekaufte, geliehene und geschenkte Übungs- und Trainingsbücher, deren Titel alle Erfolg versprechend klangen, stellte ich gleich ins Regal zurück. Bettina, eines meiner Enkelkinder schaute mir einmal zu, wie ich die Treppe hinauf hinkte, und sagte: "Gell, Großmama, jetzt geht's fascht nimmer."

Das einzige, was mir eine gewisse Erleichterung brachte, war Radfahren. Ich kaufte mir zunächst ein teures Rad mit zusätzlichem Elektroantrieb, das ich dann kaum benützte, weil es zu schwer war. Mit dem darauf folgenden Klapprad fühlte ich mich etwas besser. Da sich das Zusammen- und Auseinanderbauen als so einfach erwies, dass sogar ich es bald beherrschte, nahm ich es im Auto mit und fuhr immer wieder ein paar Kilometer. Die Leute schauten mir verwundert oder belustigt nach, wenn sie mich, bewehrt mit einem blauen Helm, auf dem seltsamen Gefährt durch die Felder radeln sahen. Oft hatte ich meine Kamera und bunte Stoffsäckchen dabei und war insgeheim froh, wenn ich wieder absteigen und fotografieren oder ein paar Teekräuter sammeln konnte.

Auch die regelmäßigen Behandlungen von Hilda Hänsler waren mir in den schwierigen Jahren eine große Hilfe: Ich konnte mich jede Woche einmal auf ihre Massagebank legen und war sicher, dass ich genau die Behandlung bekam, die ich gerade brauchte. Sie war mir bereits aus der Zeit bekannt, als Ruth Menne noch ihre Praxis hatte. Als 'i-Tüpfelchen' rieb sie mir immer zum Abschluss der Behandlung eine wohlriechende Creme in die Füße. Das pflege ich seither täglich, und jeden Sonntagmorgen verwöhne ich meine Füße mit meiner guten, teuren Gesichtscreme.

Auch meine Reisen nach Irland waren mir Erholung und Zuflucht. Mit Kindern, mit Enkeln, mit Freunden und oft auch allein. Nicht nur, weil ich zu Inseln schon immer eine besondere Beziehung hatte, auch nicht allein wegen des Klimas, sondern vor allem, weil ich mich dort ganz besonders zugehörig und 'aufgehoben' fühle.

Als ich mit knapp achtzehn Jahren drei Wintermonate als 'mother's help' bei der Familie Mulrooney in Limerick zubrachte, habe ich so gut wie nichts von Irland gesehen. Trotzdem muss damals schon etwas in mir angeklungen sein, das mich zu der 'Grünen Insel' hinzog.

Schon ein paar Jahre, nachdem wir in Burgberg sesshaft geworden waren, lud ich meine Mutter, Tante Hedwig und die drei Kinder auf einen Urlaub ein. Es war vor allem ein Dank an die beiden alten Frauen, die mir zu Beginn in Burgberg so viel geholfen hatten. Wir kundschafteten den ganzen Südwesten Irlands aus, und mir kam es vor, als seien die 'Samen', die damals im Winter 1951 gelegt worden waren, jetzt allesamt zum Aufgehen bereit. Wir hüpften in die stürmischen Wellen des Atlantiks, und auch Tante Hedwig ging mit hochgezogenem Kleidersaum und einem kleinen glücklichen Lächeln ein paar Schritte ins Wasser. Ich hielt an jeder Fuchsienhecke und nötigte die Kinder, sie zu bewundern, obwohl sie lieber mit einem der vielen herrenlos scheinenden Hunde am Ufer gespielt hätten. Bei dieser Reise habe ich einen Stapel bunter, rund geflochtener Kissen erstanden. Ich sah sie in meiner Fantasie auf den Sitzflächen eines gemütlichen Kachelofens, der ein paar Jahre später Wirklichkeit wurde. Damals kam ich mir vor wie der kleine Bub, der sich vom Taschengeld eine Klingel kauft und bereits von seinem Fahrrad träumt.

Ich zeigte die Schönheiten 'meiner' Insel Sabine Zimmermann, der Freundin, mit der ich mich später auf das 'Abenteuer Armenien' einließ. Wir berührten in schweigendem Einvernehmen einen der ehrwürdigen Kreuzsteine oder überließen uns der heiter-melancholischen Ausstrahlung der alten Klosterruinen. Sabine war es, die nach der ersten Verblüffung herzhaft mit mir gelacht hat, als ich einmal von einer kecken Welle der Irischen See überrascht wurde und meine Brille den Meerestieren überlassen musste.

Mit meiner Enkelin Manuela bin ich unverhofft auf einer der Aran-Inseln in die mitreißende Konzertprobe einer später berühmten Stepdance-Gruppe geraten, und ich sehe das Kind noch, wie sie mit strahlenden Augen mit einem Ponytreck am Meer entlang ritt.

Nach Irland habe ich auch Ilse Sellner, die über achtzig Jahre alte Burgberger nachbarliche Freundin mitgenommen. Wir sind manchmal zu kleinen 'Naturandachten' an sonnigen Steinmauern und Feldrainen gesessen. Nicht *wir* haben die leuchtenden Fuchsien und grau-braun gemaserten Steinflechten angeguckt, sondern wir haben uns von *ihnen* 'anschauen' lassen. Uns fiel Meister Eckehart ein: 'Die Rose, ehe hier dein äußres Auge sieht, sie hat von Ewigkeit in Gott geblüht.'

Genau fünfundzwanzig Jahre nach unserer ersten Familienreise waren wir wiederum zu Sechst in Irland, dieses Mal nicht mehr mit Mutter und Tante, sondern mit Gabriele, ihrem Partner und ihren drei Kindern. Wir haben den gleichen Burgzauber in einer alten Ruine mit Ritteressen und Harfenmusik erlebt wie damals. Nur, dieses Mal sind, sozusagen zum '25. Jubiläum', Gabriele und Richard zur Queen und zum King des Abends erklärt worden, die Kinder waren Lady and Lords in Waiting, und weil ihnen bei mir nichts anderes eingefallen ist, wurde mir die Rolle der Queen Mum zugedacht.

Ich bin mit meiner Freundin Margot barfuß am goldgelb schimmernden Sandstrand im Nordwesten Irlands gelaufen, meine Füße fühlten sich wie Blumen, denen man endlich wieder Wasser gibt. Wir setzten uns in die Rundbögen der Ruinen von Mellifont, dem mittelalterlichen Kloster mit dem süßen Namen Honigbrunnen, und ließen den Frieden des stillen Ortes in unsere Herzen dringen. Sie hatte kurz zuvor ihren zweiten Sohn verloren.

Skellig Michael, das Michaelsheiligtum, das entlang der Westküsten Europas am weitesten in den Atlantik ragt, habe ich dreimal aufgesucht. Als 'Pilgerin der Neuzeit' bin ich Hunderte von Steintreppen zu den bienenkorbähnlichen steinernen Behausungen der Mönche des sechsten und siebten Jahrhunderts empor gestiegen und habe oben aus einer verborgenen Quelle, die seit jeher auf der kargen, unwirtlichen Insel Trinkwasser spendet, aus der Schale meiner Hände getrunken. Beim Anblick des von aufgetürmten Wolken ständig bewegten Himmels und der Wellen, die in unablässig gleichem Rhythmus an die kahlen Felsen peitschten, war es mir leicht, mich in frühe Jahrhunderte zurück zu versetzen.

Nicht ein einziges Mal habe ich den Besuch von Clonmacnoise versäumt. Die frühchristliche Klostersiedlung liegt, wie eine Halbinsel in die Rundung des ruhig dahinströmenden Shannonflusses gebettet, auf einem kleinen Hügel. Dort gibt es eine Stelle an einer der niedrigen Kirchenruinen, zu der ich mich schon bei der ersten Reise stark hingezogen fühlte. Ich stand an den kühlen Stein gelehnt, der bald schon eine 'samtene' Wärme in meinen Rücken steigen ließ, und hatte die Augen geschlossen. Ich spürte, wie mich der Strahlkreis der altehrwürdigen Hochkreuze umfing. Plötzlich, als ob ein inneres Licht angezündet worden wäre, wusste ich: Dieser Ort ist mir bekannt.

Jetzt verstand ich auch, warum mich die Lektüre des Buches 'Sonne und Kreuz' von Jakob Streit vor Jahren so angesprochen hatte. Das irische Kreuz, gleichschenklig und von einem Kreis eingefasst, war mir wesensnäher als alle anderen Formen, denen ich bislang im Christentum begegnet war.

Auch in der Nähe des Grabes von W.B. Yeats, einem der großen Dichter Irlands, steht eines der alten Hochkreuze. Es schaut auf den Ben Bulben, der überraschend aus dem Flachland der Grafschaft Sligo aufragt und in seiner Form an die Zeichnung von der Riesenschlange im 'Kleinen Prinzen' erinnert, wie sie gerade den Elefanten verdaut. Auf seinem Grabstein, der immer mit frischen Blumen geschmückt ist, stehen die Worte: 'Cast a cold eye on life, on death – horseman, pass by.'

Wir haben sogar einmal auf der Beara-Halbinsel einen Kurs gehalten, eine Woche lang war vormittags Unterricht, die Nachmittage hatten wir zur freien Verfügung. Dieter Fricker war als bewährte Lehrkraft dabei, Bepa, die alte Freundin meiner Mutter, und Anatol, der Jüngste von Gabriele, begleiteten uns. Wir genossen den Anblick vom Healy-Pass auf die taubenblau schimmernden Hügel der gegenüber liegenden Halbinsel und die bunten Blumenteppiche am Meer. Dort wuchs eine Sorte von niedrigem Thymian, und wollweiße, betörend duftende Mädesüßdolden säumten die Wegränder. An den Hügeln wogten große Inseln von scharlachrotem Fingerhut in der kräftigen Brise, die vom Meer her kam. An einem Spätnachmittag bestaunten wir ein plötzlich aufziehendes Gewitter, dem auf der gegenüber liegenden Seite ein doppelter Regenbogen folgte, der Himmel und Land für Minuten in ein Zauberlicht tauchte.

Bei einer Irlandreise, die ich mit einem stark schmerzenden Knie allein unternahm, stellte ich mich etwa eine Stunde lang in den Mittelpunkt eines keltischen Steinkreises. Mein Auto war einfach in einen kleinen Seitenweg eingebogen und führte mich bergan, bis das Sträßchen zu Ende war. Lediglich ein paar Kühe grasten friedlich in der Nähe, und die üppig blühenden Fuchsiensträucher leuchteten vom Weg herüber. Zum Glück hatten die Kühe ihre Fladen nicht direkt in die Mitte des Kreises fallen lassen. Beim Rückweg zum Auto waren die Schmerzen im Knie verschwunden.

Als ich die Verantwortung für die Lehrstätte und den Vorsitz des Lehrerverbandes abgab, wusste ich, dass jetzt die Wende zum Besseren begonnen hatte. Beides fiel mir erstaunlich leicht. Dazu trug und trägt maßgeblich bei, dass ich in Reinhard Neipperg einen Nachfolger gefunden habe, von dem ich weiß, dass die Burgberger Lehrstätte und meine Arbeit bei ihm in guten Händen sind. Er und seine Familie sind auf den Tag genau dreißig Jahre später als ich nach Burgberg ins Haus gegenüber in die frühere Pension Winter gezogen.

Auch von meinen geliebten Patientenbehandlungen löste ich mich leichten Herzens. Ein Traum zeigte mir, dass der rechte Zeitpunkt gekommen war: Ich sah viele Menschen auf einem Baum in meinem Garten sitzen, winzig kleine und riesengroße, so als ob es Äpfel wären. Die meisten hatten warme Mützen auf, manche hüllten sich in bunte Umhänge. Alle schauten mit hellen Gesichtern zu mir, aber ihre Füße zeigten hinunter ins Tal. Jemand rief aus dem Fenster eines entfernten Hauses: "Die Äpfel kannst du schütteln, sie sind jetzt reif."

Zur schrittweisen Verbesserung meines Zustandes trug aber wesentlich meine neuerliche Begegnung mit der Arbeit von Moshe Feldenkrais bei. Es war ähnlich wie mit dem Gedankengut von Krishnamurti, dem ich nach Jahrzehnten wieder begegnet war: Auch jetzt lag eine große Zeitspanne dazwischen. Im Bücherschrank standen schon lange einige Bücher von Feldenkrais, denn mehr als zwanzig Jahre zuvor hatte ich seine Arbeit an einem Wochenende in München kennen gelernt. Und jetzt las ich eines Morgens in der Zeitung, dass in der Nähe von Villingen einmal wöchentlich Feldenkrais-Abende angeboten werden.

Am ersten Abend hörte ich: 'Nicht Willenskraft, sondern Aufmerksamkeit ist der Schlüssel zur Entwicklung.' Ich atmete auf. Waren nicht die letzten Jahre bereits übervoll von 'gutem Willen' und Anstrengung gewesen? Ich hatte immer etwas *gegen* meine vermeintliche Trägheit und zunehmende Unbeweglichkeit unternommen, und jetzt erlebte ich, dass ich hier endlich etwas *für* mich tun konnte.

An einem der nächsten Abende fiel der Satz: 'Der Mensch hat die Übung erfunden. Wenn die Intelligenz meines Nervensystems wach ist, brauche ich keine zusätzlichen Übungen, denn dann bewege ich mich immer ökonomisch und situationsgerecht.' Ich sprang, so schnell es meine steifen Gelenke erlaubten, vom Boden auf, umarmte die erstaunte Kursleiterin und rief laut 'Hurra'.

Lange zuvor hatte ich mit schlechtem Gewissen aufgehört, wenigstens ab und zu etwas Sport zu treiben. Schon beim Wort 'treiben' habe ich mich getrieben gefühlt. Und wenn das das Wort 'Joggen' fiel, hat sich meine Kaumuskulatur verspannt. Und nun lag ich einmal in der Woche zufrieden auf meiner Matte bei Carmen Leger, unserer Lehrerin, und machte Bestandsaufnahme. Dass mein Ist-Zustand weit vom Möchtegern-Zustand entfernt war, störte mich von Mal zu Mal weniger, ja, es war mir schon bald gleich gültig. Ich merkte zwar, dass mir grundlegende, selbstverständliche Bewegungen wie vom Liegen ins Sitzen und dann zum Stehen zu kommen, abhanden gekommen waren. Aber ich hörte auf, mich unter Druck zu setzen. Ich konnte sogar schmunzeln, als ich erkannte, dass die beiden einzigen Stellen, an denen ich mir meine Beweglichkeit erhalten hatte, die Hände und das Mundwerk waren. Mein Humor, die Hilfe in vielen Lebenslagen, kam allmählich wieder mehr zum Vorschein. Der Auslöser, dass ich zum ersten Mal wieder frei und unbeschwert lachen konnte, war ein Versprecher im Radio: Anstatt 'Statistisches Bundesamt' hatte jemand 'Buddhistisches Standesamt' gesagt.

Es waren nie erfolgsorientierte 'Übungs'-Abende bei der Feldenkrais-Arbeit, sondern Stunden heiterer Erkenntnis. 'Je größer die Anstrengung, desto geringer die Wahrnehmung. Wenn etwas schwer geht, macht man es meistens zu schnell.' Oder: 'Gewohnheiten verhindern, dass wir uns entwickeln, sie haben den Nachteil, dass wir andere Verhaltensmöglichkeiten aussparen.' Später fuhr ich zweimal im Jahr zu Beatriz Walterspiel, die ganze Feldenkrais-Wochen durchführte. Bei ihr bin ich am Ende einer Stunde dann zum ersten Mal mit einer gewissen Leichtigkeit vom Liegen über das Sitzen zum Stehen gekommen. Als ich stand, traf mich wie eine freundliche Liebkosung ein Strahl der untergehenden Sonne. Mir fiel dabei Mr. Connery ein, dem ich nach seiner schweren Operation meinen ersten Einlauf gemacht hatte. Einmal fragte ich ihn: "Was ist Glück?" Er antwortete lächelnd: "Guter Stuhlgang."

Beatriz ließ uns am ersten Abend meist über unsere vielen Beschwerden klagen. Da kam einiges zusammen, denn jede und jeder hatte seine Einschränkungen und Schmerzen. Sie hörte zwar aufmerksam zu, kümmerte sich jedoch in der ganzen Woche scheinbar um keine der geschilderten Belastungen. Erst zum Abschluss erkundigte sie sich – zu unserem Erstaunen hatte sie niemanden vergessen – was sich am Knie, am Nacken oder an der Wirbelsäule verändert hatte. Das Ergebnis war verblüffend: Wir alle hatten uns, fast ohne es zu merken, an unseren Schwachpunkten verbessert.

Sie sagte: "Auch wenn nur ein Teil einer Bewegung verändert wird, reagiert das ganze Nervensystem, und erst die Pausen zwischen den Bewegungsabläufen ermöglichen die Integration." Den Sinn der Pausen, nicht nur während der Behandlung, sondern genau so danach, kannte ich von meiner Fuß-Arbeit. Eine unserer Informationen, die wir bis heute mit Nachdruck in jedem Kurs geben, lautet: 'Wer seine Patienten nicht nachruhen lässt, nimmt ihnen einen Teil ihrer Regenerationsmöglichkeit.' Und nun erlebte ich selbst, wie wichtig dieses bewusste 'Atemholen' auch für mich war, nicht nur zwischen zwei Bewegungen, sondern im ganzen Tagesablauf. Ich nahm erneut den 'Alltag als Übung' und achtete bei einem Schluck Wasser, an der roten Ampel, beim Öffnen der Post, auf die kleinen, kreativen Pausen.

Diese Achtsamkeit verschaffte mir zu meiner Überraschung auf einmal mehr Zeit für mich selbst, und der Ausspruch von Feldenkrais: 'If you know what you are doing, you can do what you want'. wurde ganz 'saftig' vor lauter Leben.

Beatriz sagte auch: "Wie schwer ein Telefonhörer ist, hängt vom Gespräch ab." Einmal brach ich in Tränen der Erleichterung aus, als sie meinte: "Bewegung muss nicht moralisch bewertet werden. Es gibt kein Richtig oder Falsch, nur verschiedene Muster, die uns das Leben leichter oder schwerer machen. Es ist nur wichtig, dass ich Alternativen entwickle. Ohne das interessierte Ausprobieren von Wahlmöglichkeiten bleibt alles beim Alten."

Ich lernte zudem, mehr Aufmerksamkeit auf die Koordination zwischen rechts und links, oben und unten und vorn und hinten zu lenken. Als Linkshänderin war es mir in manchen Bereichen bereits bewusst, wie einseitig unser tägliches Leben abläuft. Aber jetzt schrieb ich mit Freude immer wieder in Spiegelschrift, zerkleinerte die Kartoffeln mit der Gabel in der rechten Hand und versuchte, meine Zähne mit der ungeübten Hand zu putzen.

In diese Zeit fiel ein Auffrischungskurs in der spanischen Lehrstätte. Wir machten mit viel Heiterkeit 'Trockenübungen' mit Händewaschen, indem wir die gewohnten Handbewegungen genau entgegen gesetzt ausprobierten, und übten die bekannten Griffe der Reflexzonentherapie mit den vernachlässigten Fingern. Ein Spaßvogel brachte am zweiten Tag eine Haarbürste mit und demonstrierte uns, wie er versucht hatte, seine Frisur mit der anderen Hand in Form zu bekommen. Nur, er hatte so gut wie keine Haare auf dem Kopf. Ein englisches Sprichwort wurde zum spontanen Motto dieses Kurses: 'If you always do what you always did, you will always get what you always got.'

Etwa zur selben Zeit, als mir die Feldenkrais-Arbeit wieder 'über den Weg gelaufen' ist, habe ich mir einen jahrzehntelangen, geheimen Wunsch erfüllt: Ich habe mich, zunächst mit starkem Herzklopfen und Zaudern, einer Gruppe von älteren Menschen angeschlossen, die sich einmal in der Woche zum Tanzen treffen. Von Monat zu Monat kann ich mich leichter bewegen und merke nicht nur bei mir, dass wir 'Alten' im Herzen oft jünger sind als manche Zwanzig- oder Dreißigjährigen.

Seit ein paar Jahren habe ich meine Fühler zu anderen Schulen im Ausland ausgestreckt, die ebenfalls Fuß-Arbeit anbieten, meist, wie vor Jahrzehnten in Amerika, für Laien.

Ich unterrichte mit viel Freude in kleineren und größeren Gruppen jeweils einen Tag lang. Die Frauen und Männer behandeln die Füße ihrer Klienten mit bewundernswerter Tatkraft und Begeisterung, und ihre Resultate sind überzeugend, auch wenn der Zugang zum Thema in manchem anders ist als bei uns. Am meisten ist unsere Technik gefragt, denn viele 'reflexologists' haben große Mühe mit ihren überanstrengten Händen und leiden an Rücken- und Nackenverspannungen. Als 'Freifrau' kann ich jetzt endlich mehr in meinem Zeitmaß reisen und freue mich, dass die universelle Sprache der Füße überall verstanden wird.

Die stetige Qualitätsverbesserung wird nicht nur bei uns gepflegt, sondern ist überall in der 'Fußwelt' zu beobachten. Bei einer Tagung in Johannesburg habe ich erfahren, dass in Südafrika nach zehnjährigem mühevollem Einsatz seit 2001 die 'Reflexology' vom Staat als eigener Beruf anerkannt ist. Sie wird über zwei Jahre berufsbegleitend unterrichtet. Dass in Dänemark mein 'altes' Buch, das Grethe Schmidt 1976 übersetzt hatte, jahrzehntelang als Lehrbuch galt, wurde mir erst vor ein paar Jahren klar, als ich dort zu einem europäischen Fuß-Kongress eingeladen war. In dem kleinen Land sind rund zehntausend 'Zonentherapeuten' tätig, und etwa ein Drittel aller Menschen, die dort mit Komplementär- oder Alternativmethoden behandelt werden, entscheiden sich für die Füße.

Nachdem ich viele Pflichten und Aufgaben ab- und weitergegeben habe, wächst das Gleichgewicht zwischen meinen Ideen und Plänen und meinen äußeren Möglichkeiten. Jetzt kann ich eher Nein sagen und bin dankbar, dass ich die leichteren Seiten meiner Arbeit genießen kann. Ich bin gern stundenweise 'Gast' in den Burgberger Kursen, wo ich jeweils ein paar von vielen Fuß-Themen mit der Kursgruppe erarbeite. Zeitgleich mit der beruflichen Erleichterung hat sich mein Gewicht ganz von selber allmählich auf das von vor zwanzig Jahren reduziert.

Ich habe mich sogar mit dem Computer etwas vertraut gemacht; von einer Freundschaft kann allerdings keine Rede sein. Aber ich habe seine Vorteile nutzen gelernt, und die Einschätzung meiner Kinder, meine Fähigkeiten betreffend, hat sich wieder bestätigt: 'Technisch unbegabt, aber kreativ.' Ich komme 'irgendwie', oft mit Hilfe der Bürodamen, zurecht. Aber wenn ich mir nicht aus meiner Schulzeit in Lenzfried das Maschinenschreiben erhalten hätte, wäre mir das Arbeiten mit dem PC noch schwerer gefallen. So kann ich dem Schreiben eines weiteren Fachbuches mit wesentlich mehr Gelassenheit und Ruhe entgegen sehen.

Im Äußeren zeigt sich ein ähnliches Prinzip des Wandels: Der beschützende Wald im Nordosten des

Hauses ist durch gewaltige Stürme der letzten Jahre stark dezimiert und der restliche Bestand abgeholzt worden. Der Besitzer hat sich inzwischen umgestellt und lässt anstatt der Monokultur der Fichten einen jungen, gesunden Mischwald nachwachsen, durch den jetzt die Abendsonne bis auf mein Grundstück scheint. Als Andenken an den Wald ersetzt im Garten seit kurzem der Wurzelstock einer abgeholzten Fichte den alten, den die Zeit, Ameisen und anderes Kleingetier beinahe wieder in Waldboden verwandelt haben.

Auch der südliche Ausblick aus dem Haus ist verändert: Die Ruine 'Weiberzahn' war im Lauf der Zeit von Bäumen und Sträuchern zugewuchert und ein alter Kirschbaum auf dem Nachbargrundstück hatte seine Äste so weit ausgebreitet, dass er mir fast ins Wohnzimmer wuchs. Im Frühjahr kam es mir ein paar Wochen lang vor, als säße ich im Blütenmeer des Baumes. Nun sind die meisten Bäume gefällt und der 'Weiberzahn' ist wieder sichtbar. Als der große Kirschbaum fiel, klang das Krachen des Stammes wie ein Ächzen und Stöhnen, so dass ich ihm auf den abgesägten Stamm eine Lösung mit Bachblüten-Schocktropfen goss. Durch den Preis des Abholzens wurde die Sicht wieder frei bis zur Schwäbischen Alb.

Am Beginn meines achten Lebensjahrzehnts blicke ich nun auf mein Leben 'Unterm Dach der Füße' zurück. Unter diesem beschützenden Dach weiß ich meine Familie, Tausende von Patienten und Kursteilnehmern, viele Freunde und Menschen, die mir wichtig sind, gut aufgehoben. Ich gehe mit deutlich mehr innerer und äußerer Freiheit meiner Wege und bin froh, dass ich wieder Treppen steigen kann, ohne mich am Geländer festhalten zu müssen. Kürzlich haben meine Füße sogar wie von selbst einen kleinen Hüpfer gemacht, als ich morgens in den Garten ging und über Nacht etwa ein Dutzend Klatschmohnknospen aufgeplatzt war. Nun bin ich gespannt, was mir auf meine alten Tage sonst noch 'blüht'.

Ich möchte es weiterhin mit Viktor Frankl halten, der sinngemäß sagt: Wir sollten nicht darauf warten, was das Leben *uns* zu bieten hat, sondern fragen, was *wir* dem Leben anbieten können.

Eines habe ich mir vorgenommen: Wenn ich das nächste Mal in Irland bin, – es wird die fünfzehnte Reise sein –, werde ich ganz allein eine lange Wanderung am Strand an der Westküste machen und den goldgelben Sand so genüsslich durch meine Zehen rieseln lassen, wie ich es als Kind in Haslach mit den 'Kuepfladdere' getan habe.

Mein Dank

gilt allen, die ich in den vielen Jahren behandeln und unterrichten konnte. Im Allgäu gibt es den Spruch: ,Was wär e Kue, wenn mer se net melke dät!'

Dank sagen möchte ich meinen Kindern, die, ob sie wollten oder nicht, ausgehalten haben, dass ihre Mutter so viel Zeit und Kraft für ihren ,Fuß-Weg' aufgewendet hat.

Ich bedanke mich bei Johanna, meiner ältesten Enkelin, für die künstlerische Gestaltung des Buchumschlages und ihre Fußabdrücke im ,Sand-Kasten'.

Ebenso möchte ich Christiane Schott danken, die den Text mit großer Sorgfalt grafisch in eine ansprechende Form gebracht hat, und allen, die beim Lesen des Manuskriptes, ganz oder teilweise, mich auf Ungenauigkeiten und Unzulänglichkeiten hingewiesen haben.

Vor allem aber sage ich Jutta Weber-Bock, meiner sensiblen und gründlichen Lektorin, herzlichen Dank. Ich kam mir bei unseren anregenden Begegnungen manchmal vor wie zu Klosterschulzeiten: Nach dem monatlichen Haarewaschen half mir eine Freundin die ,Zackeln' herauszukämmen. Sie ließ nicht locker, bis sich alle Knoten und Verworrenheiten geglättet hatten. Wohl ohne dass Frau Weber-Bock es wusste, war sie damit dem nahe, was ich als meine persönliche Lebensaufgabe betrachte: Der Fülle eine gute Form geben.

Literaturverzeichnis

Etliche der Bücher(*), die vor zwanzig oder dreißig Jahren aktuell waren, sind bereits vergriffen bzw. noch antiquarisch zu bekommen.

Alexander, Gerda, "Eutonie" * 1976, Kösel-Verlag München

Graf Dürckheim, Karlfried: „Der Alltag als Übung", Verlag Hans Huber 1987, 10. Auflage 2002

Droz, Camille "Von den wunderbaren Wirkungen des Kohlblattes" * 1974, Eigenverlag CH Neuenburg, 13. Auflage

Feldenkrais, Moshe: „Bewusstheit durch Bewegung", 1996, Suhrkamp-Verlag

Fischer-Rizzi, Susanne „Himmlische Düfte, Aromatherapie", Verlag Hugendubel München 1989, AT-Verlag Aarau 2002

Frankl, Viktor: „Der Mensch vor der Frage nach dem Sinn", Verlag Pieper 1979, 9. Auflage 1993

Glaser, Volkmar „Eutonie, Lehr- und Übungsbuch für Psychotonik", Haug-Verlag Stuttgart 1980, 4. Auflage 1993

Gleditsch, Jochen M. „Reflexzonen und Somatotopien", WBV Biologisch-medizinische Verlagsgesellschaft Schorndorf 1983

Goldberg, Miriam „Im Gehen", Sanduhr-Selbstverlag Doris Mauthe-Schonig, Carmerstraße 14, 10623 Berlin 2001

Haase, Hedi „Lösungstherapie in der Krankengymnastik", Pflaum-Verlag München 1985

Heisler, August „Dennoch Landarzt" * Hippokrates-Verlag 1950, 6. Auflage 1984

Krishnamurti, Jiddu „Jenseits der Bilder und Worte", Herder-Verlag Freiburg 2003

Frederick Leboyer, „Der sanfte Weg ins Leben", Verlag Kurt Desch 1974, München

Mees, L.F.C. „Das menschliche Skelett, Form und Metamorphose" *, Verlag Urachhaus 1980

Rauch, Erich „Die Darmreinigung nach Dr. med. F.X. Mayr", Haug-Verlag 1957, 42. Auflage 2002

Rosendorff, Alexander „Neue Erkenntnisse in der Naturheilbehandlung", Turm-Verlag Bietigheim 1964, 11. Auflage 1994

Schaarschuch, Alice „Lösungs- und Atemtherapie bei Schlafstörungen" *, Turm-Verlag Bietigheim 1962, 3. Auflage

Schaub, Milly „Fundamente des Gesundbleibens", Verlag Pro Salute, Im Wyl 18, CH 8055 Zürich 1983, 12. Auflage 1999

St. John, Robert „Metamorphose, die pränatale Therapie" *, Synthesis-Verlag Essen 1980, erste deutsche Auflage 1984

Weber, Klaus ; Wiese, Michaela „Lehrbuch der Ortho-Bionomy", Sonntag-Verlag 2001

Weidelener Herman „Abendländische Meditationen", Religionsphilosophische Arbeitsgemeinschaft, Bismarckstr. 6, Augsburg

Marquardt, Hanne „Reflexzonenarbeit am Fuß", Haug-Verlag Stuttgart 1975, 22. Auflage 2002

Marquardt, Hanne „Praktisches Lehrbuch der Reflexzonentherapie am Fuß", Hippokrates-Verlag Stuttgart 1993, 5. Auflage 2002

Marquardt, Hanne Farbige Zonentafeln in verschiedenen Größen, Verlag Hanne Marquardt

Marquardt, Hanne , „Fundsachen am Fuß-Weg", Sprüche und Aphorismen, Abbildungen von Formenanalogien, Verlag Hanne Marquardt 1998, 6. Auflage 2002

Marquardt, Hanne , Broschüre „Eindrücke von Armenien" Verlag Hanne Marquardt 2002 Fotokarten für die Armenienhilfe.

Dialekt-Glossar

Allat:	Jedes Mal, immer
Ällewiehl:	Immer
Bachel:	Kruste, die an Kartoffeln und anderen Speisen entsteht, wenn das Wasser verdunstet ist
Bieseln:	Wasser lassen
Bolledeere:	Dachboden, auf dem die 'Bollen' (Knollen) gedörrt, getrocknet werden
Butzele:	Kleines Kind
Föhl:	Mädchen (von la fille)
G'mächt:	Unterleib, Geschlechtsorgane
Grummbiere:	Kartoffeln, 'krumme Birnen'
Hälingen:	Heimlich
He' mache:	Verderben, kaputt machen
Kächele:	Kleiner Topf
Kitzebollele:	Hageln
Lommelig:	Schlaff, schlapp, antriebslos
Pfipfes treiben:	Unfug treiben
Saichnass:	Urin-nass, klatschnass
Strählen:	Kämmen
Z'mind:	Zu schlecht, minderwertig